단순하게 살아라

Simplify Your Life
by Werner Tiki Küstenmacher, Lothar J. Seiwert

단순하게 살아라

1판   1쇄 발행 2002. 9. 7.
1판 157쇄 발행 2019. 2. 27.
2판   1쇄 발행 2021. 2. 18.
2판   4쇄 발행 2023. 8. 1.

지은이 베르너 퀴스텐마허 · 로타르 자이베르트
옮긴이 유혜자

발행인 고세규
편집 이주현   디자인 윤석진   마케팅 백선미   홍보 이한솔
발행처 김영사
등록 1979년 5월 17일 (제406-2003-036호)
주소 경기도 파주시 문발로 197(문발동) 우편번호 10881
전화 마케팅부 031)955-3100, 편집부 031)955-3200   팩스 031)955-3111

값은 뒤표지에 있습니다.
ISBN 978-89-349-9188-5   03320

홈페이지 www.gimmyoung.com   블로그 blog.naver.com/gybook
인스타그램 instagram.com/gimmyoung   이메일 bestbook@gimmyoung.com

좋은 독자가 좋은 책을 만듭니다.
김영사는 독자 여러분의 의견에 항상 귀 기울이고 있습니다.

단순하게 살아라

더 쉽고 더 행복하게 살기

베르너 퀴스텐마허 · 로타르 자이베르트 | 유혜자 옮김

SIMPLIFY YOUR LIFE

김영사

쉬운 것이 올바른 것이다.

올바르게 시작하면 모든 것이 쉬워진다.

쉽게 앞으로 나아가라. 그게 올바르다.

쉬운 것을 찾아내는 올바른 방법은

올바른 방법을 잊어버리고

그게 쉽다는 것을 잊어버리는 것이다.

장자

SIMPLIFY YOUR LIFE

SIMPLIFY YOUR LIFE

의미 있게 살아가는 방법을 배우자

사랑하는 독자 여러분!

지금 당신이 보고 있는 이 책은 앞으로 당신 삶에서 가장 중요한 책이 될 것입니다. 많은 작가들이 자신의 작품에 대해 그렇게 말한다는 것을 우리는 잘 알고 있습니다. 그렇지만 그동안 많은 사람을 만나 대화를 나누고, 강연을 다니고, 세미나 등을 개최하면서, 우리는 이 책이 당신의 인생을 최대한 완전히 탈바꿈시키리라는 확신을 갖게 되었습니다.

이 책은 우리의 삶을 지배할 수 있는 기술에 관해 논하고 있습니다. 그것은 각자의 능력을 최대한 발휘하면서 행복하게 살아갈 수 있는 방법을 말합니다. 즉 삶의 진정한 의미를 깨닫게 하려는 겁니다.

당신 이외의 그 누구도 당신에게 삶의 의미를 줄 수 없습니다. 바로 당신 마음속에 존재하는 것입니다. 미처 피어나지 않은 꽃봉오리처럼 당신의 몸 안에

지니고 있는 것입니다. 의미 있는 삶은 자신에게 주어진 가능성을 가장 이상적으로 발전시키고, 자신과 자신이 속한 공동체를 가장 이상적인 모습으로 발전시킬 수 있는 공동체에서의 위치를 받아들이며, 자기애와 다른 사람에 대한 사랑에 최상의 균형을 유지하는 것을 말합니다.

이 책에서 소개되는 '단순하게 살기 위한 방법'을

그대로 따른다면, 당신은 인생의 진정한 의미와 목표를 찾을 수 있을 것입니다. 그렇게 되면 당신은 내적으로나 외적으로 완전히 변하게 됩니다. 당신은 자신의 내면에서 뭔가 새로운 것을 발견하게 될 것입니다. 그리고 당신 몸에는 전에 전혀 생각지도 못했던 힘이 생겨나고, 미처 알지 못했던 육체적 만족감을 체험할 수 있을 것입니다.

물질적으로도 형편이 나아집니다. 필요로 하는 액수만큼 돈을 버는 것도 '단순하게 살기 위한 방법'을 준수함으로써 얻게 되는 부수익일 겁니다. 또한 당신은 주변 사람들로부터 인정받고 사랑받으며, 자신에 대해 스스로 만족하게 됩니다.

단순하게 사는 것은 쉽게 사는 것을 의미합니다. 말로만 그런 것이 아니라 실제 생활에서도 그렇습니다. 많은 사람들은 너무 복잡하게 생각하기 때문에 삶의 의미를 제대로 찾지 못합니다. 모든 것이 얼마나 단순한 것인지를 잘 모르기 때문이지요.

여기까지 이 책을 읽으셨다면 당신은 이미 단순하게 살기 시작한 셈입니다. 계속 호기심을 갖고 이 책을 읽어나가기를 바라며, 읽어가는 동안 더 큰 즐거움을 맛보기를 바랍니다.

베르너 퀴스텐마허

로타르 자이베르트

단순하게 살아가는 방법에 대하여

당신은 '단순함'에 대해 어떤 생각을 가지고 있나

'간단하게'라는 말을 들었을 때 당신은 어떤 생각이 제일 먼저 떠오르는가? 사람들은 대개 그 말을 긍정적으로 받아들인다. '단순하게'라는 말을 들을 때

사람들은 고개를 끄덕이거나 미소를 짓는다. 복잡한 삶 속에서 많은 고통을 받아왔기 때문이다. 핸드폰을 샀을 때 딸려오는 두툼한 사용 안내서에서부터 이해와 예측이 어려운 주식 시장에서 돈을 잃은 아픈 경험에 이르기까지 우리 삶의 복잡함과 거기에서 비롯되는 고통은 수없이 많다.

당신은 주변으로부터 '더 많이, 더 많이'라는 무언의 압박을 받고 있다. 당신 입장에서 볼 때, 선택할 것이 너무 많은 상황은 당신을 해방시키는 것이 아니라 오히려 구속한다는 느낌이 들 것이다. 직장에서도 당신은 꾸준히 늘어나는 요구 사항 때문에 시달림을 받고, 그것에 따르지 않으면 불이익을 받을 것이라는 유언무언의 위협을 받는다.

어떤 사람들은 이렇게 물어볼 수도 있다.

"왜 내 인생을 단순하게 만들어야 하지요?"

그들은 '더 쉽고 간단하게'라는 것을 또 다른 종류의 '더 많이'로 받아들이기 때문이다. '단순하게'라는 말을 일종의 또 다른 요구 사항으로 생각하는 것이다.

어느 코미디언이 했던 말이 떠오른다.

"우리 마누라는 음식을 어찌나 잘 만드는지, 난 밥을 다 먹고 나서 다이어트 음식까지 먹어야 한다니까요."

이 책에 소개되어 있는 5단계 프로그램과 실천할 목록을 살펴보면, 단순하게 사는 것은 아무것도 하지 않는 것이라는 사실을 금방 알 수 있다. 단순하다는 것은 무엇을 더 하라는 요구와는 반대 개념이다. 그것은 이미 당신이 마음속에 가지고 있는 능력이다.

사실 인간은 원래 단순한 동물이다. 동물원이나 천연 방목장에서 우리와 많이 닮았다는 원숭이를 관찰해보면, 그들이 장시간 동안 아무것도 하지 않으며 빈둥거리는 능력을 갖고 있다는 것을 알 수 있다. 단순하다는 것을 다른 말로 표현하자면, 그냥 아무것도 안 하고 있는 것이다.

단순함은 인간의 원초적 욕구

아이러니컬하게도 일상의 복잡한 활동과 개발, 주장들은 단순함에 대한 원초적인 욕구에서 비롯되었다. 다시 말하자면 빈둥대거나 아무것도 하지 않으려는 소망에서 비롯된 것이다. 누구나 노년에 여유를 즐기면서 넉넉하고 안정된 삶을 살기 위해 더 많은 돈을 벌고 싶어한다. 사람들은 피곤해진 몸을 소파나 정원의 벤치에 편안히 기대어 쉬면서 아무것도 하지 않기 위해 정원이 딸린 멋진 집을 짓는다. 복잡하게 생긴 식기 세척기도 귀찮은 설거지 대신에 재미

있고 편한 시간을 보내기 위해 고안되었다. 공공 기관의 건축 관련 담당 부서도 집을 짓다가 생길 수 있는 이웃과의 분쟁과 다툼을 미연에 방지하고 그러한 문제들의 해결책을 미리 준비해서 이웃과 좀더 의미 있고 여유 있는 시간을 가지려는 소망에서 만들어진 것이다. 국민연금에 들거나, 부동산을 구입하거나, 가재도구를 장만하거나, 여러 정부 기관들을 만드는 것도 좀더 단순하고 행복한 생활을 위해서다.

그러나 그런 본래의 의도는 여러 경우에서 예상치 않은 결과를 야기했다. 경제적으로 넉넉한 노년을 즐기려는 꿈은 노년층과 소득을 창출하는 젊은이들간에 서로 만족스럽지 못한 분배의 싸움을 야기시켰다. 집을 구입하려는 계획도 열심히 일에만 매달려야 겨우 가능하게 되었다. 시민을 관리하는 공공 기관의 행정도 경우에 따라서는 오히려 시민들에게 불편을 가중시키고 있다. 결국 단순해지기 위해 시작했던 시도들이 점점 더 생활을 복잡하게 만들고 만 것이다.

'단순하게 살기 위한 방법'은 그렇게 근본적으로 잘못된 삶의 역학의 방향을 바로잡고, 우리 삶을 고유의 목적을 향해 돌려놓기 위한 노력이다. 그 고유의 목적이라는 것은 '단순함'으로서, 그 안에는 꽉 찬 성숙한 삶의 모든 것들이 여유롭게 반영된다. 지금 당신이 처해 있는 현실이 복잡하게 얽혀 있는 상황이라면, 그러한 말이 역설처럼 들릴 수도 있다. 그러나 복잡함이 최고조에 달할 때 단순함에 대한 동경이 가장 크다. '단순하게 살기 위한 방법'은 각자 처한 상황에 놓여 있는 올가미와, 그 올가미를 무심결에 받아들였던 태도를 없애는 방법이다.

삶의 역학의 방향을 바꾼다는 것은 옛날로 돌아가자는 것도 아니고, 루소의 주장처럼 자연으로 돌아가자는 것도 아니다. 단순하게 산다는 것은 당신 앞에 그리고 당신 안에 있는 것들을 단순화시키는 것을 말한다. 그것은 그전에 있는 복잡한 과정들을 생각하지 않고서는 상상할 수 없는 그런 단순함이다. 살면서 겪어 온 경험과 그동안의 숱한 착오와 실수들을 거울삼아 단순하게 살아갈 수 있다. 단순함은 절대 끝나지 않을 여행길의 목적지에서나 만날 수 있는 보석이다.

그 길은 외면 세계에서 내면 세계를 향해 뻗어 있다. 단순하게 살아가는 길은 당신의 책상, 당신의 집 그리고 당신의 여가 시간에서 시작된다. 그것은 당신이 맺고 있는 사회적 관계, 인생의 동반자뿐만 아니라 부모와 자식 그리고 친구와 동료에게까지 이어진다. 그 길은 당신의 몸까지 이어져 당신에게 육체적, 정신적 생기를 불어넣어준다. 자, 이제 그토록 끝이 흥미진진한 여행길에 동참하게 된 것을 기쁘게 생각하고, 단순하게 살아가는 길을 떠나 보도록 하자.

계단식 피라미드 모델

'단순하게 살아가는 방법'은 피라미드를 통해 잘 설명되어질 수 있다. 이것은 단순하고 명확한 핵심으로 이어지는 것으로, 우리 인생에서 가장 중요하고 다양한 삶의 분야를 상징적으로 나타내는 일곱 개의 단계로 이루어져 있다. 각각의 단계에서 적어도 하나만 통과해도 당신은 계속 앞으로 나갈 수 있다. 여기에서 순서는 별로 중요하지 않다. 밑에서 시작할 수도 있고, 가운데 혹은 당신이 원하는 곳 어디에서든 시작할 수 있다.

　하지만 우리는 경험을 통해 단순함을 향한 소원이 대부분 맨 아래 단계에서 시작한다는 것을 알고 있다. 당신이 일하는 책상이나 어수선한 집 안 풍경은 맨 아래 단계에서 볼 수 있는 것들이다. 따라서 단순하게 살아가는 7가지 방법 중 제1단계는 물건들을 '정리 정돈'하는 것에서 시작해야 한다.

제1단계　물건들

당신이 소유하고 있는 물건 모두를 일컫는 말이다. 통계에 따르면, 사람들은 평균적으로 1만 개의 물건을 갖고 있다고 한다. 그러나 개인차가 심하기 때문에, 어쩌면 당신은 그것보다 수십 배나 더 많은 물건들을 가지고 있을지도 모른다. 책상에 있는 물건들부터 말끔하게 정리하고 나면, 엄청난 두께의 서류 더미가 당신을 지배하는 것이 아니라 당신이 그것을 지배하고 있다는 기분 좋은 느낌을 갖게 될 것이다. 그 다음에는 옷장, 거실, 차고, 자동차를 정리해 나가되, 개인적인 물건과 직장에서 사용하는 물건들을 구분하지 말아야 한다.

제2단계　돈

돈은 눈으로 볼 수 있으면서 동시에 보이지 않는 잠재력을 가지고 있다. 금전 문제를 말끔하게 정리하는 것이 어지럽혀진 거실을 치우는 것보다 훨씬 더 어렵다. 단순히 은행 구좌에 돈이 얼마나 있느냐를 따질 것이 아니라 빚과 대출금 액수도 잘 살펴봐야 한다. 그리고 자신이 돈을 다룰 때의 습관이나 기준 또한 살펴봐야 한다.

제3단계　시간

누구에게나 하루 24시간이 주어진다. 그중 얼마만큼의 시간을 자유롭게 활용하고 있느냐가 관건이다. 배우자, 자녀, 친척. 직장 상사와 동료, 고객, 이 모든 사람들이 당신의 시간 중 일정한 부분을 차지하려고 한다. 거기에 매일같이 반복되는 일상, 의무, 취미 생활, 이성 관계 혹은 비밀리에 몰두하는 무엇에 대한 열정 등도 빼놓을 수 없다. 그렇다면 당신이 오로지 자신을 위해 생각하고, 아무것도 하지 않는 시간은 얼마나 되는가? 이 부분에 대해서도 정비가 필요하다. 단순하게 함으로써 당신의 내면이 중요한 전진을 할 수 있도록 도와주어야 한다.

제4단계 건강

당신에게 가장 소중한 것은 바로 자신의 몸이다. 안타깝게도 우리는 육체가 제대로 기능을 다하지 않을 때만 육체에 관심을 갖는다. 일단 병든 환자에게는 모든 관심사가 육체뿐이다. 그래서 살아가는 데 중요한 것처럼 보이는 다른 것으로부터 애써 관심을 거두려고 한다. 하지만 '단순하게 살기 위한 방법'을 알게 되면, 몸에 대해 그 정도까지 관심을 갖지 않으면서도 오랫동안 병에 걸리지 않고 살아갈 수 있을 것이다. 육체와 정신이 어떻게 건강하게 서로 조화를 이루며 살아가는지를 보여주는 것이다.

제5단계 주변 인물들

당신 주위의 사회적 그물망을 요즘 쓰는 신조어로 말하자면 '네트워킹'이라고 한다. 그것은 삶을 엄청나게 복잡하게 만드는 원인이 될 수 있다. 음모, 다툼, 비굴함, 질투심 등은 그것 때문에 만들어진 악성 종양이다. 그 외에 우호적인 관계에서도 복잡한 문제가 생겨날 수 있는데, 당신이 주변 사람들을 위해 자신을 철저히 포기하고 자신의 욕구를 애써 외면할 때 그런 일이 생긴다. '단순하게 살기 위한 방법' 중에 정리 정돈 단계는 당신이 맺고 있는 인간관계를 진단하고 단순화시켜 준다. 당신이 더욱 성숙하고 발전하도록 도와주는 인간관계를 위해 당신을 자유롭게 해줄 것이다. 또한 그것은 당신이 부모와 다른 가족들과의 관계에서도 긴장을 풀 수 있게 도와준다. 결국 당신이 자신의 생애 그 이후까지 내다볼 수 있게 해준다.

제6단계 파트너

중요한 누군가를 만났을 때 그가 자기와 가장 가까운 존재라는 확신이 들곤 한다. 그가 반드시 남편이나 아내 혹은 삶의 동반자일 필요는 없다. 종교적 신앙심이 깊은 사람에게는 신일 수도 있고, 혼자 외롭게 살아가는 사람에게는 형제, 친척, 친구 혹은 다른 중요한 사람일 수도 있다. '단순하게 살기 위한 방법'은 직업상의 성공이 부부 관계나 파트너와의 관계에 부담을 준다는 잘못된 인식을 없애 준다.

제7단계 자기 자신

'단순하게 살기 위한 방법'을 설명하는 이 피라미드의 최정상에는 독특한 공간이 있다. 입구에는 당신 삶의 목표가 놓여 있다. 그것은 삶의 의미, 행복, 충만함에 대해 당신이 갖고 있는 생각이다. 단순하게 살아가는 훈련을 받으면, 당신은 그곳에 절대적인 단순함이 있다는 사실을 깨닫게 될 것이다. 그렇다고 그 공간이 비어 있는 것은 아니며, 오히려 남들과 완전히 구분되는 당신 자신만의 개성으로 가득 차 있다. 그곳에서 당신은 바로 자기 자신을 만나게 될 것이다. 그리고 그 공간 밖으로 나가는 순간 당신은 놀라운 변신을 체험하게 된다.

단순하게 살아가기 위한 제안

여기에 소개될 단순하게 살아가기 위한 제안들은
적은 것이 결국 더 많은 것이라는 단순한 원칙에 근간을
두고 있다. 간단하게 설명하자면, 늘리려고 하지 말고
오히려 줄이라는 것이다. 잡동사니를 쌓아 두려고 하지 말고 창고
를 비워라. 긴장하지 말고 풀어라. 가속하지 말고 감속하라. 다시 말해 모든
것을 적게 하라는 것이다. 지금부터 그 사실을 꼭 명심해두자. 그러면 당신은
이미 '단순하게 살기 위한 방법'에 동참하고 있는 것이다.

단순하게 살기 위한 제1제안
일터를 정리 정돈하라
단순하게 살기 위한 제2제안
사무실에 서류가 쌓이지 않게 하라
단순하게 살기 위한 제3제안
주변에 있는 쓸데없는 것들을 없애라
단순하게 살기 위한 제4제안
건망증을 무력화시켜라

삶의 피라미드 제1단계

물건들을 단순화시켜라

주변 물건들을 단순화시킴으로써
자신을 단순화시켜라

피라미드의 맨 아래 단계에는 물건들이 나열되어 있다. 집, 직장, 자동차 등 주변에서 늘 보아왔던 것들이다. 정돈되어 있지 않은 집이나 서류 더미가 산처럼 쌓여 있는 책상을 보면 사람들은 대개 본능적으로 그 어수선함에 답답해 한다. 그러면서 이렇게 생각한다.

'이번 일이 잘 풀리기만 하면 내 집이나 책상도 깨끗하게 정돈될 거야.'

그러나 경험으로 볼 때 그와 반대로 생각하는 것이 오히려 큰 효과를 발휘한다는 것을 알 수 있다. 먼저 자신의 일터를 단순한 몇 가지 원칙에 따라 정리 정돈해보자. 기분이 훨씬 나아질 것이다. 그리고 옷장에서 입지 않는 구닥다리 옷들을 치워 버리면 생활의 활기를 찾을 수 있을 것이다.

인생을 복잡하게 살아가고 있는 대부분의 사람들에게 단순함이 결여되어 있다는 사실은 사물들을 통해서도 잘 드러난다. 상담 전문 잡지 〈단순하게 살아라〉의 독자들도 그런 소식들을 편지로 많이 전해주고 있다. 그들 이야기에 따르면, 책상 옆에 잘 정돈된 서류함을 만들어놓거나, 수시로 바닥을 정리 정돈하는 하나의 행동이 단순하고 행복한 삶을

정리 정돈

위한 가장 중요한 조치였다는 것이다.

단순하게 살라는 것이 당신이 근무하는 사무실과 집 안의 구석구석을 완벽하게 정리 정돈하라는 것이 아니다. 오히려 그 반대다. 단 한 가지만 실행에 옮기고, 그것을 통해 얻을 수 있는 효과를 마음껏 즐겨보라는 것이다.

단순하게 살기 위한 제1제안 일터를 정리 정돈하라

인간은 크나큰 시련도 극복할 수 있다. 엄청난 힘을 발휘할 수도 있고, 강한 적을 무찌르기 위한 비책을 강구하는 능력도 갖고 있다. 그렇지만 모든 일은 하나씩 차례대로 해나가야 한다. 어디서부터 일을 시작해야 할지 모르면 쉽게 용기를 잃는다. 가장 큰 스트레스는 과중한 부담이다. 그것은 우리의 모든 행동에 장애가 된다. 어디부터 손을 대야 할지 모른다면 물건을 찾느라고 시간만 낭비하고, 머릿속에서는 모든 것이 뒤죽박죽 뒤엉켜 혼란만 겪게 될 것이다. 책상만 보는데도 머리가 어지럽고 쉽게 뚫고 나갈 수 없는 정글을 보는 것처럼 혼란스럽다면, 다음에 소개되는 방법들을 시도해보기 바란다. 아주 힘든 상황에서도 큰 효과를 발휘할 수 있을 것이다.

만약 할 일이 너무 많아서 책상을 정리할 시간이 없다면, 지금 당장 이 방법을 시도해보자. 비록 두세 시간(그 이상은 절대 더 걸리지 않는다)이 걸린다 하더라도, 일단 그렇게 하고 나면 머릿속이 개운해져 시간을 투자한 보람이 있을 것이다. 정리하느라 보낸 시간을 금방 다시 되찾을 수 있다.

아이젠하워 원칙

이 방법은 미국의 여러 대통령이 집무의 원칙으로 삼고 있는 것으로, 일명 '아이젠하워 원칙'이라고 알려져 있다. 어지러운 상태를 간단하게 정돈해주는 방법이다.

옆에 있는 다른 빈 책상이나 바닥을 4등분으로 나눈다. 그런 다음 책상에 있는 물건들을 하나씩 4등분한 공간 중의 한곳에 놓는다. 종이 한 장도 책상에 남아 있지 않게 하라. 정리하는 동안 다른 것에는 신경 쓰지 말고, 처음에는 절대로 불가능할 것 같았던 골치 아픈 일이 엄청난 에너지로 처리될 수 있다는 믿음으로 계속해야 한다.

4등분은 각각 이렇게 분리된다.

버려야 할 것 첫 번째 구역에 있는 물건들은 전부 버릴 것들이다. 커다란 상자를 갖다 놓는 것이 좋다. 불필요한 물건들이란 대개 이런 것들이다.

- 오래된 여행 관련 팸플릿
- 일주일 이상 묵은 신문
- 반년 이상 지난 카탈로그
- 장기적으로 봤을 때 필요하지 않은 잡지
- 연도가 안 맞는 메모장
- 3년도 더 된 국내 지도나 앞으로 2년 안에 가보지 않을 나라의 지도
- 학창 시절의 참고서
- 해묵은 크리스마스 카드
- 아이들이 어렸을 때 그린 그림 가운데 약 절반 정도(잘 그린 것은 가치가 상승하니까 그것은 따로 보관하도록 한다)

- 지난 해 달력
- 한 번도 해먹지 않을 요리법을 적은 쪽지
- 이제는 더 이상 갖고 있지 않은 기계나 도구의 사용 설명서
- 보증 기간이 지난 보증서

다른 사람들의 도움을 받아야 할 것 두 번째 구역에는 다른 사람에게 전달해 줌으로써 해결될 것들을 모아놓는다. 혹시 당신은 다른 사람에게 부담 주는 것이 싫고, 사소한 일은 혼자서 직접 처리하고 싶어하는 성격이라서, 책상 위에 많은 것들을 쌓아두었을지도 모른다. 아이젠하워 원칙에 의해 정리 정돈할 때는 그런 성격에서 과감히 탈피해 다른 사람과 일을 분담해야 한다. 직장 동료, 가족, 아르바이트 학생 등 주변에서 받을 수 있는 도움은 가능한 다 받는 것이 좋다.

지금 해야 할 일 세 번째 구역에는 당장 해결해야 할 것들을 모아놓는다. 그곳에 모이는 것들은 반드시 바로 실행에 옮겨져야 한다는 사실을 명심하라. 그러므로 이 구역에 두기로 결정할 때는 가능한 인색하게 구는 게 좋다.

그 외 네 번째 구역에는 조금 특별한 것들이 놓인다. 이곳에 분류되는 것들은 전화나 팩스, 정리 정돈을 통해 처리될 수 있는 것들이다. 원래는 서면으로 처리할 계획이었던 것들은 전화로 해결하라. 만약 상대와 통화가 불가능하면 그와 관련된 종이를 세 번째 구역으로 넘겨라.

팩스를 받았을 경우 받은 팩스에 답장을 적어 발송인에게 그대로 반송해 준다. 상대에게 팩스가 없다면 우편으로 보낸다.

마지막으로 서류철에 곧바로 끼워 넣을 수 있는 것들은 그 즉시 끼워 놓음으로써 제자리를 찾아준다.

이 4분위 방법은 아래의 원칙을 엄격히 지키기만 하면 100퍼센트 성공한다.

중간에 어설프게 걸쳐놓는 것들이 없어야 한다.
각 서류를 딱 한 번만 손에 잡아라.
제5구역이나 제6구역 따위는 만들지 말라.

이런 식으로 정리하고 나면 새로운 일을 할 수 있는 빈 공간이 생긴다. 전에는 서류 더미로 수북했던 책상이 이제는 새로운 작업장이 되는 것이다. 또한 당신은 다른 곳들도 정리할 힘을 갖게 된다.

단순하게 살기 위한 제2제안 | 사무실에 서류가 쌓이지 않게 하라

'몇 배로 늘리지 말고 간단하게'라는 원칙을 지키면 삶이 더욱 수월해진다는 철칙은 물건을 보관하는 과정에서도 적용된다. 잘못된 과중한 부담 중 가장 대표적인 것이 '꼭 할 일'이라는 이름으로 분류한 메모지들이다. 당신은 종이마다 해야 할 일들을 적어놓는다. 그러나 그렇게 수북이 쌓아놓는 종이들 때문에 당신은 우울증에 걸릴 수 있고, 그것은 눈에 보이지 않는 부담이 되어 당신을 찍어 누른다. 당신은 그 안에 무슨 내용이 적혀 있는지도 다 알지 못한다. 그렇게 되면 종이 더미가 당신보다 더 강한 힘을 발휘하게 되어 무언의 대화로 당신에게 이렇게 말한다.

"넌 절대로 나를 해결하지 못할 거야!"

책상 위에 그런 메모지를 올려놓으면 해야 할 일들을 잊지 않을 거라고 생각하는 것은 착각이다. 다른 자료들이 그 위에 수북이 쌓이면 그것에 대한 기억이 아득하게 멀어지기 때문이다. 수차례 실험한 결과, 탁상용 달력에 해야 할 일을 적어놓는 것과 서류를 서류철에 꽂아두는 일을 함께 하는 것이 가장 효과적인 방법으로 밝혀졌다.

수북하게 쌓여 있는 서류 더미라는 괴물

산더미처럼 쌓여 당신을 위축시키는 서류 더미에는 당신이 처리해야 할 일들만 있는 것이 아니라 그런 것처럼 보이는 것들도 많이 있다. 언젠가 한번 훑어볼 생각을 하고 있지만 한 번도 읽지 않은 잡지, 시간 나면 정돈할 생각으로 모아 둔 관심 있는 신문 기사들, 언젠가 앨범에 차곡차곡 정리할 생각에 모아 둔 여행지에서 찍은 사진, 심지어 다림질해야 하는 꾸깃꾸깃한 빨래들도 있다. 주변에 수북하게 쌓이는 물건들은 부지기수로 많다.

쌓아두는 것을 방지하기 위한 고전적인 방법은 그렇게 쌓이지 않도록 미연에 방지하는 것이다. "각각의 종이를 딱 한 번씩만 손에 잡고 손에 잡은 즉시 곧바로 해결하라"는 것이 아이젠하워 원칙의 가장 중요한 원칙이다. 하지만 실제 생활에서의 그것은 아주 높은 지위에 있는 사람들에게만 가능한 일이다. 그들 곁에는 직무가 주어지기만을 기다리는 훌륭한 직원들이 있기 때문이다. 그러나 보통 사람에게는 이러지도 저러지도 못한 채 중간에 걸쳐놓는 서류들이 늘 생기게 마련이다. 그런 것들이 시간이 지나다 보면 산더미로 쌓이게 되는 것이다.

단순하게 살아가기 위한 요체 — 서류 정리함

산적한 서류 더미와 관련하여 단순하게 살아가기 위한 황금 원칙은 방향을 바꿔보는 것이다. 위로 쌓여 있던 서류 더미를 90도 각도로 눕힌 후, 그것을 각 작업 분야에 따라 서류를 위에서 꺼낼 수 있는 서류 정리함에 정리해보자. 눈으로 잘 확인할 수 없었던 서류 더미가 가시적인 모습으로 변하게 된다. 그렇게 해놓고 나면 할 일들이 한눈에 보이기 때문에 진정한 의미에서 일이 '단순하게' 변한다. 서류 더미를 서류함에 꽂아 위치를 바꾸어놓음으로써 당신은 중요한 발전을

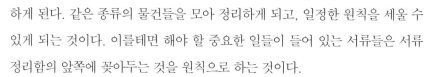

하게 된다. 같은 종류의 물건들을 모아 정리하게 되고, 일정한 원칙을 세울 수 있게 되는 것이다. 이를테면 해야 할 중요한 일들이 들어 있는 서류들은 서류 정리함의 앞쪽에 꽂아두는 것을 원칙으로 하는 것이다.

그렇게 함으로써 당신은 무엇을 얻게 될까? 주어진 임무는 정리를 하기 전이나 후나 변하지 않는다. 그러나 새로 생겨나는 서류들을 올바른 위치에 정리할 수 있게 된다. 당신은 전체를 조망할 수 있게 되고, 시간이 조금 지나고 나면 잔뜩 쌓여 있는 서류 더미들이 당신에게 더 이상 부담을 주지 않는다는 것을 깨닫게 될 것이다.

서류 정리함에 꽂아둔 할 일들을 잊어버리지 않으려면 해야 할 일 목록에 적어두는 것이 좋다. 그 목록은 탁상용 달력에 기록해두는 방법이 제일 좋다.

서류들을 꽂아놓은 서류 정리함은 일터에서 당신에게 명령을 내리는 작전 본부요, 모든 실타래가 한곳에 모이게 하는 가장 중요한 도구가 될 것이다. 그러나 그것은 당신이 서류 정리함을 단순한 중간역이라고 생각할 때만 가능하다. 어떤 서류도 3개월 이상 그곳에 방치해서는 안 된다.

훈련을 제대로 받고 습관을 들이다 보면, 당신의 작전 본부를 충실하고 의욕에 불타오르는 친근한 동료로 만들 수 있다.

산더미처럼 쌓인 것들을 정리하기 위한 십계명

중요 서류는 바인더에 최종 보관하라 처리되었으면 그에 관련된 서류는 더 이상 서류 정리함에 보관해서는 안 된다. 그런 것까지 보관하기에는 그곳이 너무 소중한 공간이기 때문이다. 장기적으로 보관해야 하는 것들은 서류 정리함에 넣어두지 말고, 바인더에 꽂아 치워야 한다. 따라서 각 주제에 맞는 바인더가 적어도 한 개씩은 준비되어 있어야 한다. 보관하고 싶지 않은 것은 쓰레기통에 버린다. 가능하면 쓰레기통에 우선권을 주는 게 좋다.

별도의 보관 장소를 만들어라 서류 정리함에 들어가지 않는 물건들은 다른 곳에 보관해두어야 한다. 두꺼운 서류는 세로로 꽂아두는 서류 정리함에 보관해둔다. 그리고 그것에 해당되는 서류철에는 기억을 상기시키기 위해 그 서류에 해당하는 편지나 표지의 복사본을 꽂아둔다.

탁상용 달력에 적어놓아라 꼭 해야 할 일을 기억하기 위해 탁상용 달력에 적어놓되, 현실적으로 가능한 기한을 정해놓는다.

좋은 이름을 지어라 서류철에 이름을 붙일 때 이름만 보아도 금방 감잡을 수 있는 이름으로 짓자. '급행'이나 '신속 처리'와 같은 이름은 배제시키는 것이 좋다. 너무 보편적이고 아무런 자극도 주지 않는 이름으로 지어놓으면 중요한 자료가 파묻혀버리는 수가 있기 때문이다. 관공서에 흔히 있을 것 같은 이름은 짓지 말고, 가벼운 마음으로 기지에 넘치는 이름을 지어라. '미결' 대신 '결정하자!', '청구서' 대신 '낼 돈은 내자', '약속' 대신 '즐거운 시간'과 같은 말들도 재미있고 좋다.

지속적으로 변화시켜라 서류 정리함이 살아 움직이도록 늘 관심을 가져라. 서류철의 이름을 자꾸 바꾸는 것에 대해 주저하지 마라. 서류 정리함은 살아 움직여야 한다. 예를 들어 영화 전문 기자는 각 영화에 따라 분류해놓은 서류철을 하나씩 갖고 있을 것이다. 기사를 써서 잘 전달하고 난 후 꼭 보관해야 할 것은 바인더에 보관해둔다. 그러고 나면 서류 정리함에 있는 서류철은 새로운 영화 프로젝트의 이름으로 바뀌게 된다. 그런 경우에 대비해 이름표를 충분히 준비해 서류 정리함의 제일 뒤쪽 서류철에 보관해 두는 것이 좋다.

반응은 빠르게 하라 서류 정리함의 앞쪽에 꽂아두는 서류철에는 급히 답장을 보내야 할 경우에 대비해 편지지나 팩스 용지를 보관해두는 것이 좋다. 그렇게 해두면 필요할 때 곧바로 답장을 보낼 수 있다.

결과에 따라 분류하라 어떤 서류가 적당하게 분류되지 못한 채 계속 당신 책상 위에 놓이게 되는지 점검한 후, 적당한 서류철을 하나 준비한다. 이를테면 '아이들'이라고 명명한 서류철에는 학교에서 보낸 학부모와의 면담 안내문, 시간표, 결석계 양식 등이 들어갈 수 있다. 혹은 경우에 따라 '운동'이라고 명칭을 붙인 서류철을 준비해둔다.

신문 기사나 팸플릿과 같은 각종 정보들은 그에 해당하는 주제의 서류철에 정리한다. 예를 들자면 '건강을 위한 조언'이라는 서류철을 하나 만들어놓는 것이다.

'출장 갈 곳'이라고 이름 지은 서류철에는 출장 관련 자료들을 다 모아

두는 것이 좋다. 기차표, 기차 시간표, 방문 도시 지도, 호텔 주소, 초청장, 여행 관련 팸플릿(중요한 정보가 있는 쪽만 찢어 낸 것) 등을 그곳에 보관한다. 출장지와 관련된 자료들은 투명한 서류철에 넣어 둔다. 그렇게 해두면 출장 가기 전에 해당되는 비닐 서류철만 꺼내면 중요한 준비는 끝난다. 출장 가 있는 동안, 보관해야겠다고 생각되는, 특히 여행 경비 청구에 필요하다고 생각되는 자료들은 모두 비닐 서류철에 넣어 둔다. 그 안에 중요한 자료가 다 들어 있기 때문에 경비를 산출하는 귀찮은 업무를 출장에서 돌아오는 길에 다 끝내 놓을 수 있다.

출장을 끝내고 돌아오면 눈에 잘 띄는 색종이를 비닐 서류철 맨 앞쪽에 넣고 '출장 갔던 곳'이라고 써놓은 서류철에 꽂아둔다. 그렇게 하면 중요한 자료를 잃어버리지 않으면서 간단하게 정리해놓을 수 있다.

서류철의 앞면을 이용하라 서류철의 앞면에는 전화번호, 이름, 주소, 약속 일정, 회원번호와 같이 서류와 관련된 중요한 정보를 기록해 둔다. 필요할 때 그것만 꺼내면 중요한 정보를 한눈에 다 읽을 수 있다.

독창적이 되어라 지혜롭게 실천만 한다면 서류 정리함을 이용해 모든 것을 정리할 수 있다. 그러고 나면 그것을 다른 것에도 응용할 수 있게 된다. 가장 이상적인 상태는 서류 정리함을 사용만 하지 말고, 애정을 갖고 사랑하는 것이다. 더 나아가 다른 사람들에게까지 권유한다면 더 좋은 결과가 있을 것이다. 예를 들어 만년필로 글씨를 쓰는 동료가 있다면 매번 찾는 압지를 넣어두는 서류철을 만들어두라고 하면 좋을 것이다. 혹은 집에서 일하는 아버지의 서류 정리함에는 아이들을 위해 준비한 것들을 따로 모아두는 서류철이 있으면 좋다. 그 안에 스티커, 잡지에서 오려 낸 퀴즈, 껌과 같은 작은 군것질거리 등을 넣어 둔다.

정기적으로 비우라 서류철들이 꽉 차 보이면 내용물들을 점검하자. 각 서류철에는 이미 오래전에 처리한 자료들이 아직 남아 있을 가능성이 많다. 그것을 정리하는 데 걸리는 시간은 일반적으로 사람들이 생각하는 것보다 짧다. 10분만 투자해서 필요 없는 자료들을 끄집어내면 서류철이 다시 제 기능을 발휘하게 될 것이다.

언젠가 시간을 내서 꽉 찬 서류철들을 제대로 해놓겠다는 꿈은 아예 꾸지 않는 것이 좋다. 그런 일은 절대로 일어나지 않는다. 그렇게 하느니 차라리 평소에 조금씩 해두는 것이 좋다. 그것도 지금 당장.

장기간 보관하기 위한 5가지 조언

바인더를 이용하든, 서류 정리함을 이용하든 보관해야 할 자료들은 지속적으로 늘어난다. 그러다 보면 정확한 정보를 찾는 데 시간이 점점 더 많이 걸리게 되고, 정보는 퇴색하고, 장소는 협소하고, 작업 의욕은 줄어든다. 그렇게 되서는 안 된다. 다음에 소개되는 조언 중 한 개 이상을 따른다면 밀물처럼 밀려드는 서류 더미에서 당신은 벗어날 수 있을 것이다.

일대삼 폐기 원칙 정보가 꾸준히 불어나는 바인더에서 필요한 것을 찾을 때마다 낡은 정보를 세 개씩 없앤다. 단순하게 살기 위한 원칙이 '작은 일이지만 지금 당장 실시하라'는 것임을 명심하라. 필요없는 자료들을 쓰레기통에 버릴 때마다 기뻐하라. 그렇게 함으로써 서류철은 얇아지고, 당신의 정신적 부담이 줄어들며 시간도 절약된다.

낡은 정보는 즉시 버려라 보관함에 새로운 정보가 들어오면 낡은 정보는 즉시 버려라. 현재 갖고 있는 서류들을 영원히 간직해야 할 재산으로 생각하지 말고, 늘 언젠가는 떠날 손님으로 생각하라.

자투리 시간을 이용하라 퇴근하기 전에 정리해두어야 할 서류철과 바인더 두세 개와 휴지통을 책상 위에 꺼내 놓아라. 다음 날 일을 하다가 커피를 마시며 잠시 휴식 시간이 생기거나, 누구를 기다리거나, 한가하게 느껴질 때 자투리 시간을 이용해 그 일을 처리하라.

유효 기간을 기록하라 정보의 효력이 상실되는 시점을 서류철이나 바인더에 눈에 잘 띄는 글씨로 써놓는다. '2002년 12월 31일 휴지통으로' 혹은 '2002년 6월 30일 장기 보관함으로'처럼 공간과 날짜까지 적어두는 것이 좋다. 기억을 상기시키기 위해 탁상용 달력에도 날짜를 적어두는 것이 좋다.

프로젝트 완성을 자축하라 한 가지 일을 처리했다면 일에 관련된 자료들을 한번 살펴보자. 그리고 필요하지 않은 서류와 책은 되돌려주거나 즉시 폐기하라. 경우에 따라 나중에 다시 필요할 수도 있는 자료들은 장기 보관함에 모아둔다. 그런 다음 일을 성공적으로 잘 끝낸 것에 대해 스스로 자축하라.

이렇게 하면 책상이 깨끗해진다

책상에 물건이 잔뜩 쌓여 있으면 당신의 삶을 단순하게 만들 수 없다. 이제까지 당신의 작업장에 쌓아두었던 것들을 당신 뒤에 쌓아라. 당신 키의 절반 정도 되는 장을 마련하거나 선반 혹은 다른 탁자를 그곳에 준비해 두어라.

책상에 깔아놓는 판에 전화번호나 메모를 많이 해둔 사람은 다음과 같은 방법을 써보자. 일정한 시간을 두고 규칙적으로 책상 위를 정리하자. 책상 위에 있던 메모들을 다 모아 '책상 위에 있었던 것들'이라고 제목을 붙인 공책에 붙여 놓는다. 그렇게 하면 책상은 텅 비지만 필요할 때는 정보를 쉽게 찾아볼 수 있다.

자신이 처해 있는 상황을 일찍 파악하라

좋은 방법들을 다 시도해보았는데도 책상이 아직 지저분하면 당신이 사소한 것을 간과했을 가능성이 많다. 자료를 정리하면서 할 일이 많이 밀려 있다는 것을 뒤늦게 알아챈 것이다.

예를 들어 책상에 신용카드 영수증이 하나둘씩 쌓이는데 영수증을 모아놓는 바인더는 꽉 차 있는 경우가 있다. 그렇다면 새로운 바인더를 하나 준비해야 되는데, 새로운 선반에는 더 이상 바인더를 놓을 자리가 없다. 선반을 통째로 정리해야 하는데, 그 일을 시작하려면 사무실 전체를 다 바꾸어야 할 가능성이 크다. 그러나 당신에게는 그런 일까지 할 시간이 없다.

책상에는 신용카드 영수증만 하나둘씩 쌓여가는 것이 아니라 다른 것들도 함께 쌓여간다. 당신은 신용카드 영수증을 가지런히 정리해 둘 필요가 있다는 것은 알고 있지만 종이가 수북이 쌓여 있는 책상에 손댈 엄두가 나지 않는다. 결국 악순환이 지속되는 것이다.

그런 악순환은 책상에서만 일어나는 것이 아니다. 물건을 정리하는 곳이면 어디에서든지 생긴다.

발생하는 즉시 문제를 해결하라 주변이 깨끗이 정리되어 있다는 것은 부지런하다는 것을 의미한다. 많은 자료들이 당신에게 제공되는 것에 문제가 있는 것이 아니라 일의 흐름이 자꾸 막히는 데 문제가 있다. 종이를 이쪽저쪽으로 밀어놓는 것과 종이를 잘 정리하는 것의 차이는 당신이 결정을 얼마나 빨리 내렸느냐에 따라 생겨난다. '꼭 해야 할 일 목록'에 적어놓은 대부분의 일들이 나중에 보면 해결되지 않는 경우가 많다. 그랬을 때 그것은 배수구에 걸려 있는 오물 덩어리처럼 물의 흐름을 막고, 당신의 의욕을 꺾고, 당신의 삶을 불만스럽게 만든다. 그러므로 그것을 발견하면 그 즉시 없애버리는 것이 좋다.

그런 상황이 닥치기 전에 미리 감지하는 능력을 키워야 한다. 가끔 주변 상황에 대해 비판적으로 생각해보자. 왜 지저분하게 널려 있는 것들을 정리하지 못할까? 무엇이 당신의 의욕을 떨어뜨릴까? 자료가 지나치게 많이 들어 있는 서류함? 손이 쉽게 닿지 않는 바인더? 아니면 새로운 일터에 아직 구비되어 있지 않은 서류 정리함?

'작은 것부터 실천하라'는 단순하게 살기 위한 원칙임을 명심하라. 눈앞에 놓인 장애물을 한꺼번에 다 제거할 수는 없다. 그러나 장애물이 딱 하나 놓여 있을 때는 얼른 그것을 없애야 한다. 근본적으로 해결하려고 하지 말고, 발생하기 시작한 문제점을 가능한 한 빨리 제거하는 것이 좋다. 예를 들어 새로운 바인더가 필요할 때 바인더를 당분간 바닥에 놓아둘 수밖에 없는 상황이 되더라도 새로운 바인더를 준비하는 것이 좋다. 그렇게 하면 악순환의 고리를 끊고, 긍정적인 의미에서 연쇄 파급 효과를 창출할 수 있다.

4분의 3원칙으로 장기적인 대비책을 마련하라 혼돈스런 상황까지 사태를 악화시키지 말자. 물건이 120퍼센트 꽉 차고 나서야 반응을 보일 것이 아니라, 75퍼센트 정도 차 있을 때 짐을 덜어낼 준비를 하라.

구체적으로 말하자면 바인더의 75퍼센트가 차 있으면 그 바인더는 꽉 차 있는 것으로 간주해야 한다. 선반의 길이가 1미터라면 75센티미터까지만 책과 바인더가 놓여 있어야 한다. 이때 바인더가 굴러떨어지지 않게 바인더 하나를 옆으로 눕혀놓거나 책을 버텨주는 북엔드의 도움을 받도록 한다. 옷장에 있는 옷걸이에도 최고 75퍼센트까지만 옷들이 차 있어야 옷장을 편리하게 사용할 수 있다.

단계별 서류철을 통해 성공을 가로막는 장애물을 제거하라

종이를 딱 한 번만 손에 잡으라는 말이 이론적으로는 대단히 훌륭하지만 실제로는 가능하지 않은 경우가 많다. 한 예로, 기안서를 작성하려고 할 때 하필이면 자리에 없는 동료와 이야기를 나누어야 하거나, 지하 창고에 보관되어 있는 과거 자료를 살펴봐야 하거나, 경리부에 있는 회계장부의 수치를 일일이 확인해보아야 하는 경우가 많다. 즉 단순한 종이 한 장을 해결하기 위해 엄청나게 복잡한 과정이 필요한 것이다. 그런 경우 대개는 나중에 처리하기 위해 쌓아두곤 한다. 하지만 그러다 보면 상황은 금세 복잡해진다. 미국에서 조직

구성 전문가로 유명한 바바라 햄필은 '무질서는 결정을 뒤로 미루기 때문에 생겨난다'는 명언을 남겼다.

예를 들면 앞에 놓여 있는 한 장의 서류를 처리하기 위해 여러 가지 일을 한꺼번에 다 처리해야 하는 경우가 있다. 그 일들은 구슬처럼 당신 시야에서 어지럽게 굴러다닌다. 결국 당신은 그 일을 옆으로 밀어놓고 만다.

이 일을 해결하려면, 우선 구슬을 하나씩 실에 꿰어야 한다. 해야 할 많은 일들 가운데 하나를 골라 그것을 다음 단계에 해야 할 일로 결정한다. 그렇게 하고 나면 손에 쥔 서류를 한 단계 앞으로 진행시킬 수 있다. 그런 식으로 '단계별 서류철'을 만들면 큰 성공을 거둘 수 있다.

서류 정리함에 눈에 잘 띄는 색으로 꾸며놓은 서류철을 준비해둔다. 그리고 서류철의 겉표지에 '다음 단계'라고 이름을 붙여둔다. 어느 직장, 어느 직종에서 일하느냐에 따라 다음 단계는 천차만별일 수 있다. 그렇지만 어디서나 흔히 볼 수 있는 몇 가지 것들이 있다. 예를 들면 이런 것들이다.

- 복사하기
- 상관에게 자료 제출하기
- 전화하기
- 면담하기
- 정산하기
- 답변 기다리기

삽화가인 베르너 퀴스텐마허의 단계별 서류철은 이렇게 나뉘어져 있다.

- 스케치
- 완성 작품
- 수락 여부 답변 기다리기
- 청구서 작성하기

혹은 보험회사 지점장의 단계별 파일은 이렇게 나뉘어져 있다.

- 계약서 작성하기
- 중앙 본부에 자료 보내기
- 상품 준비하기
- 고객 명단에 기록하기
- 약속 시간 기록하기

이렇게 분류하게 되면 같은 종류의 일들을 함께 모을 수 있다는 장점이 있다. '전화하기' 서류철을 보면 필요한 전화번호부 목록을 한눈에 볼 수 있다. 그만큼 일을 진행하기가 훨씬 수월해지는 것이다. 책상도 깨끗하게 정리될 수 있다. 무엇부터 해야 할지 모르는 것만큼 일할 의욕을 꺾는 것은 없다. 그렇지만 단계별 파일을 보면 다음에 무엇을 해야 할지 분명하게 알 수 있다.

일터에 기쁨을 주는 사람이 되자

당신이 사용하는 정리함을 깔끔한 상태로 유지하는 것이 좋다. 서류를 정리해두는 것은 바인더의 집게가 서류에 자꾸 걸리거나, 서류철의 이름이 잘 보이지 않거나, 자꾸만 밑으로 빠지는 자료 때문에 짜증만 나지 않는다면 즐거운 일이 될 수 있다. 바인더나 서류철을 꺼내 들었을 때 종이가 찢어졌거나, 스프링이 고장났거나, 이름이 지워진 것을 발견하면 그때그때 고쳐놓자. 다음에 하겠다며 미루지 마라. 그런 일은 절대로 일어나지 않기 때문이다. 서류를 분리하는 분리지, 새로운 바인더, 이름표 등은 항상 넉넉히 준비해두자.

바인더를 살 때는 기술적으로 아무런 문제 없이 작동이 잘 되고, 케이스에 잘 맞고, 다양한 기능을 갖춘 것으로 구입하라. 지속적으로 여기저기 놓여 있는 물건들을 담는 통은 가능하면 멋진 것을 이용하라. 디스켓은 예쁘게 생긴 디스켓 꽂이에 정리하고, 필기 도구는 고급스럽게 생긴 용기에 담아두자. 물건들을 제자리에 잘 두는 것이 당신에게 기쁨이 되어야 한다. 정리 정돈을 할 때 반드시 고수해야 하는 철칙은 물건을 제자리에 두어야 한다는 것이다. 각각의 물건마다 놓여야 할 자리가 따로 정해져 있다.

단순하게 살기 위한 제3제안 | 주변에 있는 쓸데없는 것들을 없애라

비상은 몸이 가벼워야 가능하다. 그러므로 무거운 짐으로부터 벗어나자. 집 안과 거실에 있는 불필요한 물건들은 당신이 생각하는 것보다 당신의 정신을 훨씬 더 지치게 만든다. 당신은 의식적으로 뒤범벅이 된 선반이나 낡은 물건

들이 포진해 있는 방을 외면하지만, 당신의 무의식은 그것 때문에 지나친 부담을 느낀다. 그러므로 당신은 그런 물건들을 집 밖으로 내보내야만 하는 것이다.

주변을 뒤죽박죽으로 만들었을 때의 후유증과 그것을 회피하는 방법

지속적인 무질서는 그 방을 정리하려고 하는 사람에게 불편함만 주는 것이 아니다. 양이 지나치게 많고, 아무런 체계 없이 모아놓기만 한 물건들은 육체와 정신을 끊임없이 공격한다. 의식 세계는 시간이 지나면서 무질서에 적응하는 방법을 터득한다. 그러나 무의식의 세계는 그렇지 못하다. 이 장에서는 주변을 제대로 정리하지 못했을 때 생길 수 있는 고질적인 병폐를 살펴보자.

발전에 있어서의 장애물 감당할 수 있는 것보다 더 많은 물건들이 당신을 에워싸고 있으면 당신은 위축되고 의기소침해진다. 그러한 느낌은 당신이 능력을 십분 발휘하는 분야에서도 똑같이 생긴다. 뒤죽박죽 엉켜 있는 것들은 당신의 발전을 방해할 수 있다. 아무 데나 놓여 있는 물건들이 특별한 기억과 관련되어 당신을 과거에 묶어두는 경우가 많기 때문이다.

이제, 주변의 물건들과 관련된 사람들을 고마운 마음으로 기억하자. 특별히 아름답거나 소중한 기억을 남겨준 사람마다 그 기억에 관련된 물건 하나씩만 남겨두고 나머지는 다 버리자. 새로운 물건을 정리해둘 장소를 더 확보해놓으면 그 공간이 당신 인생에 더 많은 미래를 열어줄 것이다.

무질서가 비만을 부른다 '무질서가 사람을 비만하게 만든다'는 말은 우스갯소리가 아니다. 이 흥미로운 연구 결과는 영국의 사물 관리 전문가 카렌 킹스턴이 몇 년 간의 연구를 통해 밝혀냈다. 집 안을 어지럽게 해놓고 사는 사람들이 비만인 경우가 많았다. 몸에 축적되는 지방분과 물질적인 풍요가 자신을 보호하는 방패막이 되었을 것으로 분석된다. 지나친 비만은 정신적인 '변비'라고 말할 수 있다. 머리에 한번 떠오른 생각을 쉽게 떨쳐내지 못한 채 지나간 기억들을 고스란히 간직하는 것처럼, 몸도 신진대사를 원활히 하지 않고 영양분을 차곡차곡 비축해두는 것이다.

단순하게 살기 위해 물건이 가득 차 있는 집 안에 다이어트를 시작해보자. 카렌 킹스턴과 상담한 사람들이 경험한 바에 따르면 그것은 몸에 다이어트를 하는 것보다 훨씬 쉬웠다고 한다. 일단 깨끗이 정리하고 나면 육체의 다이어트는 저절로 이뤄진다. "텅 빈 집에서는 음식을 꾸역꾸역 먹어 댈 수 없었어요"라고 어떤 부인은 고백했다.

결정을 뒤로 미루는 고질병 주변을 혼란스럽게 해놓는 것과 작업에 임하는 태도와는 상관 관계가 있다. 주변이 지저분하면 결정을 뒤로 미루려는 병이 도지기 쉽다. 어수선함은 사람의 에너지에 영향을 미치면서 집중력을 떨어뜨린다.

업무상 스트레스가 심할 때 책상과 주변을 정리해보자. 정리에 투자된 시간은, 높아진 집중력과 상쾌해진 기분으로 인해 일을 좀더 신속히 처리함으로써 충분히 보상받을 수 있다. 당신이 앉아 있는 책상의 모습을 당신 뇌의 모습이라고 생각하라. 책상 위에 있는 것은 당신의 뇌 속에도 있다. 깨끗하게 치운 책상은 가지런히 정돈된 정신이다. 열심히 책상을 치우고 난 다음 새롭게 의욕이 샘솟는 것에 대해 놀라는 사람들이 많다. 그들은 주어진 임무만 하는 것이 아니라 자아를 개발하면서 새로운 작업 환경을 만들고, 인간관계를 잘 관리하며, 편안한 마음으로 휴가를 즐기러 떠난다.

재정적인 문제 무질서는 비용이 든다. 아무것이나 다 모아두는 열광적인 수집가는 자기가 모으는 물건들이 언젠가 돈이 된다고 믿는다. 그러나 '언젠가 한 번 사용할까 말까 한 물건들'을 보관하는 데는 많은 비용이 드는 것으로 연구 결과 밝혀졌다. 그런 사람들은 특별한 조건으로 판매되는 물건에 현혹되기 쉬워서 한 번도 사용하지 않을 물건을 구입하곤 한다. 그리고 물건을 보관하기 위해 많은 돈을 지불한다. 심지어 모아둔 물건을 위해 집을 고치거나 새로 짓기도 한다. 그러나 그렇게 수집한 물건들을 잘 보살피고 보존하려면 많은 시간이 필요하기 때문에 정작 모아둔 물건들을 쓸 시간이 부족하다.

대부분의 수집가들은 아주 비싸거나
큰 집에서 산다. 평균적으로 수집가 집의
45퍼센트를 차지하는 불필요한 물건들을 치워 버린다면
빈 공간을 확보할 수 있다. 안타깝게도 물건 수집가들이 가장
많은 비용을 지불하는 것은 그들이 물건을 모으기 위해 대개 급여가 별로
좋지 않은 직무에 틀어박혀 지낸다는 것이다.

불필요한 것들은 과감하게 버려라! 제일 좋은 방법은 그 일을 지금 하는
거다. 그 방법에 대해서는 다음 장에서 소개하기로 하자.

물건들을 정리하는 최고의 방법

'질서는 자연적 산물이 아니다.' 이 말은 우리
가 살아가는 일상을 잘 표현한 말이다.
오히려 혼돈이 정상이다. 따라서 우리는 그
것을 물리치기 위해 날마다 싸워야 한다.

단순하게 산다는 것은 혼돈과 강요 사이
에 귀한 중도를 찾는 것이다. 어느 정도의
무질서는 여유 있는 마음으로 수용해야 되
지만, 괴물처럼 커가는 혼돈에 포위당해서
는 안 된다.

지저분하게 사는 것이 천성은 아니다
물건들을 지나치게 많이 모아두려는 성격이 왼손잡이나 빨간 머리처럼 태어
날 때부터 갖고 태어나는 천성은 아니다. 많은 사람들은 그런 특성을 바꾸기

어려운 습관이라고 생각한다. 그러나 지저분하게 사는 것이 일시적이기는 하지만 약한 중독증과 비교될 수 있는 특징을 갖고 있다. 중독증은 뭔가를 갈구하는 것이고, 사람이 무엇을 찾으려고 할 때는 구체적인 대상이 있다. 많은 사람들이 다른 사람을 위해 혹은 고생했던 지난 과거 때문에 물건을 무조건 모아두려는 성질이 있다. 그런 경우에는 자기에게 지나친 집착이 있다는 사실을 인정하고, 다른 사람의 도움을 받아 다시 일정한 수준에 도달할 때까지 노력해야 한다. 여기에서 우리가 관심을 갖는 사람들은 일시적으로 너무 많은 물건들을 모아두어 주변을 혼란스럽게 만드는 사람들만을 말한다. 병적으로 물

건 수집에 중독된 사람은 자신의 삶에 위험한 방법으로 나쁜 영향을 미친다. 그런 사람들에게는 다른 중독과 마찬가지로 전문가의 도움이 필요하다.

작은 일부터 시작하라

온 집 안을 발칵 뒤집어놓는 대청소보다는 하루에 서랍이나 선반을 하나씩만 정리하자. 정리하는 작업량을 자기가 소화할 수 있을 만큼 작게 나누자. 그렇지 않으면 혼돈이 당신보다 더 강한 힘을 발휘해 의욕을 잃게 만든다.

당신이 시작할 수 있는 최소한의 단위를 정하라. 예를 들면 서랍 하나, 선반 한 개, 서류 가방 하나, 필통 하나 정도로 시작하는 것이 좋다. 선반을 왼쪽부터 오른쪽까지 몽땅 치우겠다거나 아무 때나 조금씩 정리하겠다는 생각은 아예 하지 않는 게 좋다. 두세 시간 안에 깔끔하게 정리할 수 있는 일부터 시작하라. 부엌에 양념통을 얹어두는 선반, 책상 서랍, 옷장의 양말 칸 같은 것을 결정한 다음 5단계로 나누어 물건을 정리하라.

제1단계 전무 혹은 전부
선반, 서랍, 장식장 등 정리하기로 결정한 대상을 완전히 비운다.

제2단계 윤기가 흐르게 닦아준다
대상물이 반짝반짝 윤이 나게 닦으면서, 잠시 후 다시 모든 것이 아름답게 보일 것을 상상하며 기쁘게 작업에 임한다.

제3단계 세 개의 무더기로 나누어놓는 마법의 정리법
안에 쳐박아두었다가 바닥에 쏟아놓은 내용물들을 쓸 만한 것, 진짜 쓰레기, 보류 등 세 무더기로 나눈다.

쓸 만한 것을 넣는 곳에는 정말 쓸 만하고, 기능이 좋고, 보존할 만한 가치가 있는 것들만 모아둔다. 따라서 그런 것들을 정리할 때 비판적인 시각을 가질 필요가 있다. 가장 좋은 물건에는 감성적인 요소도 포함되어야 한다. 말하자면 당신이 그것을 아끼고, 그것을 기쁜 마음으로 이용할 수 있어야 하는 것이다. 정리하면서 이런 질문을 던져보는 것도 좋다. "이 물건을 지난 3년 동안 단 한 번이라도 사용한 적이 있었나? 누군가 이 물건을 훔쳐 갔다면 다시 구해놓았을까?"

연필이 열 자루가 있다든지, 전화번호부가 두 개 있다든지 하는 경우처럼 같은 물건이 너무 많이 있을 때는 제일 좋은 것만 남기고 나머지는 진짜 쓰레기나 보류 무더기에 포함시키자.

진짜 쓰레기 무더기에는 고장나고, 기능이 떨어지고, 필요 이상으로 많이 있고, 적어도 1년 전부터 사용하지 않았던 물건들이 들어 있다. 이곳에 모아진 물건들은 종류별로 재활용 여부를 따져 버리거나, 벼룩 시장에 내다 팔 것은 따로 분류해놓을 수도 있다. 그러나 한 번 시장에 내놓았다가 팔리지 않은 것은 반드시 버린다는 약속을 스스로에게 해두어야 한다.

마지막으로 보류 무더기는 쓰레기로 처리해야 될지, 아니면 상태가 좋은 것으로 봐야 할지 결정 내리기가 애매한 것들을 모아두는 곳이다. 여기에 속한 물건들은 상자에 집어넣어 내용물의 이름과 날짜를 적은 다음, 지하실 창고나 차고에 갖다 둔다. 그곳에 두었다가 경우에 따라서는 다시 사용할 수도 있다. 그렇게 처리한 상자들은 6개월마다 점검해야 하는데, 그 과정에서 많은 물건들이 다시 필요 없는 것으로 분류된다는 것을 깨닫게 될 것이다. 1년 동안 사용하지 않은 물건은 쓰레기로 처리해야 한다.

폐기 처분하기 전에 물건을 임시로 저장하는 또 다른 방법은 잡동사니 상자를 만들어두는 것이다. 방 두 개 정도에 하나씩 상자를 만들어놓는다. 그곳에는 어느 것에도 속하지 않는 물건들을 다 모아둔다. 그러나 그 상자를 너무 큰 것으로 준비하지는 마라. 일단 정해지면 그 상자를 인색하게 이용하고, 정기적으로 점검해 비워야 한다. 3개월 정도 지나면 약 80퍼센트의 물건들은 아무도 사용하는 사람이 없어서 버리게 될 것이다.

제4단계 끼리끼리 함께 모아둔다

작은 물건들은 작은 상자나 용기에 보관한다. 물건을 잘 보관하려면 글씨 쓰기에 용이한 것이 좋고, 서랍 같은 곳에는 분리대가 되어 있으면 쓸모가 많다. 그런 것들을 사용해야 한번 정리한 것을 오랫동안 유지할 수 있다. 남아 있는 물건들을 함께 모아놓고, 새로운 용기에 큰 글씨로 이름을 분명하게 적어놓는다.

제5단계 깔끔해진 모습에 기뻐하라

정리한 다음 깔끔해진 것을 보고 기뻐하라. 그렇게 되기까지 많은 시간을 투자한 것에 대해 불평은 하지 않는 게 좋다. 한번 그렇게 성공하고 나면 당신이 사는 집이나 직장의 무질서한 환경도 새로 터득한 방법으로 깨끗하게 정리할 수 있다.

값싼 보물상자는 사용하지 말자

전문적인 보관함을 구입하라. 가격에 구애받지 말고 기능을 중점적으로 보아야 한다. 책상을 정리하는 데에는 서류철을 꽂아두는 서류 정리함이 필수다. 그리고 서류철을 세워두는 정리함도 구입해두자. 그런 것들을 살 때 인테리어 전문점에서 파는 모양만 예쁜 것을 사기보다는 사무집기 전문점에서 제대로 만들어진 것을 사는 게 좋다. 왜냐하면 대부분의 사람들이 값싼 상자에는 좀더 많은 물건들을 모아두려는 경향이 있기 때문이다. 무의식적으로 물건을 보관하는 비용이 별로 들지 않는다고 생각하는 것이다. 마찬가지로 값을 더 주고 구입한 보물상자에는 가치 있는 물건만 넣어 두어야겠다는 생각을 무의식적으로 하게 된다.

함께 정리해줄 사람을 찾아라

물건들을 정리하는 데 가장 효과적인 방법은 누군가 옆에서 당신한테 조언을 해주는 것이다. 혼자서는 물건에 대한 애착 때문에 쉽게 버리지 못하는 것을 다른 사람은 쉽게 정리할 수 있다. 당신과 달리 그 사람은 그 물건과 감성적인 관계를 맺고 있지 않기 때문이다. 다른 사람으로부터 도움을 받았다면 당신도 그 사람을 도와주어라. 만약 상대가 당신처럼 정리 정돈이 안 된 혼돈을 겪고 있지 않다면 따뜻한 우정 어린 관계를 맺는 것이 좋다. 저녁 식사에 초대하거나 뭔가 같이 해보자고 제안하자. 둘이 함께 정리하면 일이 세 배는 더 빠르기 때문에 그만큼의 돈을 지불할 만한 충분한 가치가 있다.

집 수리를 통한 정리 정돈

당연히 한꺼번에 다 하라는 말이 아니다. 방 하나씩 차례대로 하는 게 좋다. 그렇게 하려면 잠시나마 완전히 방 밖으로 짐을 옮기는 게 좋다. 비용이 많이 들기는 하지만 그렇게 하면 집 안에 있는 물건을 하나씩 봐가며 위에 설명했던 대로 쓸 만한 것, 쓰레기, 보류로 분류할 수 있다. 벽지를 갈고 바닥까지 새것으로 바꾼 다음 물건을 다시 정리해 두면, 새로 태어난 것 같은 느낌이 들 것이다.

평평한 곳에 물건을 쌓아놓지 말자

책상, 선반, 창문 난간과 같이 평평한 것들 위에는 불필요한 것들이 쌓이기 쉽다. 바닥 역시 그럴 위험이 높다. 평면적인 공간을 줄이고 나머지 공간을 비워둠으로써 일상을 단순화시키자.

커피 테이블은 간단하게 차를 한잔 할 때 유용하게 쓰이는 가구다. 그렇기 때문에 그것은 그 용도로 쓰기 위해 비워두어야 한다. 그곳에 꽃이나 초를 놓아두는 것은 좋지만 잡지나 책을 올려놓는 것은 적당하지 않다.

식탁의 경우, 식사하기 전에 먼저 그 위부터 치워야 한다면 여간 짜증스러운 일이 아니다. 자녀들과 당신 스스로에게 식탁은 반드시 치워져 있어야 하는 곳이라는 인식을 갖게 하자. 그곳은 오직 음식만을 위해 쓰는 공간으로 남겨놓아야 한다.

부엌의 조리대는 이미 그 명칭이 말해주 듯이 조리 작업이 이루어져야 하는 곳이다. 따라서 그곳이 비어 있으면 일이 훨씬 쉽게 진행된다. 조리대에는 날마다 꼭 쓰는 물건만을 올려놓아야 한다는 규칙을 만들어보자.  예를 들면 식기 세척제나 커피메이커 같은 것 말이다. 그 밖의 물건들은 서랍 속에 치워 두고, 필요할 때마다 꺼내 쓰자.

냉장고의 상판에도 물건들이 쌓이기 쉽다. 그곳에 멋있는 화분 등을 올려놓아 원하지 않는 다른 물건들이 쌓이지 않도록 꾸미는 게 좋다.

창문은 될 수 있는 한 활짝 열 수 있어야 하는데, 그렇게 하려면 창문 난간이 비어 있어야 한다. 화분은 하나씩 따로 놓는 것보다 화분 받침대에 나란히 끼워놓는다.

침실에 있는 의자에 옷을 걸쳐놓기 시작하면 한번 입었던 옷들이 계속 쌓이게 된다. 단순하게 사는 법에 익숙해진 사람은 자기가 입었던 옷들을 다음에 또 입기 위해 옷장의 특정한 곳에 걸어둘 것이다.

집 안을 단순하게 꾸미자

이제 단순하게 살아가는 방법을 어느 정도 알게 되었을 것이다. 숲을 몽땅 갈아엎는 것이 아니라 돌파구를 만드는 것이 중요하다. 집 안에 적어도 방 하나만이라도 단순하게 해놓자. 여러 가지 잡다한 물건들이 없어도 마음 편안하게 지낼 수 있는지 몸소 체험해보자. 물건들이 극히 절제되어 있으면서도 멋스럽게 꾸며놓은 공간은 기분을 진정시키는 효과가 있다. 예를 들어 물건들이 많고 여러 가지 부엌 살림으로 꽉 차 있는 부엌 옆의 거실에는 물건은 적고 빈 공간은 많게 꾸며놓자. 침실에는 참선을 하는 방처럼 최소한의 가구만 들여놓자. 텅 빈 것이 반드시 차가움을 의미하지는 않는다. 썰렁한 느낌은 주로 차가운 색상이나 매끄러운 소재, 너무 밝은 조명 때문에 생기는 것이지, 물건이 없어서 그런 느낌이 드는 것은 아니다. 천장의 조명이나 밑에서 위를 향해 비추는 조명은 심란한 분위기를 만든다. 조명은 적당한 높이에 세워두는 스탠드가 좋다. 할로겐 램프 같은 조명은 눈에 직접 쏘이게 하지 말고, 가능한 밑을 향하게 두자.

진정한 수집의 의미

많은 사람들이 즐겨 모으는 것들로는 전화카드, 책, 성냥갑, 머그컵, 인형, 우표 등이 있다. 처음에는 같은 종류의 물건들을 선반에 나란히 진열해두는 것으로 시작한다. 나중에는 카펫, 식탁보, 액자, 수건, 냅킨, 그릇, 심지어 작은 개구리, 곰 혹은 소의 그림이 그려져 있는 옷 등도 모은다. 그런 행동의 배경에는 어떤 대상과 자기 자신을 동일시하고 싶어하는 원초적인 욕구가 숨어 있다. 대부분의 사람들은 북미 인디언들의 토템 신앙처럼 동물과 그런 관계를 맺는다.

수집한 물건들은 체계적으로 정리해둬야 한다. 수집한 물건들을 비판적인 시각으로 살펴보라. 당신은 언제 그 일을 시작했고, 그 의도는 무엇이었나? 시작할 때 가졌던 욕구를 아직도 갖고 있나? 혹시 지난 과거에 수집해놓은 물건들에 그냥 매여 사는 것은 아닌가? 그렇다면 당장 수집을 중단하라. 수집을 아예 포기하는 것이 이미 수집한 물건의 규모를 줄이는 것보다 더 쉽다. 수집한 것을 남에게 선물하거나 판매할 수 있다면 당장 그렇게 하라! 그러고 나면 삶이 훨씬 더 단순해지고, 새로운 것을 할 수 있는 여유를 갖게 될 것이다.

체계적인 수집과 그냥 아무 생각 없이 물건을 모아두는 것과는 다르다. 진정한 의미의 수집을 하려면, 예쁜 그림이 그려져 있는 유리잔이나 이름이 같은 사람들끼리 모아둔 명함이나 다양한 모양의 곰돌이 인형과 같이 물건들을 특성화시키는 체계가 필요하다.

그에 반해 물건들을 그냥 모아두는 것은 아무런 체계 없이 물건들을 쌓아두는 것으로, 그렇게 모아진 물건들과 헤어지는 것은 그다지 어려운 일이 아니다. 당신의 인생을 위해 그런 것들은 별로 필요하지 않지만, 그것을 관리하고 다듬는 데에는 시간과 장소가 필요하다. 게다가 그런 물건들은 당신이 금방 통제력을 잃을 정도로 급속도로 증가하고, 당신의 시간과 에너지를 탕진하고, 불필요한 자리를 차지하며, 너무 많은 것들이 일정한 체계 없이 쌓여 있으니까 잡동사니로 보이기 쉽다.

사람들이 불필요한 것들을 쌓아두는 이유는 많다. 그 물건을 준 사람에 대한 존경의 마음일 수도 있고, 형편이 나빠질 때를 대비하기 위한 것이라고도 할 수 있다. 또한 언젠가 가치가 상승할 수도 있다는 기대, 구입 당시에 값비싸게 지불한 돈 혹은 선조로부터 물려받은 유산이 그 이유가 될 수 있다. 그것을 다음 세대까지 물려주려는 속셈인 것이다.

위에 열거한 이유 가운데 하나에 속하는 물건이 있다면 그런 것은 잘 골라내야 한다. 소중한 가치를 지니는 것과 별로 중요하지 않은 물건을 아무렇게나 섞어놓지 말고, 특정한 기준을 갖고 당신을 즐겁게 해주는 물건들만 골라내야 한다.

선물은 물건으로부터 해방되는 가장 좋은 방법

물건으로부터 해방되는 가장 좋은 방법은 버릴 물건을 다른 사람에게 주는 것이다. 그런데 통계에 따르면, 그런 물건을 받은 사람은 그런 물건들 중에 95퍼센트는 별로 받고 싶은 물건이 아니었다고 대답했다.

집 안을 둘러보고 다른 사람에게 줄 물건들을 모아놓은 다음, 그것을 주고 싶은 사람에게 그 물건을 원하는지 먼저 물어본 후 직접 주거나 우편으로 보내주자. 상태가 좋은 것을 다른 사람에게 선물하는 것은 과중한 짐으로부터 벗어나는 가장 좋은 방법이다.

질이 당신의 삶을 단순화시킨다

가장 좋은 것만을 소유하라. 작가 섬머셋 몸은 최고의 것을 수용하는 사람에게는 최고의 것만 주어지게 된다고 말했다. 질이 양을 우선해야 한다. 제 기능을 다하는 단순한 것을 선호하라.

버림으로써 시간을 벌 수 있다

낡은 신문, 잡지, 책 등을 과감하게 버려라. 버리면서 이런 계산을 해볼 수 있다. 두께가 1센티미터 되는 잡지를 완전히 읽는 데 걸리는 시간은 평균적으로 약 네 시간, 보고 싶은 기사만 읽는다 하더라도 적어도 한 시간은 걸린다. 결국 50센티미터 높이로 쌓아둔 잡지를 버림으로써 일주일 내지 한 달의 시간을 벌 수 있는 것이다.

아주 이론적인 말이기는 하지만, 아직 읽지 않은 책이나 수북이 쌓아 둔 잡지가 당신의 무의식에 부정적인 영향을 끼친다. 언젠가는 한번 살펴봐야 한다는 생각을 자꾸만 하게 만드는 것이다.

방바닥에 물건들을 진열해 놓지 말자

방바닥에 놓여 있는 물건들은 주변을 혼란스럽게 만든다. 방바닥을 말끔하게 치워놓는 것만으로도 집 안이 깔끔해보인다. 선반이나 서랍장이 꽉 차 있는 것은 바닥에 비하면 그렇게 답답해보이지 않는다. 종교적인 이유에서 19세기식의 엄격한 생활을 하고 있는 셰이커 교도들은 그런 생활 방식을 하나의 문화로 만들어, 모든 것을 벽에 걸어두는 것을 원칙으로 해서 살아간다. 빗자루, 옷, 의자를 사용한 후에는 모두 벽걸이에 걸어두어야 한다. 그들의 가구는 '단순한 우아함'으로 높이 평가되어, 미국 상류 가정에 가면 하나쯤은 구비해두는 물건이 되었다.

악기나 가방 등 늘 바닥에 나뒹구는 것들을 벽에 걸어두자. 혹시 주렁주렁 매달려 있는 것이 보기 싫으면, 한쪽 구석을 정해 그곳에만 그렇게 하자. 사실 물건들이 바닥에 놓여 있는 것이 더 지저분해 보이므로, 그렇게 지나치게 예민한 반응을 보일 필요는 없다.

당신의 집은 당신 영혼의 거울이다

방 하나를 단순하게 살기 위한 조언에 따라 정리해서 다행히도 그것이 마음에 들었다면, 이제는 체계적으로 집 안 전체를 하나씩 변화시켜보자.

단순하게 살기 위한 제안의 근본 생각은 당신의 집이 삶에 대한 당신의 3차원적인 표현이라는 것이다. 당신의 내면 세계와 외면 세계가 서로 맞물려 있다. 사람들은 누구나 눈에 보이지 않는 흔적을 집 안 곳곳에 남겨놓는다. 심지어 이사를 가고, 쓰던 가구를 꺼내놓아도 그렇다. 그렇게 남겨진 흔적은 다음에 그 집에 살 사람에게 영향을 미친다. 그렇기 때문에 모든 종교는 일정한 공간에 축복을 내리고, 깨끗하게 정화하는 의식을 거행한다. 긍정적인 주거 환경의 가장 중요한 전제 조건은 불필요한 물건을 치우고, 깨끗하게 정리하는 것이다. 집 안의 방을 차례로 들어가 자신과 주거 공간과의 관계를 살펴보자.

지하실 ─ 과거와 무의식의 세계

정리하지 못한 물건들을 지하실에 많이 보관했다면, 그것은 늘 머리에 지니고 다니는 풀지 못한 숙제를 상징하는 것이다. 언젠가 쓸 것 같아서 버리지 못하는 물건들은 당신을 과거에 묶어두는 끈이다. 언제나 문제를 해결해야 한다는 것을 당신에게 암시해 준다.

어지러운 지하실은 우울증, 의욕 상실, 쓸쓸한 기분 등 집주인의 정신에 직접적인 영향이 미친다. 물론 지하실은 훌륭한 창고. 그러나 적어도 1년에 한 번은 사용하는 물건들만을 보관해야 한다. 물건을 정리할 때는 그 물건에 손이 직접 닿을 수 있게 하자. 스키를 꺼내기 위해 먼저 탁구대를 치워야 되는 일은 없게 하라는 것이다. 그리고 물건 사이사이에 통풍이 되게 해야 한다. 잘 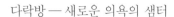 정돈되고, 밝고, 통풍이 되는 지하실을 보면 기분도 좋아지고, 자신감도 생기고, 사물을 긍정적으로 생각할 수 있게 될 것이다. 일단 그렇게 하고 나면 정신적 과제도 풀 수 있는 새로운 에너지를 얻게 된다.

다락방 ─ 새로운 의욕의 샘터

물건이 꽉 차 있는 지하실이나 다락방은 개인적으로나 직업적 발전에 방해가 된다. 그것은 당신이 뜻을 제대로 펼치지 못하도록 막는 뚜껑 역할을 한다. 다

락방에서 옛날 기념품이나 닳아빠진 옷가지나 다른 물건들을 치우고 나면, 그때까지 꿈꾸지 못한 새로운 의욕이 샘솟는 것을 느끼게 될 것이다.

아름답게 정리된 다락방은 그림이나 글쓰기와 같은 창작 활동에 최적의 장소다. 집에 사무실을 하나 마련할 생각이 있다면 다락방이 그런 용도로 쓰기에 가장 적합하다. 큰 회사의 회장들도 높은 건물의 제일 꼭대기 층을 사무실로 이용한다. 동물의 세계에서 지위가 가장 높은 동물이 나무나 바위의 제일 높은 곳을 차지하는 것처럼 말이다.

창고 ─ 개인적인 자유 공간

어떤 가정에서는 지하실이나 다락방이 없어서 물건들을 방 하나에 모두 모아두곤 한다. 그런 식의 '죽은 공간'은 발에 걸리적거리는 나무 막대같이 삶을 방해하고 삶에 대한 기쁨과 창의력을 차단시킨다. 집에 그런 공간이 있다면, 그 안에 있는 물건들을 몽땅 꺼내놓거나 깨끗하게 차곡차곡 쌓아두기라도 하자. 또한 정기적으로 통풍을 시키고, 문을 계속 닫아두지 말아야 한다.

현관 ─ 다른 사람과의 관계

집 밖으로 나갔다가 낯선 사람처럼 다시 집 안으로 들어가보자. 다른 사람의 눈으로 사물들을 보라. 축 늘어진 식물이 길을 막고 있고, 문패가 잘 보이지 않고, 폐지가 한 무더기 쌓여 있고, 옷이 너무 많아 금방이라도 부서질 것 같은 옷장이 보이고, 신발은 아무렇게나 놓여 있고, 장갑과 목도리와 모자도 아무렇게나 널브러져 있다면, 출입구를 치워 놓고 다른 사람의 방문을 환영하는 느낌이 나게 집 안을 새롭게 꾸며보자. 그렇게 하면 새로운 친구를 금방 사귈 수도 있고, 당신 스스로도 집 안에 들어서면서 기쁨을 느끼게 될 것이다. 물론 그렇게 되려면 당신이 사교적이고, 손님을 따뜻하게 맞아들이는 성격이어야 하지만 말이다.

문 — 당신의 개방성

집 안에 있는 모든 문, 특히 현관문을 활짝 열어놓고, 손잡이에는 아무것도 걸어놓지 말자. 서랍장이나 선반 때문에 방문이 부분적으로만 열려서는 안 된다. 고장 난 문고리는 고치고, 삐걱거리는 소리가 나는 곳에는 기름도 쳐주자. 문에는 예쁘장한 문패도 걸어두자. 문이 제 기능을 잘하면 일이 더 쉽게 손에 잡힌다는 사실을 우리는 많은 실험을 통해 알 수 있었다.

거실 — 당신의 심장

원하든 원하지 않든 당신의 자화상은 당신이 주로 머무는 공간의 상태로부터 많은 영향을 받는다. 결벽증이 느껴질 정도로 지나치게 정리된 거실은, 혼란스러우면서 더러운 거실만큼이나 유해하다. 거실에는 사람들을 한곳으로 모이게 하는 멋진 테이블이 있어야 한다. 텔레비전이 거실의 중심에 오게 하지는 말자. 가능하면 텔레비전을 옆으로 밀어놓고 칸막이로 가려두자. 그 대신 화분이나 예쁜 장식품에 사람들의 관심이 쏠리게 하자. 기능이 좋고, 눈이 부시지 않게 하는 불빛과 편안한 의자는 사람들을 즐거운 마음으로 거실에 모여 들게 한다. 혼자 있고 싶을 때 있을 수 있는 공간도 마련해두자. 자신과 자신의 집  에 대해 만족할 수 있는 곳에 그런 자리를 마련해두는 게 좋다.

부엌 ─ 당신의 배

먹을 음식을 준비하는 공간은 신체 기관과 특별한 관계를 맺고 있다. 집 안에서 부엌만큼 많은 물건이 자주 움직이는 곳도 없다. 접시, 잔, 컵과 수저 등을 하루에도 몇 번씩 꺼냈다 넣었다 하면서 사용하고, 씻어주고, 정리해야 된다.

부엌의 그릇장을 정리하고 나면 사람들은 대개 몸무게가 훨씬 가벼워진 것 같은 느낌을 받는다. 소화도 잘 되고, 필요 없는 군살도 없어지는 것처럼 느껴지는 것이다.

부엌에 있는 물건들 가운데 지난 1년 동안 한 번도 사용하지 않은 물건은 폐기 처분하라. 유통 기간이 지난 식료품, 받침 없는 커피잔, 뚜껑 없는 주전자 혹은 혼자 나뒹구는 뚜껑, 겨우 두 달에 한 번 쓸까 말까 하는 요리 기구는 지하실이나 창고에 갖다놓자. 잔치 때 쓰는 그릇이나 특별한 일이 있을 때만 사용하는 컵들, 오븐에서만 사용하는 오븐 용기도 마찬가지다. 그러므로 반죽을 미는 밀대나 케이크 용기 등은 그릇장에서 좋지 않은 위치에 배치하도록 하자. 냉동고용 그릇이나 양념통 용기 같은 것들은 시간이 지나면서 숫자가 점점 늘어나는 경향이 있다. 그것들은 결국 시간이 지나면 퇴색하고 망가져서 사용하지 못하게 된다. 대략 그렇게 쌓아 둔 물건의 겨우 절반 정

도만 이용한다. 골라낸 것들 가운데 몇 개는 다른 용도로 사용될 수도 있다.

물건들을 종류에 따라 단위별로 정리해두는 게 좋다. 소시지, 치즈, 오이 등은 식사 준비를 위해 냉장고에 넣어 두고, 바닐라 향과 각종 양념 소스는 식료품 통에 따로 담아 정리한다. 꿀, 잼, 버터 같은 것들도 아침 식사를 위한 통에 넣어둔다. 차를 따로 담아두는 통도 마련하고, 개수대 밑에는 세척제를 준비해두자.

세척기 바로 위의 그릇장에는 가장 자주 사용하는 그릇들을 넣어둔다. 그곳에 유리컵을 모아둔다거나 할머니로부터 물려받은 고급스러운 그릇을 넣어둘 생각은 아예 하지 말자. 그곳에는 크고 작은 접시와 밥그릇, 국그릇과 같이 평상시에 늘 사용하는 것들을 넣어둔다. 아래에는 자주 사용하는 물건을, 위에는 잘 사용하지 않는 것들을 넣어두는 것을 원칙으로 한다. 세척기 옆의 장에는 세척제 등을 넣어둔다.

식기세척기, 냉장고, 가스레인지는 부엌에서 작업 삼각지대를 이룬다. 그 세 개의 꼭지점 사이에 방해하는 요소가 없어야 한다.

조리대는 일을 하는 곳이지, 물건을 오랫동안 방치하는 곳이 아니다. 가능하면 고리를 많이 준비해서 싱크대 위에는 솔을 걸어두고, 가스레인지 옆에는 뜨거운 냄비를 잡는 장갑을 걸어두자.

바닥—당신의 경제 상태

바닥을 깨끗이 비워두는 게 좋다는 말은 이미 앞장에서 강조했다. 서랍장과 선반이 꽉 차면 바닥이 물건을 보관하는 장소로 종종 사용되는데, 그때 그 물건들은 지나다니는 길을 방해하게 된다. 놀랍게도 바닥에 많은 물건들을 널어놓는 사람들은 대부분 경제적으로 문제를 갖고 있다는 통계 결과가 나왔다. 자기 집 안에서 마음대로 움직이지 못하는 사람은 위축되고 물질적인 면에서도 넉넉하지 못하

다. 당신의 경제적 여유는 당신이 마음대로 움직일 수 있는 공간에 달려 있다. 거침없고, 넓은 바닥은 오래전부터 부의 상징이었다. 은행에 들어서면 아직도 그런 것을 쉽게 알 수 있다. 어느 회사의 회장실이나 회장이 쓰는 책상은 깨끗이 비워져 있다.

각 방에 바닥을 살펴보고, 최대한 자유롭게 움직일 수 있도록 물건을 정리해두자. 물건을 보관하는 장소를 따로 마련하고, 선반이나 상자 등을 준비하자. 필요에 따라서는 새로운 가구도 들여놓고, 물건을 걸어둘 고리도 벽에 마련해두자. 전선이 그대로 바닥에 늘어져 있는 것은 좋지 않다. 작은 철사로 전깃줄끼리 함께 묶어 높이 붙여놓는다.

옷장 — 당신의 신체

다이어트를 하는 많은 사람들이 지금은 맞지 않아 입지 않지만 살이 빠지면 다시 입으려고 작아진 옷들을 그대로 모아두곤 한다. 하지만 통계적으로 볼 때 그런 일은 결코 일어나지 않는다. 오히려 그 반대로 하는 게 좋다. 작아진 옷들을 다 버리고, 현재 상태에 잘 맞는 옷을 구입하라. 성공적인 체중 감량을 위한 전제 조건은 자신의 육체와 긍정적인 관계를 맺는 것이다. 당신이 증오하는 불룩 튀어나온 배는 지금 고집으로 똘똘 뭉쳐져 있다. 자, 이제 지금 당장 옷장을 열어놓고 직접 정리를 해보자.

가장 아끼고 자주 입는 옷 지난 2개월 간 자주 입었던 옷들은 옷걸이의 제일 왼쪽에 걸어둔다. 스웨터나 티셔츠같이 자주 입는 옷은 특별한 공간에 넣어둔다. 거기에는 계절에 맞지는 않지만 조금만 날씨가 따뜻해지거나 추워지면 당장이라도 입고 나갈 수 있는 옷들을 함께 모아둔다. 그 옷들은 당신이 가장 아끼는 옷들이다. 하지만 그런 옷들은 누구에게나 옷장의 4분의 1을 넘지 않는다.

자리만 차지하는 옷 입어본 지 1년도 더 된 옷들은 앞으로 입지 않을 확률이 98퍼센트다. 옷장의 그런 천덕꾸러기들은 장소를 너무 많이 차지한다. 그러므로 면밀히 살펴볼 필요가 있다. 아무리 비싼 옷이거나 사랑하는 사람으로부터 받은 선물이라도 그동안 그 값을 톡톡히 치렀으면 재활용 센터에 보내는 게 좋다.

새로 옷을 구입할 때 옷장의 4분의 1을 차지하는 가장 아끼고 자주 입는 옷들을 자세히 살펴보자. 당신은 무엇 때문에 그것을 특별한 것으로 생각하게 되었나? 옷의 모양? 크기? 색? 소재? 그 기준을 알면 옷장을 체계적으로 정리할 수 있다.

옷을 구입할 때 금방 질리는 지나치게 튀는 옷은 피하자. 가능하면 다양하게 맞춰 입을 수 있는 무난한 옷을 고르는 게 좋다. 특별한 날에만 입는

옷보다는 평소에 입을 수 있는 옷에 돈을 투자하라. '단순하게 살기 위한 조언'을 따르자면 옷은 유행을 타지 않는 것으로 선택해야 한다. 하지만 넥타이, 스카프, 장신구와 같은 액세서리는

유행을 따르고 패션에 악센트를 주는 것이 좋다.

화장실 — 당신의 내면
당신의 육체를 돌보는 공간에서 당신은 중심이 되어야 하고, 아무것에도 방해를 받지 않아야 한다. 세제와 같은 각종 화장실 용품들은 가능하면 문 뒤에 배치시키고, 빈 공간에는 당신이 좋아하는 화분이나 다른 물건들을 놓는다. 멋진 색깔의 수건을 진열해놓음으로써 비용을 별로 들이지 않고도 화장실을 멋있게 꾸밀 수 있다.

침실 — 당신의 가장 은밀한 곳
전통적으로 침실은 손님에게 공개되지 않는다. 그래서 대부분의 사람들이 다른 곳에 두면 눈에 거슬리는 물건들을 그곳에 갖다 놓는 경우가 많다. 하지만 그곳에는 아늑한 조화와 질서가 절대적으로 필요하다.

더러운 빨래, 낡은 물건들을 담아놓은 상자, 부서진 물건과 같이 좋은 감정을 느끼게 하지 않는 것들은 침실에서 과감히 치워라. 침대 밑에는 아무것도 놓지 말고, 꼭 필요하다면 침대보 같은 것만 놓아둔다. 서랍장도 철저하게 잘 점검해둘 필요가 있다. 40켤레의 양말이나 유행이 지난 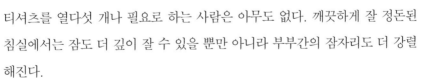 티셔츠를 열다섯 개나 필요로 하는 사람은 아무도 없다. 깨끗하게 잘 정돈된 침실에서는 잠도 더 깊이 잘 수 있을 뿐만 아니라 부부간의 잠자리도 더 강렬해진다.

차고 — 당신의 기동성

차고가 꽉 차 있어서 비싼 차는 밖에 세워두고, 스키, 수레, 서핑보드 등은 그 안에 잘 모셔두었다면 그건 비상 상태다. 차고에서 차를 빼는 게 쉬우면 쉬울수록 당신의 정신이나 육체는 기민하게 움직인다. 셰이커 교도들의 원칙을 가장 잘 지킬 수 있는 곳이 바로 차고다. 가능한 많은 물건들을 벽에 부착시켜라. 동절기 타이어, 차량 지붕 고정대, 연장, 양철통, 세제 등 되도록 많은 물건들을 선반에 올려놓는 것이 좋다.

들고 다니는 잡동사니 — 당신의 짐

물건으로 가득 차 있는 서류가방, 핸드백, 바지 주머니 등은 당신의 삶을 힘들게 하는 모든 짐들을 상징하는 것이다. 현재 다이어트를 하고 있는 중이라면 가방부터 점검하라. 그리고 평상시 가볍게 들고 다녀라.

먼저 지갑부터 시작하자. 날짜가 지난 영수증은 버리고, 동전도 너무 많이 갖고 다니지 말고, 지폐는 종류별로 정리한다. 외적인 것이 내적인 것에 영향을 미치므로 그렇게 하는 것이 당신의 재정 상태를 정비하는 데 도움이 된다.

가방 안에 있는 내용물은 각각의 기준에 따라 정비할 필요가 있다. 다음은 항상 준비해두어야 할 6가지 세트다.

세트1 지갑

지갑에는 동전과 지폐 말고도 신용카드, 운전 면허증, 그리고 그 밖의 신분증을 넣어둔다.

세트2 비상시 필요한 것들

지퍼로 잠글 수 있는 작은 주머니에 급히 필요할 때 필
요한 물건들을 모아둔다. 예를 들면 두통약, 입술 연고,
안약, 반창고, 주머니칼, 실과 바늘 그리고 막간을 이용
해 수시로 사용하는 양치 도구 등이 있다.

세트3 아이들을 위한 별도의 준비물

가짜 젖꼭지, 작은 장난감, 과자, 아동용 반창고, 연고
그리고 아기들을 다루는 데 꼭 필요한 것들을 모아둔다.

세트4 미니 사무실

가장 간단하게 하려면 다이어리나 전자수첩을 주머니에
넣어두는 게 좋다. 또한 볼펜, 포스트잇, 우표, 계산기,
테이프 등을 넣어둔다. 테이프는 특별한 도구 없이도 잘
잘라서 쓸 수 있는 스카치테이프가 좋다.

세트5 열쇠고리

가능하면 보이지 않게 감싸는 게 좋다. 눈에 잘 뜨이게
하고 싶으면 고리를 많이 달아두지 말고 부드러운 가
죽으로 감싸서 호주머니나 가방에 흠집 나지 않게 넣
어둔다. 가방이나 호주머니에 넣어둔 물건들이 기준
에 따라 정리되어 있다면, 굳이 열쇠고리를 눈에 잘 뜨
이게 만들 필요가 없다.

세트6 핸드폰

핸드폰만을 따로 넣어둔다. 요즘 나오는 핸드폰이나 서류 가방에는 핸드폰을 넣어둘 수 있는 주머니가 따로 달려 있다. 그곳을 이용하면 핸드폰을 편리하게 사용할 수 있다.

이렇게 분명하게 나누어놓으면 가방을 다른 것으로 쉽게 바꿀 수 있다. 또한 각 세트 속에 물건들을 무한정 담을 수 없기 때문에, 자연스럽게 불필요한 것들을 많이 모아두면 안 되겠다는 생각을 하게 된다.

세트를 이용한 정리의 가장 큰 장점은 꼭 필요한 세트만 가져갈 수 있다는 것이다. 예를 들면 다음과 같다.

- 시장에 갈 때 : 세트 1번과 5번, 경우에 따라 6번도 가져간다.
- 아이들과 함께 온 가족이 큰 시장을 보러 갈 때 : 세트 1번, 3번, 5번
- 사업상 누군가를 만나러 갈 때 : 세트 1번, 2번, 4번, 5번, 6번
- 저녁에 외식하러 나갈 때 : 세트 1번, 3번, 5번. 연주회장이나 극장에 6번을 가지고 갈 때는 진동으로 바꾸어놓아야 한다.

청소할 때 알아두면 좋은 조언들

모든 것은 제자리에 둔다. 전자레인지나 비디오의 사용 설명서처럼 종종 찾아보는 설명서는 시간을 절약하기 위해 기계 바로 밑에 넣어두고, 자주 찾아보지 않는 사용 설명서는 평범한 바인더에 끼워서 보관한다. 또한 최근에 구입한 물건의 보증서도 함께 끼워둔다.

사용법이 헷갈리는 버튼에는 설명을 써놓는 것이 좋다. 비닐 덮개가 되어 있는 곳이 연필로 써넣기가 용이하다. 유성펜을 사용하면 더 확실히 써넣을

수 있다. 사용 순서에 따라 번호를 매겨놓는 것도 좋은 방법이다. 커피메이커에는 이런 식으로 번호를 붙여보자. 전원 1번, 잔 준비해 두기 2번, 커피 버튼 누르기 3번, 전원 끄기 4번.

청소할 때 지켜야 할 6가지 황금 규칙

'단순하게 살기 위한 원칙'은 당신이 어떻게 지키느냐에 따라 성패 여부가 결정된다. 일단 여섯 개의 황금 규칙을 잘 보이는 곳에 붙여놓자.

첫째, 물건을 꺼냈으면 제자리에 다시 갖다 놓는다.
둘째, 열었으면 다시 닫아둔다.
셋째, 떨어뜨렸으면 다시 줍는다.
넷째, 밑으로 내려놓았으면 다시 걸어둔다.
다섯째, 살 것이 있으면 즉시 써놓는다.
여섯째, 수리할 것이 있으면 일주일 안에 해놓는다.

기대에 대한 부담에서 벗어나자

완벽주의는 넉넉한 여유를 갖고 살아가는 데 가장 안 좋은 방해 요소다. 당신은 인간으로서 부담을 수용하는 데 한계가 있다. 주변을 깔끔하게 정리하지 못하는 사람의 가장 큰 문제점은 조직력이 아니라 전체적인 흐름을 보지 못하는 통찰력의 부족이라고 미국의 전문가 바바라 햄필은 말했다. 그런 사람들은 파이프를 통해 쳐다보듯이 자기가 꼭 해야 될 일들만 본다. 그렇게 하다 보면 자기가 할 수 있는 것들을 보지 못할 우려가 있다. 결국 현재 주어진 문제를 해결할 수 있는 에너지가 부족해진다. 그런 사람들은 적극적이고 자유로운 사람들이 갖고 있는 넓은 시야와 기쁨, 그리고 미래에 대한 인식을 갖고 있지 못하다. 결국 수북이 쌓여 있는 물건이나 빼곡하게 쌓여 있는 해야 할 일들이 시야를 가로막고 있는 것이다.

바바라 햄필은 그런 사람들에게 이런 조언을 해주었다.

"엉망진창이 된 서랍에서 필요 없는 물건들을 폐기하면서 반드시 해야 할 일은 자기 자신에 대한 지나친 기대를 접는 것이다. 바로 그것 때문에 쓸데없는 것들을 너무 많이 쌓아두는 경우가 많다."

단순하게 살기 위한 제4제안　건망증을 무력화시켜라

〈단순하게 살아라〉에서 실시한 여론 조사에 따르면, 전체 설문자의 90퍼센트가 물건을 둔 곳을 잘 찾지 못한다고 했다. 사람들이 가장 많이 찾는 물건은 열쇠였다. 설문자 중 42퍼센트가 그것 때문에 고생한 경험이 있었다. 2위로 약 25퍼센트에 달하는 사람들이 자주 찾는 것은 볼펜이었다. 3위(19퍼센트)는 안경, 4위(16퍼센트)는 지갑 순이었다. 30세 이하의 사람들이 그보다 나이가 더 많은 사람들보다 열쇠를 찾는 일이 자주 있는 것으로 나타났다. 대신 50이 넘은 사람들이 가장 자주 잃어버리는 물건(40퍼센트 이상)은 안경이었다. 남녀 간에는 별다른 차이를 보이지 않았다. 여자들은 지갑을 자주 잃어버리는 반면, 열쇠 꾸러미는 남자들보다 조금 더 잘 간수하는 경향이 있었다.

어쨌든 물건을 찾느라 스트레스가 쌓이면 시간이 낭비되고, 기분까지 망치기 십상이다. 작은 물건들을 자주 잃어버리는 건망증은 결코 치료 불

가능한 불치병이 아니다. 관심을 조금만 기울이면 당신의 삶이 훨씬 더 단순해질 수 있다.

건망증을 극복하는 방법

그렇다면 건망증을 치료하려면 어떻게 해야 할까? 모든 물건을 제자리에 놓는 정리 정돈의 원칙이 지켜졌을 때 성공률이 가장 높다. 많은 사람들이 열쇠 꾸러미를 집 안의 특정한 곳에 매달아놓는 방법을 사용하고 있지만 지속적으로 그 방법을 사용하지는 않는다. 왜냐하면 그 특정한 장소가 머릿속에 깊이 각인되어 있지 않기 때문이다. 따라서 그렇게 되지 않기 위해서는 기억력을 향상시키는 방법들을 적절히 사용하는 게 좋다.

눈에 띄는 장소 출입문에서 가까운 눈에 잘 띄는 곳을 정하라. 그런 곳으로는 장식장의 서랍, 열쇠 꾸러미 걸이, 열쇠 상자, 탁자 위에 올려놓은 그릇, 아니면 쉽게 손이 닿는 곳 등이 있다. 이 방법은 사무실에서도 가능하다.

눈에 띄는 색깔 결정한 장소를 눈에 확 띄는 색으로 칠해 둔다. 그곳이 서랍이라면 고리에 색깔 있는 테이프를 붙여놓고, 열쇠 꾸러미 걸이는 눈에 띄는 색으로 칠해둔다. 열쇠를 담아둘 그릇은 다른 그릇과 구별되는 색깔 있는 것으로 고른다. 그렇게 함으로써 색을 특히 잘 기억하는 우측 뇌에 장소가 각인된다.

눈길을 사로잡는 이름 붙이기

절대로 잊혀지지 않을 이름을 붙여준다. 집 안에 파란색 상자가 오직 그것 뿐이라면 '파란 상자'라고 불러도 좋고, 그릇에 별무늬가 그려져 있다면 '별 그릇'이라 불러도 좋다. 이름은 분석적이고 글자를 잘 기억하는 좌측 뇌에 각인된다. 예를 들어 '문 옆에 있는 장식장 왼쪽 맨 윗 서랍'처럼 너무 복잡한 이름은 별로 좋지 않다.

확실한 이름을 지어놓으면 다른 사람에게 할 일을 분명하게 알려줄 수도 있다("열쇠는 별그릇에 놓거라"). 시간이 촉박해서 글을 차분히 쓰기 어려울 때도 의사소통을 원활히 할 수 있게 된다("열쇠-파란 서랍!").

호감 갖게 하기 즐거운 마음으로 정리 정돈을 하면 건망증에서 벗어날 확률이 더 높다. 열쇠를 넣어둘 서랍 안에 당신이 좋아하는 향기의 방향제를 넣어 두는 것도 좋은 방법이다. 혹은 열쇠를 넣어두는 서랍에 당신이 좋아하는 빨간색 융단 천조각을 깔아놓은 뒤, 그 위에 열쇠 꾸러미를 살짝 놓는다.

모든 것에 항상 제자리를 찾아주자

지갑이나 안경 혹은 연필같이 자주 잃어버리는 물건을 잃어버리지 않게 하는 확실한 규칙을 만들어놓자. 예를 들면 이런 규칙을 세워두자.

지갑은 항상 열쇠와 함께 둔다. 집 안으로 들어오면 열쇠를 놓는 곳에 지갑도 꺼내놓는다.

안경은 항상 몸에 지닌다. 그렇게 하기 위해 셔츠 주머니나 핸드백, 목에 걸치는 안경끈 등을 이용한다.

전화기 옆에는 항상 연필을 준비해둔다. 서류 가방이나 핸드백, 자동차 안에도 반드시 필기구가 있어야 한다.

여행 중에도 정리 정돈의 원칙을 지키면 훨씬 더 수월하게 여행을 즐길 수 있다. 휴가나 출장 중에는 지갑, 호텔 열쇠, 신분증 등은 항상 자기 몸에 지니고 다니고, 호텔 방처럼 낯선 환경에서 모든 것이 제자리를 찾게 만드는 것이 중요하다. 호텔 방에 처음 들어가면 중요한 물건들을 놓아둘 곳을 정해 놓고, 그곳에 소지품을 다 꺼내놓는다. 적당한 장소로는 침대 옆 협탁, 협탁 서랍, 책상 서랍이 있다. 만약 도난의 우려가 있으면 여행용 가방 속에 넣어둔다. 많은 현금과 귀중품은 당연히 호텔 금고에 보관한다.

호텔 방을 나설 때 중요한 물건들을 다 갖고 나가려면 당신이 몸에 지니고 갈 확실한 도표를 만들어놓는 것도 좋은 방법이다. 여기 몇 가지 좋은 방법을 소개하고자 한다.

중요한 것은 가슴 부분 주머니에 넣어두자 가장 중요한 것은 가슴 위쪽에 넣는다. 이를테면 양복저고리의 왼쪽 안주머니에는 지갑을 넣어둔다(지갑에는 현금, 수표, 신용카드, 신분증, 전화카드, 운전면허증이 들어 있다).

기차 여행을 할 때 기차표는 가슴 위에 있는 셔츠 주머니에 넣어둔다. 셔츠 주머니에는 많은 사람들이 곧잘 잃어버리는 주차증이나 대중 교통 차표를 넣어두면 편리하다.

양복저고리의 오른쪽 주머니에는 여권을 넣는다. 다른 사람들 것과 구분하기 위해 여권 겉면에는 견출지를 붙여 미리 표시를 해놓자. 그 주머니에 비행기표를 넣어두는 것도 좋다. 양복의 오른쪽 바깥 주머니에는 동전이나 팁을 주기 위해 준비해둔 소액환을 넣어둔다.

여자들은 그 모든 물건을 핸드백에 넣거나 남자들처럼 주머니가 많은 재킷에 넣고 다니는 게 좋다.

여행은 가볍게 하라 여행 중에는 필요 없을 호텔 예약 확인서나 면역 증명서 등은 여행 가방 속에 넣어둔다. 별로 멋은 없어 보이지만 가방 끈을 길게 해서 왼쪽 어깨에서 오른쪽 어깨로 비스듬히 걸고 다니면 등을 보호할 수 있다. 더 좋은 방법은 배낭을 이용하는 거다.

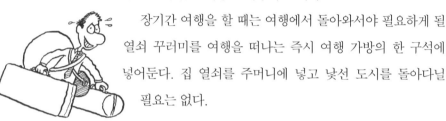

장기간 여행을 할 때는 여행에서 돌아와서야 필요하게 될 열쇠 꾸러미를 여행을 떠나는 즉시 여행 가방의 한 구석에 넣어둔다. 집 열쇠를 주머니에 넣고 낯선 도시를 돌아다닐 필요는 없다.

호텔 열쇠 금방 찾기 왼쪽 바깥 주머니에는 호텔 열쇠를 넣어둔다. 안전을 위해 열쇠는 프런트에 놓고 다니는 것보다 자기가 갖고 다니는 게 좋다. 만약을 대비해 열쇠 꾸러미는 방에 두고 다닌다. 열쇠 대신 카드를 받았다면 그것을 지갑의 신용카드 넣어두는 곳에 함께 넣어 보관하는 게 제일 좋다. 호텔에서 안전을 위해 신분증을 제시할 필요가 있다면 그것을 열쇠 카드와 따로 보관해둔다.

사소하지만 기억해두면 상당히 유용한 사항이 있다. 그것은 바로 호텔에 입실 수속을 할 때 호텔 명함을 받아 잘 보관돼야 한다는 점이다. 그렇게 하면 밖에 나갔다가 호텔에 다시 돌아올 때 매우 도움이 된다. 특히 말이 통하지 않는 외국에서는 의사소통이 되지 않는 택시 운전사에게

○○호텔

그것을 보여주면 된다. 호텔에서 체크아웃 하고 나온 뒤에 호텔 방에 물건을 놓고 온 것을 뒤늦게 깨달았을 때도, 명함에 있는 호텔 전화번호로 금세 연락을 취하면 일이 쉽게 해결될 수 있다.

물건을 잘못 두었을 때도 '위험을 알면, 위험이 사라진다'는 철칙이 적용된다. 날마다 열쇠나 지갑을 찾는 데 시간 낭비하지 않도록 뭔가 대책을 세우면 그 순간부터 당신은 중요한 전진을 하게 된다. 또한 그것을 통해 단순한 삶에 한 발자국 성큼 다가서게 된다. 당신이 더 이상 물건에 노예가 아니라 당신이 원하는 대로 그것들을 사용할 수 있게 되는 것이다.

단순하게 살기 위한 제5제안
돈의 흐름을 차단하는 요소를 제거하라

단순하게 살기 위한 제6제안
돈에 걸려 있는 마술을 풀어라

단순하게 살기 위한 제7제안
빚을 지지 마라

단순하게 살기 위한 제8제안
안전해야 한다는 강박관념을 버려라

단순하게 살기 위한 제9제안
부에 대한 나만의 기준을 정하라

재정 상태를 단순화시켜라

후유증 없게 재정적으로 독립하는 방법을 터득하여 재정 상태를 단순화시켜라

물질 세계에서 잡동사니들이 당신의 앞길을 막고 방해하듯이, 돈에 있어서도 돈에 대한 당신의 생각과 감정이 그런 역할을 한다.

단순하게 살기 위한 제5제안 | 돈의 흐름을 차단하는 요소를 제거하라

한 설문 조사 전문 연구소에서는 독일 사람들을 대상으로 1955년부터 행복 지수를 측정해보았다. '당신은 행복한가?'라는 질문에, 생활 수준에 변화가 있었음에도 불구하고 평균적으로 30퍼센트의 사람들이 긍정적으로 답변했다. '당신의 행복을 위해 무엇이 가장 중요한가?'라는 질문에는 수십 년 전부터 돈이 1위를 차지하고 있다. 80퍼센트의 독일인들이 행복한 삶을 살기 위한 전제 조건으로 돈에 대한 걱정이 없는 상태를 꼽았다.

"언젠가 돈을 많이 벌면 행복해질 거야."

이것은 모든 사람을 불행하게 만드는 말이다. 지금 당장 불행한데 나중에 돈을 많이 벌면 행복해지리라는 희망이 무슨 소용이 있겠는가. 단순하게 살기 위한 제안을 하나 하자면, '흔히들 생각하는 행복과 부유함의 순서를 뒤바꾸라'는 것이다. 즉 지금 행복하면 돈을 많이 벌 기회가 더

많을 것이라고 생각하자는 것이다. 재산에 대한 훌륭한 조언 중 '충분히 갖고 있다고 느끼는 사람이 부자다'라는 티베트 속담이 있다. 당신이 진실로 중요하게 생각하는 것을 즐겨라. 그리고 그것을 구입할 수 있는 돈이 있으면 그때 바로 구입하라. 대부분의 사람들은 현재의 삶이 지금의 모습과 다르기를 바라는 소망에 너무 많은 시간을 낭비한다. 행복을 위한 열쇠는 쟁취한 것을 즐길 수 있느냐에 달려 있다. 비록 그것이 다른 사람이 보기에는 초라해 보인다고 하더라도 말이다.

돈에 관한 여유를 즐기라

'단순하게 살기 위한 제안'은 돈 문제에 관해 역설적인 주장을 펼친다.

'돈에 집착하지 않으면 더 많은 돈을 벌 수 있다. 돈에 매달리기 시작하면 부자가 될 수 없다.'

집착하지 않는다는 것은 관심을 갖지 않는다는 말이다. 많은 사람들은 '돈은 상관없어'라고 말한다. 그들은 '돈을 원하지 않는다'는 말로 부를 가로막는 것이다. 그러나 여유로운 사람은 이렇게 말한다.

"난 성공하기 위해 열심히 일하고, 가능한 것은 모두 이용하고, 내 능력을 십분 발휘하고 싶다. 그래도 성공하지 못한다면 그것으로 만족하겠다."

용기를 가져라

생각을 할 때도 자신감을 갖고 하고, 글을 쓸 때도 용기를 갖고 써라.

"맞아, 나 빚 있어. 하지만 수많은 사람들이 빚을 잘 갚아나가고 있고, 나도 그렇게 할 수 있어."

"나와 능력이 비슷한 사람들 가운데 나보다 돈을 훨씬 많이 버는 사람들이 있어. 나도 머지않아 그들처럼 되고야 말겠어."

우선 돈과 수입에 관한 말버릇부터 바꾸어야 한다.

이렇게 말하지 말자	이렇게 말하자
난 …을 할 수 없어	난 할 수 있어
난 …을 어떻게 하는지 몰라	난 어떻게 하는지 배우겠어
난 …이 있으면 좋겠어	난 반드시 …을 갖고 말 거야

정신적인 장애물을 발견하라

그동안 당신은 가슴을 짓누르는 정신적인 장애물을 발견하고 그것들을 가능한 한 멀리 외면해 왔다. 이제는 당신의 머릿속에 돈과 재산에 맞서는 어떤 사고의 장애물이 있는지 살펴보아야 한다. 사고와 판단을 흐리게 하는 말들 중에 가장 흔히 듣는 말 4가지를 소개해 보고자 한다.

부모님이 하던 말　자라면서 귀가 따갑도록 자주 듣는 말들이 있다. '정직하면 부자가 될 수 없다', '돈을 벌면 친구를 잃는다', '돈은 사람을 행복하게 해주지 않는다' 등등, 그것 말고도 수입이 형편없는 사람이 수백 년 간 애써 마음을 위로하며 살아갈 수 있을 만한 말들은 무궁무진하다. 그 결과 돈은 개개인에게 풍요로움을 안겨주는 것으로 높이 평가되면서도 많은 사람들에게 부정적인 의미로 자리잡았다.

이제 더 이상 위로의 말에만 의지하며 살아가지 말자. 그리고 돈 자체와 재산에 대해 말하지 말고, 경제적인 독립에 대해 생각하자.

만약, 혹시, 어떨지도 모른다는 두려움　내가 만약 실직한다면 어떻게 될까? 투자한 사업이 실패하면 어떻게 될까? 정신적인 눈으로 실패를 자꾸 보는 사람은 실제로 실패할 확률이 높다. 성공한 사업가들의 이야기는 대개 그들이 뭔가를 포기하고, 모험을 감행해서 실패한 것으로부터 시작된다. 그들은 그것을 실패로 보지 않고, 중요한 기회로 삼은 것이다.

이제 기분을 좋게 만들고, 분명한 그림을 눈앞에 그려라. 그리고 성공한 사람들처럼, 쟁취하고 싶은 것을 긍정적으로 생각하는 삶의 목표를 세우자.

복권에 당첨되는 꿈　세상에는 조심해야 할 꿈도 있다. 그중에 하나가 큰 행운이 올 거라는 꿈이다. 예를 들면 당신이 어느 날 갑자기 스타가 된다거나, 복권에 당첨된다거나, 한 번도 보지 못한 친척으로부터 거액의 유산을 상속받는다는 따위의 꿈이다. 그런 공상의 문제점은 당신이 그 꿈이 이루어지도록 능동적으로 행동하지 않고 희망을 갖고 수동적으로 기다린다는 것이다.

지금 복권을 구입하고 있다면 중단하라. 그 대신 1년 안에 복권을 사서 받을 수 있는 돈만큼 돈을 더 벌기로 결심하자. 성공한 사람들의 자서전을 보면

그들은 대부분 택시 운전이나 신문 배달, 집필 활동, 세일즈맨 등의 다양한 부업 활동을 했다. 그중에 많은 부분들이 과대 포장됐을지도 모르지만 한 가지만은 분명하다. 그들은 언제나 행동하는 사람이었고, 희생자의 역할에 만족한 적이 한 번도 없었다는 것이다.

자기 변명의 말 '난 이렇게 하고 싶었어… 하지만…'이라고 시작하는 말을 자주 하게 된다. 그 말에는 소망하는 것과 변명하고 싶은 마음이 함께 담겨 있다. 그러나 그런 문장은 당신 스스로가 당신이 소망하는 일에 방해가 되고 있음을 분명하게 보여준다. 자신의 욕망이 다른 누가 아닌 바로 당신 자신에 의해 제어되고 있는 것이다. 당신은 변명하거나 돈을 벌 수는 있지만 둘 다 할 수는 없다. 성공한 사람들도 '그렇게 하고 싶어요, 하지만'이라고 말하고 싶은 경우가 많았을 것이다. 그러나 그들은 스스로 소망하는 마음이 더 강하다는 것을 잘 알고 있었다. 무엇을 하고 싶은 욕구가 있다면 이렇게 말하라.

"난 이렇게 하고 싶어… 그것을 이렇게 해서 꼭 이루고 말 거야."

돈은 현실이다

많은 사람들이 살아가는 데 있어 돈이 너무 중요해지고 있다며 걱정한다. 사람들이 돈을 우상화하게 되지 않을까 두려워하는 것이다.

중세 시대 때 금과 돈은 땅에 속하는 요소였다. 당시는 땅을 가장 재미없고, 무겁고, 고단한 것으로 생각하던 시절이었다. 그러나 오직 땅에서만 경제적인 부가 창출될 수 있었다. 땅의 요소에는 행동과 현실이 포함되어 있기 때문이다.

돈에 대한 그런 오래된 사고를 통해 당신은 돈에 대해 좀더 분명히 이해할 수 있을 것이다. 당신은 돈을 소망할 수 있고, 돈을 벌기 위한 많은 생각을 할 수 있다. 그러나 당신 구좌에 돈이 들어오는 것은 오로지 실제적인 행동에 의해서만 가능하다. 아무리 훌륭한 생각이나 강한 의지라도 가끔은 지루하고 힘들고 피곤한 '땅에 발을 붙인' 일을 하지 않는다면 당신은 부자가 될 수 없다.

특히 예술가들은 그런 경험을 자주 한다. 화가는 훌륭한 사고를 했다는 것에 대해, 작가는 뛰어난 영감을 가졌다는 것에 대해, 운동 선수는 강인한 의지를 가졌다는 것에 대해 사람들로부터 칭찬을 받는다. 그것을 보면 좋은 생각이나 훌륭한 영감, 또는 의지만 있으면 부를 쌓을 수 있을 것처럼 보인다. 그러나 물질적인 성공은 화가가 그림을 그리고, 작가가 작품을 쓰고, 운동 선수가 날마다 훈련을 해야만 달성될 수 있는 것이다.

돈이 땅과 현실에 연결되어 있기 때문에 그것에 대한 절망의 척도는 바로 현실이다. 그것은 당신 삶이 땅에 얼마나 깊게 뿌리내렸느냐는 것을 나타낸다. 생활 전문 상담가 겸 은행가인 하조 반차프는 "돈은 실존의 문제다"라고 말했다. 많은 문장에서 '돈'이라는 단어가 '현실'이라는 단어로 대체 가능하다. '좋은 아이디어는 있는데 나한테 딱 한 가지 부족한 게 돈이야'라는 말은 '나한테 딱 한 가지 부족한 것은 현실 감각이 없다는 거야'라는 말로 바꿀 수 있다. '돈만 많다면 더 이상 바랄 게 없겠다'라는 말은 '현실을 받아들일 수만 있다면 난 더 이상 바랄 게 없어'라는 말로 대체될 수 있다.

'저 사람은 단지 돈 때문에 저 일을 하는 거야'라는 돈에 대한 부정적인 말조차도 달리 표현하면 별로 나쁘지 않은 말이 된다. '그 사람은 현실에 온 신경을 집중하고 있어'라고 말할 수 있는 것이다. 정신적이고 예술적인 일에 종사하는 사람에게도 돈은 훌륭한 치료제다. 돈을 비하하는 평소의 생각에서 벗어나 돈의 가치에 대해 이해할 수 있게 되면, 자기가 하는 일이 돈으로 환산될 때 얼마나 높은 가치가 있는 일인지 분명하게 깨닫게 된다.

경제적인 독립은 당신 삶의 중심 주제가 돈이 되는 일이 극히
드물 만큼의 돈을 갖고 있는 것을 말한다. 그것은 수입이
당신 욕구를 훨씬 능가할 때 가능하다. '단순하게 살기 위한
조언'은 당신의 욕구를 줄이든지 수입을 늘리는 데 초점을
맞춘다. 다음에 소개할 방법들은 그런 근본적인 생각을
바닥에 깔고 있다.

너무 많은 것을 소유하는 것은 돈의 흐름을 막는 일이다

어떤 물건을 사기 위해 많은 돈을 지불했다고 가정해보자. 당신은 그것을 갖
고 있음으로써 부를 영위하기 위해 그 물건을 소유하려고 하지만, 혹시 그것
을 잃어버리지 않을까 두려워한다. 바로 그 두려움이 더 많은 것을 갖지 못하
게 막는 요인이 된다. 어떤 물건을 손에 넣기 위해 값을 지불했지만 그 물건이
다시 돈을 벌어들이지 못한다면 그 돈은 이미 죽은 돈이다. 돈의 활발한 순환
이 그것으로 인해 막히는 것이다. 그렇기 때문에 제1단계에서 소개했던 청소
원칙이 경제적인 상태를 개선시킬 때도 효과가 있다.

돈이란 기회를 이용하는 것이다

진정한 부를 쌓기 위한 다음 단계는 물건은 적게, 돈은 많이 갖고 있는 것이
다. 그렇게 함으로써 당신은 현재가 아니라 미래를 위해 돈을 지불한다. 돈은
돌아야 많아진다. 주식에 투자했든, 부동산에 투자했든, 자기가 운영하는 회

사에 투자했든 마찬가지다. 벌어들인 돈을 이자가 생기지 않는 구두 상자에 모아두었다고 하더라도 그 돈은 가능성을 갖고 있다. 그에 반해 사물은 이미 내려진 결정이고, 선택의 자유가 이미 종지부를 찍은 것이다.

돈을 항상 흘러야 하는 순환의 주체로 생각하라. 두려움 때문에 돈을 지불하지 않고 자기 자신만을 생각하는 순간부터 돈의 순환은 방해를 받는다. 모두들 돈을 움켜쥐기만 하는 사회는 가난해지는 반면, 돈이 거침없이 잘 도는 사회에서는 모든 사람들이 그것을 통해 서로 연결되어 있다(경제 용어로 말하자면 경기景氣다). 많은 자영업자들은 간헐적이기는 하지만 그런 과정을 잘 알고 있다. 수입이 줄어들면 사람들은 돈을 아껴 쓰고, 모임도 줄인다. 그런 소극적인 태도는 결국 소비자에게 고스란히 전가된다. 악순환인 것이다. 그렇기

때문에 불황기에도 광고와 기업 홍보에 돈을 더 투자하는 사회가 바람직하다. 경제적으로 넉넉하지 못한 시기에 사람들은 주문을 선뜻 받으려고도 하지 않는데, 그렇게 할수록 장기적인 이익에 대한 통찰력을 잃게 된다.

단순하게 살기 위한 제7제안 빚을 지지 마라

"내 인생이 너무 꼬였어"라는 말은 지속적으로 마이너스가 되는 은행 구좌를 보면서 사람들이 자주 쓰는 말이다. 카드 사용으로 인해 지속적으로 빚을 지는 것도 돈을 깔끔하게 정리하지 못한 채 살아가는 것이다. 처음에는 신용카드 대금이 작지만 나중에는 그 액수가 점점 불어난다.

빚으로 인한 스트레스에서 벗어나라

올리버 씨는 성공한 저널리스트다. 그는 밤낮없이 일에 매달리고, 휴가 때나 주말에도 일을 했다. 그는 그동안 돈을 많이 벌어들여 다른 많은 동료들로부터 부러움을 샀다. "그동안 돈 엄청 많이 벌어놓았겠다!"라는 농담도 종종 들었다. 그러나 실제 그의 처지는 그렇지 못했다. 은행 잔고는 늘 마이너스였고, 그는 거의 2만 5,000달러에 달하는 빚을 갚기 위해 쉴 새 없이 일을 해야만 했다. 그는 닥치는 대로 일했고, 그의 육체는 여러 가지 스트레스 증상을 나타냈다.

올리버 씨는 마이너스 통장의 전형적인 희생자다. 하조 반체프는 조사 결과 거의 80퍼센트에 달하는 사람들이 그렇게 살아가고 있다는 것을 밝혀냈다. 대부분 마이너스 통장의 잔고는 은행이 허용하는 신용 대출의 한계와 비슷하다. 2만 5,000달러의 대출을 받을 수 있는 신용이 있는 사람은 시간이 지날수록 빚이 점점 불어나면서 대개 그 액수만큼의 빚을 지려는 경향이 있다. 더 이상 갈 수 없는 지점까지 무의식이 내려가기 때문이다. 그 반면 마이너스 통장을 만들지 않은 사람은 대부분 자기가 갖고 있는 돈만큼 인출해서 쓴다.

금전의 마법에서 벗어나자

돈은 단순히 교환이나 지불 수단이 아니다. 그것은 우리의 경제 생활에만 영향을 미치는 것이 아니다. 한 달 혹은 1년을 지속적으로 앞당겨 쓴 당좌 구좌는 알게 모르게 스트레스 요인이 된다. 그러나 돈이 많이 들어 있는 통장 구좌나 돈이 듬뿍 들어 있는 돈지갑은 사람의 마음을 편안하게 해준다. 어떻게 하면 그 둘을 연결시킬 수 있을까? 통장에 돈이 많이 들어 있으면 사람이 자연적으로 행복해질까?

재정 상담가 랄프 테그트마이어는 상담객들을 분석한 결과, 오히려 그 반대의 결과를 얻어냈다. 불행한 사람은 본능적으로 마이너스가 된 통장에 대해 걱정을 한다. 그들의 무의식 세계에서 눈에 보이지 않는 걱정, 두려움, 절망 등이 마이너스 통장이라는 눈에 잡히는 실체가 되는 것이다. 당신의 정신은 통장에 잔액이 남아 있는지, 부족한지에 자기도 모르게 영향을 받는다.

테그트마이어는 돈이 인간 정신의 내면에 대한 직접적인 표현이라고 했다. 그러므로 사람은 돈을 인식하고, 손에 움켜쥘 수 있어야 한다는 것이다. 그렇게 하면 외적인 현실이 내적인 모습과 어울리게 된다. 올리버 씨의 경우, 그런 인식에 대한 분석을 통해 문제를 해결할 수 있었다. 그는 금전 문제 상담가와 상담하면서 내면의 두려움을 고백했다. 회사가 부도나서 평생 고생하다가 월급이 적은 직장을 얻어 불행하게 살아가던 자기 아버지처럼 될까 봐 그는 무척 두려워했고, 따라서 열심히 일해 직업적으로 성공을 거둘 수 있었다. 그러나 그는 자기 형편 이상으로 돈을 지출하며 살았다. 늘 많은 친구들을 비싼 식당으로 초대했고, 값비싼 옷을 사고, 고급 여행을 다녔다. 고급 주택을 구입할 때도 세금을 덜 내려고 부정을 저질렀다. 그리고 미래에 대한 불안 때문에 보험료도 무척 많이 냈다.

그는 자기도 모르는 사이에 은행의 신용 평가 결과에 대해 은근히 자부심을 느꼈다. 고액의 신용 대출을 받을 수 있다는 것을 알게 된 은행 고객은 자신이 그 정도의 신용을 받을 정도로 성공했다고 생각한다. 2만 5,000달러의 신용 대출을 받을 수 있는 사람은 자신이 은행에서 2만 5,000달러의 가치로 평가받는 사람이라고 생각하며 은근

히 자랑스러워 한다. 그렇지만 그런 특권을 즐기기 위해 연간 2,500달러의 이자를 내야 한다는 사실은 쉽게 잊어버린다.

지속적으로 적자에 시달리는 근본적인 이유를 알게 된 올리버 씨는 돈의 단순한 진실과 채무의 긍정적인 효과가 갖고 있는 맹점을 그제야 제대로 깨닫게 되었다.

빚쟁이 생활을 청산하는 방법

빚은 사람의 자존심에 큰 상처를 입힌다. 빚이 있는 사람은 위축되고, 부끄러워하고, 스스로를 약하다고 생각한다. 사실 따지고 보면 종이에 적혀 있는 숫자 몇 개 때문에 말이다. 그런 경우 스스로에게 이렇게 계속 주입시킬 필요가 있다.

'빚을 졌지만 난 나쁜 사람이 아냐. 다만 돈을 잘 다룰 줄 모를 뿐이야.'

처음에는 너무 힘들게 보여도 빚은 어떤 식으로든 청산된다. 그렇게 할 힘을 갖고 있는 사람이 나중에 백만장자가 되는 경우도 흔하다. 자신의 의지를 확인했기 때문이다. 여기 빚을 청산하는 중요한 방법을 몇 가지 소개하고자 한다.

현실을 직면하라 빚을 지고 있다는 것을 다른 사람에게 솔직히 말하라. 물론 모든 사람에게 말할 필요는 없지만 믿을 수 있는 몇몇 사람에게는 말하는 게 좋다. 그렇게 하면 빚을 지고 있는 사람이 당신 혼자가 아니고, 빚이 아주 특별한 것이 아니라는 사실을 당신은 알게 될 것이다. 부끄러움도 덜 탈 수 있다. 특히 가족들에게 그 사실을 알리고 함께 힘을 모으면 그것을 청산할 수 있다는 것을 분명하게 보여주자.

갖고 있는 돈보다 많은 돈을 지불하지 말라 이 방법은 아주 간단하다. 다만 회사에 투자하거나., 비용을 지나치게 많이 지불하지 않는 부동산 구입 등은 예외다. 돈을 다 마련해서 집을 장만한다는 것은 미련한 짓이다. 그러나 소비재 구입을 위한 신용카드 사용은 금물이다. 외상으로 여행을 가거나, 거실 인테리어를 바꾸는 일은 절대 해서는 안 된다.

많은 사람들이 흔히 사용하는 자동차 대출도 위험하다. 금융 전문가들의 말에 따르면, 많은 빚을 지고 있는 사람들이 대출을 받으면 새 차부터 구입해 실패하는 경우가 많다고 한다. 자동차는 급속도로 가치를 잃는 소비재다. 2만 달러의 값비싼 자동차의 이자를 내지 못하는 사람은 차량 구입비와 이자를 포함한 2만 달러 이상의 빚을 그대로 지게 된다. 게다가 자동차는 그 사이에 1만 달러로 그 값어치가 떨어져, 그 값을 받고 팔아버린다고 해도 1만 달러 이상의 빚은 고스란히 남게 된다.

현금으로 지불하라 가게의 출입문마다 온갖 다양한 카드가 붙어 있다. 대부분의 고객이 현금으로 물건을 살 때보다 카드를 이용하면 두 배 가까운 지출을 하기 때문이다. 지갑은 자신의 재정 상태를 확인하는 데 가장 좋은 방법이다. 많은 부자들은 설령 자기가 현금카드 광고 모델로 나섰다 하더라도 현금을 애용한다. 지갑이 꽉 차 있으면 부자가 된 듯 기분이 들어 좋고, 갖고 있는 돈 이상을 지출할 수도 없다.

통장의 입출금 내역을 점검하라 한 소비자 상담실에서 실시한 조사에 따르면, 많은 사람들이 통장의 자동이체를 통해 불필요한 지출을 하는 것으로 나타났다. 예를 들면 과다하게 위험을 보장받는 보험료 지출, 이미 탈퇴한 협회비, 더 이상 관여하지 않는 기관에 지불하는 헌금 등이다. 복권 역시 불필요한 지출이고, 엄격히 말하자면 국가에 대한 지나친 선심성 지출이다. 지난해의 이

체 목록을 꼼꼼히 정리하자. 그리고 계속 지불해야만 하는 것은 매번 직접 보내주는 게 좋다.

생활 규모를 줄여라 생활 규모를 획기적으로 줄여라. 그러면서 앞으로 영원히 그렇게 살 것은 아니라고 스스로에게 주지시키자. 하지만 당분간은 규모를 줄이는 데 협조할 것을 요구하라. 그런 과정을 겪고 나면 나중에 그렇게 했다는 것에 대해 스스로 자랑스럽게 생각할 것이다.

빚을 지고 있는 동안 알뜰하게 살아라. 큰 물건을 구입하는 것은 뒤로 미루고, 식료품도 싼 것으로 사라. 외식도 하지 말고, 모든 것을 아껴 써야 한다. 지출을 줄이는 좋은 방법은 차를 작은 것으로 바꾸는 거다.

빨간 숫자에 익숙해지지 마라 빚의 악순환에서 벗어나라. 마이너스 통장에 익숙해 있는 사람은 그런 안 좋은 습관에서 벗어나지 못한 채 무신경하게 살아간다. 그렇게 되지 않기 위한 노력을 일찍하면 할수록 더 좋은 결과를 얻을 수 있다.

한푼이라도 꼼꼼히 따지자 힘겹게 일하는 사람들은 대부분 지출을 줄이기보다는 수입을 늘려야 된다고 생각한다. 돈을 잘 다루는 사람은 그 둘을 다 잘한다. 일을 많이 하고 돈을 많이 벌어들이고 있다고 해서 돈을 많이 지출하는

것으로 자신에게 보상하려 하지 마라. 물건을 살 때는 돈이 풍족하지 못했던 시절과 똑같이 꼼꼼히 따져가며 지출하고, 남은 돈은 재산 증식을 위해 저축하라.

부채의 형태를 바꿔라 부채에 대한 부담이 지속적으로 이어질 때 마지막으로 할 수 있는 방법은 당신의 재산을 빌려주는 거다. 다시 말해 당신 소유의 집이 있고 마이너스 통장이 만성 적자에 허덕인다면, 신용 대출보다 이자를 적게 내는 주택 담보 대출을 이용하면 도움을 받을 수 있다. 집을 개축하거나 건축하지 않아도 집을 담보로 대출을 받을 수 있으니 그 돈으로 이자율이 높은 신용 대출을 갚는 것이다.

물론 은행 측에서는 그런 식의 부채 탕감을 별로 좋아하지 않을 것이다. 그러나 자신을 갖고 소신 있게 행동하라. 그렇지만 신용 대출을 갚았다고 해서 경솔하게 행동하면 안 된다. 이자만 낮아졌을 뿐 부채가 완전히 탕감된 것은 아니기 때문이다.

저울대 평형 법칙 부채가 많더라도 재산을 증식하기 위해 돈을 꼭 모아야 한다. 빚을 많이 지고 있는 사람에게는 이런 말이 쓸데없는 말로 들릴 수도 있지만 질곡에서 벗어나려면 그것이 유일한 방법이다.

채권자들에게 솔직하게 사정을 말하고, 돈을 갚는 액수를 최대한 줄여라. 수입의 절반으로 빚을 천천히 청산하면서 나머지 절반으로는 약간의 이자가 붙도록 보수적인 방법으로 재산을 증식시켜라. 중요한 것은 이자 소득이 아니라 늘 낭떠러지를 향해 추락하기만 하던 길이 이제는 조금씩 위로 올라가는 기쁨을 느낀다는 사실이다. 머지않아 그렇게 쌓아 올린 한 푼, 두 푼의 돈이 빚을 다 청산할 수 있게 된다.

실패를 통해 배우라 부채를 청산한 다음에도 계속 절약하며 살아가야 한다. 미래를 위해 생긴 여윳돈을 안전한 방법으로 투자하라. 그리고
빚에 쪼들리던 시절을 큰 가르침의 시절로 생각하고, 다시는 그렇게 살지 말아야겠다고 다짐하라. 부채는 과거의 올바르지 않은 당신 행동과 당신을 무의식적으로 연결시키는 상징이다. 이럴 때는 당신의 무의식이 당신을 다시 빚의 수렁으로 밀어내지 않도록 체계적인 심리 치료를 받는 것이 좋다.

큰 매매나 계약과 관련된 일을 할 때는 반드시 배우자와 상의해야 하며 은행이나 보험 대리인에게도 그렇게 말하라. 그렇게 함으로써 성급한 결정을 뒤로 미룰 수 있다. "한번 생각해보겠다"라고 말하면 상대는 프로니까 당신을 어떻게 해서든지 설득하려고 할 것이다. 그러나 당신의 남편 혹은 아내가 반대한다고 하면 더 이상 어떻게 하지 못한다.

가장 효과적으로 지출을 줄이는 방법은 자가용을 아예 포기하는 것이다. 그러나 그것은 우리 몸이 기동성에 익숙해져 있기 때문에 거의 불가능하다. 따라서 다음과 같은 방법도 현명한 방법이다. 타고 다니는 자동차를 여름에 팔아버리고, 새 차는 조금 늦게 구입해서 두세 달 정도 차 없는 생활을 해본다. 여름철에는 그러한 생활이 전혀 무리가 없을 것이다. 그렇게 하면서 돈도 절약하고, 당분간 차 없는 생활을 경험해 본다. 그렇게 하다 보면 자가용 외에도 대중교통이나 택시, 자전거, 이웃 사람의 차, 렌터카 등 다양한 교통수단이 있다는 사실에 새삼 놀라게 될 것이다.

당신의 수입은 운명이 아니라 당신이 비료를 주며 크게 키울 수 있는 식물이다. 다음에 소개하는 방법을 이용해 돈 다루는 법을 배우기 바란다.

당신이 얼마나 돈 계산을 잘하는지 점검하라

다음 중 당신은 어떤 것을 선택하겠는가? 1) 28일 동안 매일 10만 달러를 받는다. 2) 첫날은 1센트, 둘째 날은 2센트, 셋째 날은 4센트, 넷째 날은 8센트 하는 식으로 28일 동안 돈을 받는다.

1)번을 선택했다면 총 280만 달러를 받는다는 것이 쉽게 계산되어진다. 많은 사람들은 답이 뻔하다는 생각에서 더 쉬운 답안을 선택한다. 어떤 사람들은 뭔가 함정이 있다고 생각해서 무조건 2)번을 고른다. 그러나 2)번을 선택한 사람은 11만 5,000달러를 적게 받는다.

즉흥적인 대답 가운데 올바른 대답은 별로 없다. 돈에 관한 주제를 다룰 때의 감정이 중요한 영향을 미치므로 선뜻 떠오르는 생각을 믿지 말고, 계산기를 믿어라.

1년에 한 번은 새로운 일터를 찾아보라

회사를 매년 바꾸라는 말이 아니다. 그러나 가끔은 자기의 울타리 너머를 살펴볼 필요가 있다. 부모들은 우리의 머릿속에 늘 이런 말을 깊이 인식시켜왔다.

"좋은 직장을 잡아 성실하게 일해라. 그럼 그것에 대한 보답이 있을 거야."

그러나 이제 이 말은 더 이상 맞지 않는다. 직업 전문 상담가의 말에 따르면, 평생 한 직장에 다닌 사람은 고용주에게 현금을 선물하는 것과 같다고 한다. 그들은 직장 생활을 하기 시작한 초반부에 적어도 두 번은 회사를 바꾸라고 권한다. 승진의 기회를 엿보라는 것이다.

첫 직장에서 경력을 쌓으려고 하는 사람은 그곳에서 특별히 승진이 빠른 사람만 그렇게 해야 한다. 대개 보통 사람들은 직장을 바꿀 때마다 경험도 많이 쌓이고, 수입도 늘어난다.

'단순하게 살기 위한 조언' 중에 하나는 수입을 늘리기 위해 안락의자에 안주하지 말라는 것이다. 신문의 구인란도 종종 읽어보고, 다른 회사도 직접 방문해보는 것이 좋다. 그리고 어느 회사가 작업 환경이 좋은지 소문에도 귀를 기울이자. 당신의 특기가 어느 곳에서 특히 요구되고 있는지 알아보는 것도 바람직하다. 자기 나이가 너무 많지 않은지도 점검해보자. 직장을 바꿀 의향이 전혀 없더라도 3년에 한 번쯤은 입사 원서를 제출해보자. 다른 곳에서도 당신을 원한다는 것을 알게 되면 더 큰 자신감이 생길 것이다. 그렇게 하면서 당신은 시야가 더 넓어지고, 현재 몸담고 있는 고용주와의 연봉 협상도 유리하게 진행시킬 수 있다. 그렇게 준비가 되어 있으면 설령 당신의 부서가 없어지거나, 다른 이유로 회사에서 퇴출되거나, 회사가 문을 닫게 되어도 빈손으로 서 있게 되지는 않는다.

선의를 갖고 한 행동도 보상을 받아라

많은 사람들이 다른 사람들에게 중요한 상담을 해주고, 체계를 잡는 데 도와주고, 나이 많은 사람들에게 도움을 주면서도 그 대가를 쉽게 요구하지 못한다. 분명하게 알아야 될 것은 당신이 한 일에 대한 대가를 요구하면 그 일이 당신이 한 행동을 무의미하게 만드는 것이 아니라 오히려 그 가치를 상승시킨다는 것이다. 도움이 절실한 사람을 도와주기만 하면 서로 균형이 맞지 않는다. 당신은 힘이 세고, 상대는 약하다. 당신이 적당한 보수를 요구해서 받는다면 그런 불균형의 차이는 줄어들고, 그것은 양측 모두에게 도움이 된다. 정당한 대가를 받는 일도 하고, 순수하게 자원봉사도 하라. 군이 '돈은 절대로 받지 않고 해줍니다'라고 말할 필요는 없다. 당신이 해준 일에 대해 정당한 값을 치르고 싶어하는 사람을 민망하게 할 필요는 전혀 없다.

당신이 자영업자로서 서비스업에 종사하고 있다면, 선의를 갖고 보수의 일부를 혹은 전부 포기해 달라는 말을 종종 들을 것이다. 만약 당신이 사람들의 부탁을 거절하지 못하는 성격이라면 퍼센트를 일정하게 고정시킬 필요가 있다. 예를 들면 수입의 5 내지 10퍼센트를 그 운영 기관에 기부하기로 미리 결정해놓는 것이다. 연간 정해놓은 기부금이 이미 9월에 바닥이 났다면 그런 부탁이 들어오더라도 당당하게 거절하라.

돈을 더 달라고 하는 말을 서슴지 말고 하라

자유업에 종사하는 사람들은 대부분 일정 액수를 사례비로 받는다. 그렇게 정해진 액수는 당신의 명성과 함께 자주 언급되곤 하지만, 일단 정해지고 나면 수십 년이 흘러도 그대로 변함이 없다. 임금 상승률과 비교하면 그 차이를 확연히 알 수 있다. 처음에 250달러의 사례비를 받았다면 최소한의 연간 임금 상승률을 적용해 2퍼센트만 계산해도 10년 후에는 최소한 298달러는 받아야 한다. 1988년부터 1999년 사이의 임금 상승률을 3.8퍼센트로만 잡아도 거의 350달러가 된다. 5년이 지난 후에라도 250달러의 사례비는 생활비 증가에 보조를 맞추려면 290달러는 되어야 한다.

용기가 필요한 상황에서는 용기를 내야 한다. 당신에게 일을 맡기는 사람에게 사례비가 부당하게 책정됐음을 알려라. 말을 할 때는 차분하게 사무적으로 해야 된다. 당신에게 수년 간 그 일을 맡겼다면 당신이 하는 일이 어느 정도 만족스럽다는 의미다. 올려주지 않으면 일을 그만두겠다는 말을 직접 할 필요는 없지만 그렇다고 그것을 두려워할 필요는 없다. 물가가 올랐다는 것을 상대방도 잘 알고 있을 것이다. 그렇기 때문에 당신의 요구 사항은 받아들여질 가능성이 많다. 월급쟁이의 경우도 마찬가지다. 당신이 한 일로 회사가 이익을 더 많이 남길 수 있었다는 것을 증명해보일 수 있다면, 성공에 대한 몫도 정당하게 돌려받아야 한다.

생활 유지비

사례비 · 보수

성공도 당신이 간절히 원해야 이루어진다

직업적인 성공의 첫 번째 단계는 스스로가 그것을 원해야 한다. 많은 사람들은 직업적인 성공에 대해 무의식적인 거부감을 갖고 있기 때문에 앞으로 나가지 못하고 있다. 돈과 마찬가지로 직업적 성공에 대해서도 많은 선입견들이 있다.

'비굴하게 아첨하는 사람들만 성공한다', '다른 사람을 짓밟고 올라서는 사람만이 위로 올라간다', '높이 올라간 사람은 반드시 추락한다'와 같은 말들은 아주 약간의 진실만 담고 있는 근거 없는 낭설이다.

그런 터무니없는 말에 귀를 기울일 필요가 전혀 없다. 그런 고리타분한 말은 새로운 말로 대체되어야 한다. 더구나 성공하는 것이 좋은 이유는 얼마든지 있다. 직위가 올라갈수록 돈도 더 많이 받고, 결정을 내리는 행동 반경도 넓어지고, 다른 사람으로부터 인정도 받고, 더 좋은 대접을 받는다. 심지어 자식이나 아내에게도 그렇다. 승진은 기분을 전환시켜주며 일에 대한 의욕을 높여준다. 좀더 좋은 매력적인 직장으로 자리를 옮기는 것도 훨씬 쉬워진다.

단순하게 살기 위한 방법은 외적인 면에서 시작해 내적인 면으로 접근한다. 성공에 있어서 단순하게 살기 위한 지혜는 이렇게 요약될 수 있다.

'성공을 하려면 성공한 사람처럼 행동해야 한다.'

자, 이제 직장 생활에서 흔히 있을 수 있는 상황을 소개하고, 실제로 그런 일이 있을 때 보이는 바람직하거나 부적절한 태도를 예를 들어 소개할 것이다.

상황1 직장 동료가 당신에 앞서 승진했다

이제까지 같은 방에서 동료로서 일해왔는데 어느 날 갑자기 그가 당신의 상관이 되어 있다.

부적절한 태도 승진 인사를 인정하지 않고, 동료였던 상관이 시키는 일을 하지 않는다. 이러한 행동은 인사 담당 부서장에게 그가 올바른 사람을 잘 골라 승진시켰다는 것과 당신이 승진할 그릇이 되지 못함을 확인시킬 뿐이다.

성공적인 태도 물론 처음에는 충격을 받겠지만 먼저 승진한 사람이 무엇을 잘해서 그런지 분석해 본다. 그리고 인사 담당 부서장을 만나 다음 번에 승진하려면 어떻게 해야 하는지에 대해 솔직하게 물어본다.

상황 2 상관이 걸핏하면 시간 외 근무를 지시한다

잘 알다시피 출퇴근 시간을 정확히 지키는 사람
은 승진하기 어렵다. 그렇지만 아무리 그렇
다고 시간 외 근무 수당을 조금 더 받기 위
해 날마다 열한 시간씩 일할 필요가 있을까?

부적절한 태도 이것저것 따지고 싶지 않으니까 저녁에 일찍 퇴근하기 위한 변명을 생각해낸다. 같
이 일하는 동료들에게도 반란을 도모하자고 충동한다. 혹은 그런 생각을 갖고 있는 다른 사람들에
게 이용당한다.

성공적인 태도 안 된다는 말을 너무 자주 하지 않는다. 자신의 상관을 직장 생활하는 데 아주 중요
한 주요 고객으로 생각하라. 회사에 일이 많을 때 당신이 열심히 일에 매달린다는 것을 상관이 확
신하고 있으면 덜 바쁠 때에는 하루 쉬거나 다른 편안한 일을 하게 해달라고 부탁한다. 때에 따라
서 정열적으로 일하는 모습을 보여주면서 그것에 대한 적절한 보상을 요구한다면, 당신에게 더 높
은 직책을 맡겨도 당신이 충분히 소화해낼 수 있을 거라고 생각할 것이다.

상황 3 당신에게 짜여졌던 예산이 축소되었다

어느 회사든 비용을 절약하려는 움직임은 항상 있다. 원칙적으로 따지자면
회사가 빚을 지는 것보다는 낫다고 할 수 있다. 그러나 당신이 책임을 맡고
진행 중인 프로젝트가 그런 경우를 당했다면, 뭔가 사적인 감정에 의해 그
런 결정이 내려진 것은 아닐까 하는 생각을 누구나 일단 하게 된다.

부적절한 태도 상관의 결정을 무시하고 다른 방법으로 돈을 더 타낼 방법을 모색한다. 항의의 뜻
으로 일을 적게 하거나 불평불만을 늘어놓는다.

성공적인 태도 대안을 모색한다. 출장비가 축소되었다면 인터넷이나 편지로 연락을 취하는 방법
을 택한다. 지원금이나 스폰서 혹은 다른 방법으로 지원을 더 받을 수 있는지 알아본다. 부서의 예
산이 축소된 상황을 상관에게 당신의 능력을 보여줄 수 있는 기회로 삼아라. 그러나 모든 것에는
한계가 있다. 무조건 다 좋다고 해서는 안 된다. 당신의 상관은 당신이 어느 정도 해낼 수 있는지
점검해보고 싶어서 그렇게 했을지도 모른다.

상황 4 회의 석상에서 상관이 당신이 내놓은 의견을 묵살했다

그런 경우를 당하면 무척 곤혹스럽다. 그러나 피고용인으로 일하다 보면 그런 일은 어쩔 수 없이 가끔 겪게 된다.

부적절한 태도 회의장을 박차고 나가거나 더 이상 근무 의욕을 보이지 않는다. 또는 자기 뜻이 관철되지 않은 것이 얼마나 잘못된 결정인지 만나는 사람마다 붙잡고 불평한다.

성공적인 태도 자신이 내놓은 제안과 자기 자신을 분리시킨다. 상관이 당신의 제안을 비난하는 것은 당신에 대한 비난이 아니다. 상관의 태도에 인격적인 모욕감을 느꼈다는 말을 상관과 단둘이 있는 자리에서 하라.

"그런 결정을 내리신 것은 이해합니다만 저의 제안을 인격적인 모욕감이 덜 가게 거절하셨다면 제가 그런 반응을 보이지 않았을 겁니다."

그리고 앞으로 제안을 할 때는 더욱더 신중을 기한다.

상황 5 원하는 만큼의 임금 인상을 하지 못했다

1년 내내 힘들게 일했는데 그 결실을 월급 봉투에서 전혀 느끼지 못했다고 가정해보자.

부적절한 태도 회사의 물건을 마구 낭비하고, 개인적인 전화를 자주 하고, 퇴근 시간이 되면 단 1초도 지체하지 않고 집으로 가버린다. 그런 식으로 반응을 보이면 큰 낭패를 볼 수 있다. 시위를 조금만 더 당긴다면 머지않아 경고를 받고, 당신은 결국 퇴출당할 것이다.

성공적인 태도 최대한 마음을 진정하고 사장을 찾아가 그 이유를 물어본다. 그리고 일이 잘 된다면 당신이 재정적으로 몫을 할당받을 수 있는 매출 증대나 절약의 방법을 제시하라. 반드시 염두에 두어야 할 것을 사장의 입장을 이해한 상태에서 문제 해결 방안을 내놓아야 한다는 것이다. 그리고 잊지 말아야 할 것은 몇 가지 훌륭한 일을 했다고 금방 월급이 인상되는 회사는 어디에도 없다는 것이다. 일이 잘 되면 기껏해야 보너스를 받을 수 있을 뿐이다. 월급 인상은 앞으로 회사에 이익을 안겨줄 수 있는 방안을 제시함으로써 가능하다. 그러므로 지난 과거에 한 일에 대한 고마움의 표현보다는 미래에 승부를 걸고 행동하라.

상황 6 새로운 상관이 생기다

새로 임명된 상관과 궁합이 맞지 않아 당신은 머지않아 쫓겨나지 않을까 걱정한다.

부적절한 태도 당신이 먼저 알고 있는 지식을 혼자만 독차지하고, 퉁명스럽게 대하며, 협조하지 않는다.

성공적인 태도 옛날 상관과 현재 모시게 된 상관이 다르다면, 새로 임명된 상관이 당신을 부를 때까지 기다리지 말고, 적극적으로 자신을 소개하라. 당신이 맡고 있는 업무를 소개하고, 그의 계획에 관심을 나타내라. 친근감이 가는 방법으로 당신이 꼭 필요한 사람임을 인식하게 하라. 그러나 새로 온 상관이 자기가 잘 알고 있고 아끼는 사람들을 데려와 당신의 일자리를 빼앗으려고 하면, 직장 내부나 외부에서 다른 일자리를 얼른 찾아보아야 한다. 새로운 직장은 당신이 일하는 분야에서 찾으면 가장 쉽게 찾을 수 있다.

상황 7 회사에서 당신에게 쓸모 없는 일을 맡긴다

어느 회사에든 생색나는 멋진 일이 있는가 하면 다른 사람들의 비웃음을 받기 쉬운 무료한 일이 있다. 당신에게 그런 일이 맡겨졌다고 상상해보자.

부적절한 태도 그 일을 자꾸만 뒤로 미루거나 오랫동안 방치한다.

성공적인 태도 당신이 그 일을 하는 것이 당신 자신을 위해서가 아니라 회사를 위해 좋지 않다는 것을 차분히 설명한다. 그렇게 하면 설령 그 일을 안 맡을 수 없다고 하더라도 당신은 긍정적인 평가를 받을 수 있다. 훌륭한 경영인이라면 회사에 대한 안 좋은 이야기도 잘 들어줄 것이다. 시간이 지나면 사장은 진실만을 말하는 직원에게 신뢰감을 가질 것이고, 만약 그렇지 않다면 그 사장은 별로 좋은 사람이 아니다.

같은 목표를 가진 사람들과 모임을 만들어라

서로의 성공에 도움을 주고 싶어하는 둘 혹은 서너 명의 절친한 친구들과 두 달마다 모임을 갖자. 만날 때마다 점심 식사를 하거나 저녁을 같이 먹는 것으로 시간을 정해두자. 다음번 모임 때까지 각자 직장에서 자신들이 달성하고 싶은 것에 대해 말하기로 한다. 목표나 목표에 대한 점검 없이는 아무도 성공할 수 없다. 고위 경영인들은 그런 친목 모임을 당연하게 여긴다.

날마다 미래를 위해 시간을 투자하라

미국의 저명한 베스트셀러 작가이자 상담 전문가인 리처드 칼슨은 상담을 통해 재미있는 사실을 발견했다. 날마다 한 시간씩 시간을 내서 어떻게 하면 돈을 많이 벌 것인가에 대해 고민한 사람은 2년이 지나면 정말로 경제 사정이 훨씬 나아져 있다는 것이다.

물론 그렇게 되기 위해서는 날마다 한 시간 동안 다른 일에는 전혀 신경 쓰지 않고 철저하게 그것에만 매달려 있어야 된다. 대부분의 사람들은 한번 마음먹었던 것을 시간이 지날수록 조금씩 흐지부지하게 생각해버리기 때문에 꿈을 이루지 못하곤 한다. 이제, 당신의 능력을 날마다 한 시간씩 수시로 점검하자. 난 무엇을 좋아하나? 내가 잘하는 것은 무엇인가? 어떤 능력을 더 키우고 싶은가? 그렇게 하다 보면 공부를 더 해야겠다는 생각을 할 수도 있고, 직장을 바꾸거나 새로운 직업에 도전하거나, 부업 혹은 사업을 해야겠다는 생각을 갖게 된다.

자신의 미래를 위해 투자한 시간에 관련 잡지나 책을 찾아보고, 다른 회사를 가보기도 하고, 친구나 동료들과 전화를 하고, 구인 광고를 눈여겨보고, 소문에 귀를 기울이고, 비디오나 테이프를 통한 원격 강의에 참여하자. 혹은 한 시간 동안 산책을 하면서 미래의 모습을 마음속으로 그려보자.

중요한 것은 미래를 생각하는 시간에 다른 것을 생각하지 말아야 한다는 것이다. 실패했던 지난 과거를 떠올리거나, 현재의 어려움을 떠올리지 말자. 아직까지 당신이 갖지 못했고, 가질 수 없는 것에 대해서만 생각을 집중하라. 만약 당신이 실직자라면 취직한 모습을 상상하고, 빚이 있다면 빚을 다 갚은 모습을, 비교적 적은 월급을 받는 월급쟁이라면 고소득을 올리는 당신의 모습을 상상하자.

한 시간의 투자에 대해 설명하면 많은 사람들이 웃어넘길지도 모른다. 자신의 모습을 다른 사람으로 그리는 것이 쉽지 않기 때문이다. 그러나 우리는 모두 현재의 주어진 조건을 뛰어넘을 수 있다는 믿음을 갖고 살아간다. 글자를 배울 때도 마찬가지였다. 여섯 살 때 당신은 삐뚤빼뚤 쓰는 형편없는 글자가 언젠가는 멋있는 글씨체로 바뀌리라는 것을 믿었을 것이다. 악기를 배우거나, 수영 혹은 스키를 배울 때도 마찬가지다.

자신의 회사를 차릴 준비

많은 사람들은 단순하고 행복하게 사는 꿈을 남의 밑에서 일하지 않고 독립하는 것과 관련지어 생각한다. 날마다 다른 사람의 눈치를 보며 살아가는 생활을 청산하고 싶은 것이다. 능력도 없는 상관에게 무시당하지 않고, 수입을 자기 혼자 고스란히 갖고 싶은 것이다. 하지만 많은 사람들은 혼자 독립할 용기가 없기 때문에 그것을 단지 꿈으로 여긴다. 그러나 그것은 사실 생각보다 훨씬 더 쉽다.

아직은 독립을 먼 훗날의 일이라고 생각하더라도 지금부터 독립할 준비를 해보기로 하자. 월급쟁이를 하면서도 마음속으로는 직접 사업을 하는 것처럼 생각해야 한다. 그렇게 되면 당연히 이익 창출을 중심으로 생각하게 될 것이다. 앞으로는 모든 회사의 종업원들이 이익을 창출해내는 최소한의 단위와 공동 경영인으로서 활동해야 한다. 그것과 관련된 '단순하게 살기 위한 방법'을 소개해보고자 한다.

항상 준비하라 어느 날 갑자기 사장이 될 필요는 없다. 직장을 다니면서도 부업을 시작해 본다. 자신의 능력과 시장을 점검해보는 것이다. 취미 생활을 거의 프로에 가깝게 해보라. 당신은 어떤 일을 제일 좋아하는가? 무엇을 하면 당신 가슴이 고동을 치는가? 바로 그 일을 시작하는 것이 제일 좋다. 처음에는 돈을 쉽게 벌 수 있는 방법을 생각하지 마라. 그렇게 되면 금방 중심을 잃게 되어 자신의 성취가 아니라 돈만 생각하며 일하게 된다.

전문가를 찾아가라 값비싼 컨설턴트를 찾아갈 필요는 없다. 처음에는 세무사만 찾아가는 것만으로도 충분하다. 그 사람을 통해 세무 신고하는 요령과 부가세에 대해 배워두면 훗날 도움이 될 것이다. 일단 조금씩 지식을 축적해 나가면 모든 것이 생각보다 덜 복잡하다는 것을 알게 될 것이다. 독립하는 데 가장 결정적인 도움은 당신이 존경하고, 마음을 터놓고 이야기할 수 있는 다른 사업주로부터 받을 수 있다. 현장감 넘치는 실제 모습을 보지 않고는 새로운 세계에 발판을 마련하기가 어려울 것이다.

목표를 높게 설정하라 동기 부여 전문가들은 너무 높은 목표는 존재할 수 없고, 다만 목표 달성을 위해 노력하는 시간이 너무 짧은 경우는 있다고 강조한

다. 대부분의 사람들은 당신이 두 달 안에 해낼 수 있는 일에 대해서는 과대평가하지만, 2년 안에 해낼 수 있는 일에 대해서는 과소평가한다. 목표를 어중간하게 잡는 일은 절대로 하지 마라. 여러 사람 중에 한 사람이 되지 말고, 뚜렷하게 부각되는 최고가 되라.

내가 소망하는 것들

결과를 판매하지 마라 결과보다는 해결책을 판매하라. 사업에서 가장 중요한 것은 다른 사람에게 이익을 주는 것이다. 훌륭한 자동차 판매원은 자동차만 파는 것이 아니라 삶의 기쁨을 선사한다. 컴퓨터 가게 주인은 컴퓨터만 파는 게 아니라 고객이 일을 수월하게 할 수 있도록 도와준다. 앞으로 당신이 펼칠 사업의 목적을 고객에 초점을 두어 설정하라. 이익의 극대화가 아니라 고객에게 손에 잡히는 이익을 주는 것을 목표로 삼아야 한다. 그렇게 해야만 원하는 소득을 얻을 수 있다.

나
자신

자신의 이름을 귀하게 다루어라 시작할 사업체의 이름은 상상력을 총동원해 새로운 이름을 짓기보다는 자신의 이름을 이용하는 게 좋다. 그렇게 하면 당신이 어디를 가든, 또 당신의 이름이 거론될 때마다 당신 회사의 광고가 될 수 있다. 당신의 회사에 당신 혼자만 일하고 있더라도 마찬가지다. 고객의 입장에서는 당신의 이름을 걸고 하는 것보다 더 깊은 신뢰를 주는 것은 없다.

경쟁업체에 대해 나쁜 말을 하지 마라 자신만의 서비스로 손님에게 확신을 심어주자. 경쟁자의 장점은 배우고, 그들의 실수는 따라하지 마라. 경쟁자 때문에 절대로 위축되지 마라. 모든 사업주가 고객을 충분히 확보할 만큼 세상에는 사람이 많다. 경쟁자의 약점을 이용한 광고는 절대 해서는 안 된다. 그러나 당신의 서비스를 독보적인 것으로 느껴지게 하여 고객이 다른 업체와 비교하고 싶은 생각이 전혀 나지 않게 해야 한다.

낮은 가격이 아닌 적당한 가격을 요구하라 개업 특별가나 덤핑 가격으로 가격을 낮추지 마라. 작지만 고급스럽게 시작해야 한다. 경쟁업체보다 더 높은 가격으로 시작하고, 그 차이를 확실하게 부각시켜라. 오직 질을 통해 승부가 나는 고급 시장을 겨냥하라. 당신의 일이 뛰어나다면 가격에 대한 논쟁은 일어나지 않을 것이다.

자신의 가치는 자신에게 달려 있다 스스로가 자신을 어떻게 생각하고 있는가에 따라 자신의 가치는 결정된다. 과대 포장을 하지는 않더라도 자신에 대해 늘 긍정적으로 말하라. 광고 문구도 직접 작성하라. '세상에서 가장 친절한 사무기기 전문점', '동일 가격대에 최고의 서비스를 받을 수 있는 곳'과 같이 자신과 자신이 하는 일을 주저없이 최고로 표현하라.

인내하고 끝까지 참아라 실패를 두려워하지 말라. 오히려 그 반대로 해야 한다. 성공한 사람들은 실패를 통해 자신의 장점을 발견하고 그것을 발전시켰다. 월트 디즈니는 300개의 은행으로부터 거부당한 아픈 경험이 있지만, 303번째 은행을 만나 디즈니랜드의 꿈을 실현시킬 수 있었다. 윈스턴 처칠은 죽는 순간 이렇게 유언을 남겼다. "절대, 절대, 절대, 절대로 포기하지 마라!"

알뜰하게 살아라 돈을 지혜롭게 지출하는 것으로 실질 소득을 높여라. 화려한 사무기기들은 죽은 자산이다. 그 돈을 펀드에 투자하거나 저축해놓았다면 수십 년 후에는 많은 수익을 남길 수 있다.

사랑과 열정을 경영 철학으로 삼아라   하기 싫은 일을 단지 돈을 벌기 위해서 하는 짓은 절대로 하지 마라. 자신의 일에 대한 사랑이 식으면 일을 당장 그만두어라. 새 직장 때문에 사랑하는 사람의 애정을 잃는다면 그것 역시 그만두는 게 좋다. '사랑하든지 아니면 떠나라'는 말은 미국 사람들이 흔히 하는 말이다. 더 이상 사랑하지 않는다면 그만 떠나라는 말이다.

단순하게 살기 위한 제9제안   부에 대한 나만의 기준을 정하라

쌓였던 많은 부채의 상당 부분을 이미 갚아서 돈이 더 이상 당신의 주요 관심사가 되지 않는다면, 그때부터는 모든 것이 그 상태를 유지하도록 신경을 써야 한다.

부유함이 돈과 상관이 있다는 생각을 지워버려라. 숫자나 다른 사람과의 비교를 통해 가난함과 부유함을 결정하는 것은 잘못된 생각이다. 아무리 가난한 사람이라도 자기보다 더 가난한 사람을 만날 수 있다. 아무리 돈이 많은 사람도 자기보다 돈이 더 많은 사람을 알고 있다. 그리고 돈이 적다고 해서 반드시 가난한 사람이 되는 것은 아니다. 부와 가난은 의식의 문제다. 자신의 부를 의식하고 있는 사람은 언젠가는 물질적인 재산도 축적하게 된다. 그렇게 되기 위해서는 비교적 적은 돈과 재산을 갖고 있다 하더라도 스스로 부자라고 생각해야 된다.

이 책을 읽고 있는 지금 이 순간부터 당신은 부자가 될 수 있다. 스스로에게 '나는 부자다'라고 말함으로써 그렇게 되는 것이다. 지금 그렇게 말할 수 없다면 그 사이에 돈을 벌었든, 잃었든 상관없이 10년이 지나도 그 말을 할 수 없다. 많은 사람들에게 이 말은 큰 위안이 될 것이다. 그동안 열심히 찾아 다니던 일을 이제 그만두어도 되니까 말이다.

다음에 소개할 조언들을 통해 당신은 물질적인 재산을 점검하고, 부에 대한 새로운 인식을 갖게 될 것이다.

금전 출납부를 기록하라

개인적인 회계 장부가 될 정도로 상세하게 기록할 필요는 없다. 목록을 어떤 식으로 만드는지 따위는 전혀 중요하지 않다. 중요한 것은 지출에 대한 기록을 남겨둠으로써 지출의 윤곽을 잡을 수 있다는 것이다. 그렇게 하면 충동 구매 같은 것은 하지 않게 된다. '내일 금전 출납부를 보면 오늘 이렇게 돈을 쓴 것을 후회하게 되겠지'라는 생각이 무의식 속에 잠재해 있기 때문이다. 재산  은 축적하되 지출은 검소하게 하라. 부에 대한 당신의 의식이 맹목적인 지출로 이어지게 해서는 안 된다.

카드의 유혹에 빠지지 말라

가능하면 현금으로 지불하라. 카드로 지불하고 싶은 유혹을 많이 받겠지만 그렇게 지불하면 돈을 얼마나 썼는지에 대한 감각을 잃는다. 큰 액수를 직접 갖고 다니고 싶지 않을 때만 신용카드를 사용해라. 카드로 돈을 낼 때도 카드가 현금으로 변해 머릿속으로 돈을 한 장씩 세는 상상을 하며 값을 지불하라.

일정한 액수를 기부하라

돈의 심리학적 역설은 돈을 꼭 필요로 하는 사람에게 주고 나면 부자가 된 듯한 기분이 든다는 것이다. 기부는 실제로 지출을 줄이는 효과를 준다. 당신의 무의식 세계가 당신에게 기부하고 난 후에 돈을 절약해서 쓰라고 요구하기 때문이다. 많은 사람들은 돈을 한푼도 기부하지 않고, 값비싼 옷을 산다거나 화려한 휴가를 가는 등 자기 자신만을 위해 돈을 썼을 때 자신을 부자로 느낄 거라고 생각한다. 그러나 우리의 무의식은 그렇게 이기주의적인 우리 자신에게 벌을 내리고, 언젠가는 수입에 차질이 생기게 한다.

기관에만 기부하지 말고, 구체적인 사람을 정해서 기부하는 게 좋다. 다른 사람이 성공할 수 있도록 도와주는 것이다. 그것만큼 당신 자신에게 성공을 위한 동기 부여를 해주는 일도 없다. 속담에도 남을 가르쳐주는 것이 최고의 학습 방법이라는 말이 있다.

재산을 만들고 싶은 사람은 재산의 씨를 뿌려야 한다는 명언을 명심하자. 많은 사람들은 어떻게 해야 그렇게 하는 건지 잘 이해하지 못한다. 그러나 진정한 가치에 대한 판단이 결여되면 우리는 빈곤의 씨를 뿌리게 된다. 특히 팁을 줄 때 그것을 잘 느낄 수 있다. 호텔을 떠나기 전 방을 치우는 종업원을 위해 팁으로 20달러를 놓아두고, 그 대신 바에서 음료수를 마시거나 장시간 핸드폰 사용하는 것을 자제해보자. 값을 정할 수 없는 흐뭇한 마음으로 호텔을 나서면서 진짜 부자가 된 듯한 느낌을 받게 될 것이다.

유산은 선물로 생각하라

상속처럼 가족 간에 분쟁을 유발시키는 것도 드물다. 유산 증여자가 아직 생존해 있는데도 불구하고 상속을 가지고 서로 싸우는 경우도 허다하다. 그동안 부모를 모신 것이 유산을 더 많이 받기 위해서였냐고 다른 형제들이 야유를 퍼붓기도 한다.

독일의 심리 치료사 야콥 슈나이더는 이렇게 조언했다.

"자신이 일을 해서 쟁취하지 않은 동산이나 부동산은 원칙적으로 선물이라고 생각하라."

그래야만 상속 문제로 다툼이 있을 때 당신의 몫을 사심 없이 포기할 수 있다. 욕심 많은 다른 상속인이 당신 몫의 상속분에 눈독을 들이는 경우는 많지 않으므로 서로 합의해서 양보안을 만들어내는 것이 좋다. 싸움이 일어나면 일부분을 포기하라. 그렇게 하면 평화가 다시 찾아온다. 그러나 지나치게 모든 것을 포기해서 다른 사람의 눈에 잘난 척 하는 것으로 보이게 된다면 당신 몫을 가져간 사람과의 관계가 아주 껄끄럽게 되고, 그 후유증은 오래 지속될 것이다.

돈 지급은 항상 제때에 정당하게 하라

많은 종업원들이 하청업자는 최대한 억압하면서 고객의 돈을 최대한 빼내는 것이 경영자의 입장에서 일하는 것이라고 생각한다. 그러나 장기적인 안목에서 보면 사소한 이익이 아니라 인간관계를 잘 다루는 것이 당신과 당신 회사에 더 큰 도움이 될 수 있다. 돈 문제에 있어서 공평하게 행동함으로써 친구를 만들어라. 아주 작은 선심이 기술자나 하청업자와의 관계에서 기적을 만들어 낼 수 있다.

청구한 금액을 지불하지 않거나 오랜 시간이 지난 후에 내는 것은 가난의 씨앗을 뿌리는 행위다. 정당하게 지불해야 할 것을 제때에 주지 않으면 당신 도 받아야 할 돈을 제대로 받지 못하게 된다. 청구서를 제때에 지불하지 않는 사람은 평소 업신여기는 돈 때문에 체면을 지키지 못하는 꼴이다. 그런 사람 은 대개 독촉장을 세 번 받을 때까지 돈을 움 켜쥐고 있다. 편집증적인 집착을 가진 사람은 결코 부자가 되지 못한다. 미국에서 조사한 결 과에 따르면, 청구금을 즉시 결재하는 회사는 세상 물정을 모르는 어리석은 회사가 아니라 멋있고 성공적인 회사로 평가받았다.

지불 능력도 없으면서 물건을 산 사람 역시 가난의 씨를 뿌리는 사람이다. 그것은 주어야 할 돈을 주지 못함으로써, 믿고 물건을 준 사람을 모욕하는 것 이다.

다른 사람이 잘 되도록 기원하라

다른 사람에게 당신이 갖고 있던 물건을 기꺼이 내주어라. 그리고 그것으로 성공하기 바란다고 말해주자. 다른 사람에게 행복과 건강을 빌어주자. 특히 당신보다 많은 것을 갖고 있는 사람에게 그렇게 하자. 거지에게 부자가 되기 를 바란다고 말하는 것은 별로 어려운 일이 아니다. 그러나 회사의 사장이나 수억의 재산을 갖고 있는 사람에게 더 부자가 되기를 바란다고 말하는 것은 그리 쉬운 일이 아닐 것이다.

집중적으로 관심을 가지면 성장하기 마련이다. 한 나라의 정부가 부족한 것에 대해 관심을 집중하고 긴축 정책을 포기하면, 실업자와 가난한 사람들에게 힘이 될 수 있다. 회사가 지출을 줄이는 데 집중하면 고객들에게 매력적이고 미래 지향적으로 보이기는 어렵다. 가치 창조와 재산 증식에 관심을 집중하면 재산을 증식할 수 있다.

돈에 대해 좋게 생각하라

아직 빚이 남아 있거나 다음 달 생활비를 어떻게 조달해야 할지 막막한 처지라도 재산 증식이나 돈에 대한 편견을 갖지 말자. 많은 돈을 갖고 있는 사람들을 증오나 부러운 눈빛으로 쳐다보지 말라. 당신이 생각하는 것이 곧 현실이 되기 때문이다. 재산 증식과 돈을 증오하면 재산과 돈이 당신에게 가까이 오려고 하지 않는다. 돈을 증오하는 사람은 자기 자신과 자신의 노동력에 대해서도 나쁘게 생각한다. 그런 사람은 무엇을 할 엄두를 내지 못하고 돈도 벌지 못한다. 결국 악순환이 지속되는 것이다.

당신의 일은 당신이 그것에 대해 어떻게 생각하느냐에 따라 결과가 명확해진다. 당신의 고객은 당신이 그들에 대해 어떻게 생각하느냐에 따라 결정된다. 당신의 경제 사정도 당신이 그것에 대해 어떻게 생각하느냐에 따라 정해진다.

세상에는 모든 것이 충만하다는 것을 깨닫자

자연의 근본 원칙은 충만함이다. 단 하나의 정자만 선택되지만 정자 자체는 수억 개가 생산된다. 우주는 크기를 가늠할 수 없을 만큼 크고, 믿지 못할 만큼 오래전부터 존재해 왔다. 모든 사람이 충분히 쓸 수 있을 만큼 모든 것이 충분하다는 사실을 믿어라. 물론 누구나 다 억만장자가 될 수는 없다. 그러나 부자를 보면 그가 당신에게서 무엇을 빼앗아갔다고 생각하지 말고, 그를 당신의 잠재 고객이나 후원자로 생각하라. 그리고 충만하게 넘치는 창조물 속에서 당신이 당당하게 일부분을 차지할 수 있다고 생각하라.

자신을 인생의 주인으로 생각하자

가끔 사람들이 당신을 외면하고, 삶이 생각대로 되지 않는다고 느껴질 때가 있다. 그러나 그렇다고 좌절할 필요는 없다. 삶은 그저 살아가는 것이다. 삶이 당신을 외면하는 것처럼 보이는 유일한 이유는 삶에 대한 당신의 생각이 그렇기 때문이다. 그런 생각은 당신이 생각하는 것보다 현실을 더 많이 왜곡시킨다. 쫓기고 있다는 강박 관념에 사로잡힌 사람은 사실을 제대로 보지 못하는 특성이 있다. 그들은 아무리 여러 요인들이 그렇지 않다는 것을 보여주어도 마음속으로 그렇다는 확신을 갖는다. 경제 형편도 마찬가지다. 돈이 다른 사람에게는 잘 가는 것 같은데 자기한테는 오지 않는 것처럼 보이는 것이다. 당신이 그렇게 확신하는 순간부터 그것은 실제로 당신을 더 이상 찾아오지 않는다. 무의식이 당신으로 하여금 직장 생활에서 경력을 쌓지 못하게 하고, 돈을 잘못 투자하게 한다.

자신을 희생자가 아닌 인생의 주인으로 생각하라. 그리고 돈 문제에 대해 늘 당당하게 말하는 배우 마에 베스트처럼 유머를 잃지 말자.

"난 부자도 되어봤고, 가난뱅이도 되어봤어요. 그런데 부자가 더 낫더라고요. 정말이에요."

이렇게 저축하라

한번 이런 상상을 해보자. 재산에서 나오는 이자만 갖고 살고, 재미삼아 할 수 있는 일만 슬슬 골라서 하면 사는 게 얼마나 단순할까? 돈에 대한 걱정은 하나도 하지 않고 다른 사람을 위해 모든 것을 투자할 수 있다면 얼마나 좋을까?

월초에 일정 금액을 저금하라 이 조언은 금융 전문가 보도 쉐퍼의 기초 이론이다. 그는 '저축'을 '자기 자신에게 돈을 내는 것'이라고 표현했다. 매월 초에 일정 금액을 저금하자. 그래야만 돈을 다른 용도로 쓰지 않는다. 월말에 남은 것으로 저금하려는 사람의 통장은 대개 텅 비어 있다.

이자의 이자 효과를 이용하라 현명하게 투자하면 통장에 들어 있는 돈이 이자의 이자로 마술을 부린다. 매달 500달러를 12퍼센트의 수익을 내는 펀드에 투자하면 21년 후에는 50만 달러를 갖게 된다. 그 사이에 투자금에 손을 대지 말아야 하지만 일단 그렇게 저금하면 매월 5,000달러의 수입이 보장되는 셈이다. 계산이 좀 무리가 있어 보이지만 몇 년 전에는 그 액수보다 훨씬 더 많았었다. 미래의 세계 경제에 위기가 닥친다고 하더라도 주식을 통해 재산을 증식하는 것은 얼마든지 가능하다. 미국에서는 거의 모든 노후 보장이 그것을 통해 이루어진다. 결국 예전처럼 엄청나게 많은 돈이 시장에 쏟아져 들어와 유통될 것이다.

당신의 삶의 피라미드에서 돈의 단계를 정리 정돈하게 되면 작은 기적이 일어난다. 이미 강조했듯이 돈은 단순한 지불 수단 이상의 것이다. 돈과 당신의 관계는 당신 인격의 중요한 부분을 차지하고, 돈은 단순하고 행복한 삶으로 이어주는 중요한 요소다. 이제 우리는 당신이 하루하루 보내고 있는 시간에 대해 다룰 것이다.

단순하게 살기 위한 제10제안
같은 일을 두 번 하지 마라
단순하게 살기 위한 제11제안
삶을 완벽하게 만들지 마라
단순하게 살기 위한 제12제안
자주 "아니오!"라고 말함으로써
부담에서 벗어나자
단순하게 살기 위한 제13제안
속도를 높여라
단순하게 살기 위한 제14제안
가끔 잠적하라

삶의 피라미드 제3단계

시간을 단순화시켜라

시간을 능동적으로 다루는 법을 배워라

누구에게나 하루 24시간이 주어진다. 그런데 왜 어떤 사람은 시간이 없다고 하고, 어떤 사람은 시간이 남아돈다며 지루해하는가? 시간이 없다고 하는 사람은 시간을 다루지 못한 게 아니라 할 일을 제대로 다루지 못한 사람이다. 24시간 안에 처리해야 할 일 중에는 쓸모없고 중요하지 않은 일들이 너무나 많다. 단순하게 하라는 말의 의미는 '시간을 절약해라'는 말이 아니라 '할 일을 줄여라'는 말이다. 시간을 관리하는 것이 아니라 자기 자신을 관리해야 하는 것이다.

그것이 삶의 피라미드 가운데 세 번째 단계에 숨어 있는 비밀이다. 불필요한 일들은 하지 말고, 당신이 하는 많은 일들을 가장 중요한 것으로 만들어야 되는 것이다. 그렇게 하면 시간을 장악하고 있다는 황홀한 느낌을 갖게 되고, 단순하게 살기 위한 방법의 다음 단계로 올라갈 수 있다.

단순하게 살기 위한 제10제안 | 같은 일을 두 번 하지 마라

성공하고 행복한 사람의 비결은 대부분 한 가지 일에 완전히 매달린다는 데 있다. 머릿속에 아무리 많은 것이 들어 있어도 그들은 해야 할 일들이 서로 방해가 되지 않고 조화를 이룰 수 있게 만드는 기술을 갖고 있다. 그런 조화는

중요한 것을 먼저 함으로써 가능하다.

이론적으로는 쉽다. 그러나 실제로는 그렇게 쉽지만은 않다. 당신도 우선 순위에 따라 순서를 정하려다가 일상의 자질구레한 일들과 미리 예측하지 못한 일들의 출현으로 실패한 경험이 있을 것이다. '단순하게 살기위한 방법'에 따라 자기 관리에 들어가보자.

하루에 딱 한 가지만 1순위에 올려놓아라

직업이나 개인적인 할 일에 분명한 우선 순위를 매겨두자. 가장 중요한 것은 1순위, 두 번째 중요한 것은 2순위, 3순위, 4순위… 뒤로 갈수록 덜 중요한 일이다. 우선 순위는 대개 시한에 따라 결정되는 경우가 많은데, 반드시 그럴 요는 없다. 급히 해야 할 일이 다 중요한 것은 아니다. 1순위에 놓여야 할 것은 많은 사람들의 관심을 받는 일이나 발전 잠재력이 큰 일, 또는 평균 이상의 소득을 보장해주는 일이어야만 한다. '단순하게 살기 위한 방법'에서는 타협이 불가능한 단순함, 절대적인 단순함을 주장한다. 하루에 딱 하나만 1순위에 올려놓아라.

2가지 일을 한꺼번에 해결하려고 하면 에너지가 소진된다. 두 번째 할 일을 머릿속에 그리기만 해도 내면의 힘이 줄어든다. 성공의 비결은 다음 순위에 있는 할 일을 완전히 잊어버리는 것이다. 그렇게 하기 위해 다음의 2가지 방법을 사용해보자.

에너지를 집중할 수 있는 여건을 마련하라 우선 당신이 두 번째와 세 번째 그리고 그이후로 해야 할 일들을 다 해주기를 기다리고 있는 사람들을 만나, 확실한 약속을 하고 일정을 조정한다. 그렇게 해서 제1순위를 할 수 있는 여유 있는 시간을 확보하라. 비현실적인 시한에 동의해서는 절대로 안 된다. 그러면 다시 악순환이 지속되어 "그때 해주신다고 약속하셨잖아요…"라는 전화를 계속 받게 된다.

"네? 4주일 후에나 된다고요? 4일 안에 받아야 되는데요!"

사람들이 그렇게 재촉할 때 침착하라. 절대 위축되지 말고 더 빨리 하는 것이 불가능하다고 진실을 말해야 한다. 그렇게 손님을 잃거나 직장 내에서 직책을 잃지나 않을까 하는 두려움을 가질 필요는 없다.

장기적으로는 자신이 정한 기한을 지키지 못함으로써 생기는 피해가 더 크다. 중요한 것은 머릿속으로 제1순위만 생각하는 것이다. 그렇게 하려면 그것에 에너지를 집중할 수 있는 여건을 마련해주어야 한다.

장애 요인을 적극적으로 차단하라 장애 요인을 차단하고 그날 해야 할 일 제1순위를 시작하라. 그 일을 하는 동안 다른 일들의 방해를 받아서는 안 된다. 우편물을 뜯어보거나, 인터넷 서핑을 하거나, 꽃에 물을 주거나 홈쇼핑으로 물건 주문하기와 같이 시간이 있으면 자주 하는 사소한 일들도 최대한 뒤로 미뤄라.

일단 제1순위의 일을 할 준비를 끝냈다면 처음에는 쉬운 일부터 시작하자. 어떤 일이든 시작이 늘 가장 어렵다. 그때는 자기 자신을 살살 달래며 일을 시작해야 한다. 나중에는 일이 점점 더 쉽게 진행된다. 처음에는 성

난 황소의 뿔을 잡듯 자신과 힘든 한판을 벌여야 한다. 그것이 전력투구하는 방어의 원칙이다.

한 가지 일에 집중하다 보면 예기치 않은 에너지가 솟구치는 것을 느끼게 될 것이다.

놀이동산에서 무거운 돼지 두 마리를 들고 100미터를 뛰어가야 한다고 상상해보자. 돼지 두 마리를 한꺼번에 안고 뛰려면, 자꾸만 한 마리가 빠져나가려고 하기 때문에 엄청난 시간이 걸릴 것이다. 그러나 돼지 한 마리를 안고 뛰어가 목적지에 도착한 다음 다시 달려가 다른 돼지를 안고 뛴다면, 빠른 시간 안에 임무를 달성해 많은 사람들로부터 박수 갈채를 받을 것이다.

성공을 자축하라

한 가지 일을 완전히 끝내고 나면 자축하라! 혼자 하거나 다른 사람과 함께 하자. 춤을 추거나 잔디밭에 눕거나 길거리를 아무 목적 없이 돌아다니며 놀거나 술집을 찾아가 차가운 맥주를 한잔 마시거나 사랑하는 사람과 맛있는 음식을 먹어라. 뭔가 해냈다는 벅찬 느낌을 가슴속으로 느끼며 즐겨야 한다.

그 사이에 아무리 중요하고 급한 일이 밀려들어도 속 시원히 한번 놀아야 한다. 그런 행복의 순간은 어느 누구의 방해도 받아서는 안 된다. 자신의 방해를 받아서도 안 된다. 어떤 일을 하든지 마지막에는 머리에 왕관을 씌워줄 명분이 충분히 있기 때문이다.

그렇게 하지 않는 사람은 자신의 삶을 고단하다고만 생각하고, 자신의 직업을 멍에로 생각한다. '인생의 축제를 즐기라'는 원칙을 스스로 직접 체험해보자.

몸이 더 날씬하고, 예쁘고, 돈이 더 많고, 더 똑똑했다면 더 행복할 텐데…. 많은 사람들을 아프게 하고, 좌절하게 만들고, 불행에 빠지게 하는 꿈이다. 완벽한 삶에 대한 신화는 위험한 착각이다. 그것은 힘을 불어넣어 주기는커녕 오히려 에너지를 빼앗아 간다. 인생에는 실수도 있고, 오점도 있고, 뾰쪽하게 모난 구석도 있어야 한다. 그것을 있는 그대로 수용하는 사람만이 자신의 존재를 받아들이고 힘차고 자신 있게 살아갈 수 있다.

물론 자동차 운전, 도로 횡단, 약물 복용과 같이 한 번의 실수로 인해 치명적인 위험에 빠질 수 있는 일도 있다. 그러나 늘 그런 상황만 맞닥뜨리는 것은 아니다. 그 사이에 작고, 큰 틈이 얼마든지 많이 있다.

뉴멕시코 대학의 조사 결과, 지나친 완벽주의는 사람을 병들게 할 뿐만 아니라 경제적인 손실도 초래하는 것으로 나타났다. 그들은 행복하고, 단순하고, 절약하며 살아가는 사람들이 전혀 대책이 없는 무모함과 완벽주의의 중간을 살아가는 사람들이라고 했다.

이왕이면 지금 당장 하는 것이 좋다

이 규칙은 일상 생활의 모습을 통해 잘 설명될 수 있다. 방에 먼지가 있다고 상상해보자.

반응 사례 1 '집 안에 대청소를 벌여야겠구나' 하고 생각한 다음 그까짓 작은 먼지만 치우는 것은 아무 소용이 없다는 생각이 들어 치우지 않고 그냥 둔다.

반응 사례 2 먼지를 보는 즉시 치운다.

반응 사례 1은 완벽주의다. 물론 그런 결정은 눈에 먼지가 보이면 다른 곳에도 분명 먼지가 쌓여 있다는 뜻이기 때문에 현명한 결정일 수 있다. 그러나 생각처럼 대청소는 금방 할 수 있는 것이 아니기 때문에 결국 작은 일조차 해결하지 못한다.

반응 사례 2는 단순하고 실용적인 해결책이다. 그런 행동에는 2가지 장점이 있다. 눈에 보이는 문제가 즉시 해결되고, 완벽하게 대청소를 해야겠다는 생각에 방해가 되지 않는다는 점이다.

스위스의 비즈니스 컨설턴트 새뮤얼 브루너는 '총체적인 질'에 역점을 두는 균형 잡힌 경영에 있어서 '가능한 만큼'이라는 말을 강조했다. 완벽주의를 벗어나려면 틈을 내보이는 용기와 즉흥적인 순발력의 발휘가 요구된다.

실수하는 사람이 최후의 승리자가 된다

많은 사람들의 마음속에 깊이 각인되어 있는 근본적인 사고의 배경에는 "모든 것을 완벽하게 해내지 못하면 난 실패자다"라는 생각이 숨어 있다. 그러나 인간이 이루어놓은 훌륭한 발명품은 실수의 결과이고, 실수를 해도 포기하지 않는 발명가의 꿋꿋한 의지에서 비롯되었다. 실수는 다음번에 잘할 수 있는 기회를 제공한다. 실수는 배우는 과정인 것이다.

실수와 친숙해지자. 사람들을 유심히 관찰하면 실수가 사람을 흥미롭게 만드는 경우가 많다. 스스로에게 이렇게 말하자. "내 실수가 나를 독특하고, 소중하게 만든다", "난 내가 저지르는 실수를 사랑해"라고.

당신이 실수를 해도 당신과 잘 지내는 다른 사람들에게 고마운 마음을 갖고 살자. 불완전한 자신을 받아들이는 것이다. 다음에 소개될 방법들은 지나친 완벽주의를 깨뜨리는 데 도움을 줄 것이다.

14가지 잘한 일 목록 자신이 아무 쓸모없는 인간이라는 생각이 들면, 하루 동안 자신이 한 일들 가운데 잘한 일 14가지를 목록으로 만들어라. 맛있는 차를 만들었고, 넘어지지 않고 층계를 내려갔고, 사고 없이 차를 운전했고, 컴퓨터를 잘 다뤘고 등등.

슬라이드 낮에 한 일 중에 일을 잘했을 때의 모습을 머릿속에 사진으로 찍어 담아두자. 그리고 저녁때 침대에 누워 그 그림들을 하나씩 살펴보자.

잘못한 일 소문내기 자신의 실수를 재미있게 생각하고 다른 사람들에게 들려주자. 이야기를 할 때는 가능하면 꾸며서 재미있게 한다. 사람들은 다른 사람의 실수담을 무척 좋아한다. 오늘의 실수가 내일의 일화가 되게 해보라. 그렇게 한다고 당신의 체면이 깎이는 것도 아니고, 오히려 당신을 사랑스럽게 보는 사람들이 더 많아질 것이다.

완벽하지 못한 채 여유 부리는 날을 정하자 불완전의 순간을 즐기거나 완전히 불완전한 상태로 하루를 보내보자. 서로 어울리지 않는 옷을 입고, 다림질이 안 된 옷을 입은 채 사무실에 나가고, 도움을 요청하고, 사람들이 물어보면 모르겠다는 대답을 자주하자. 전화번호를 잘못 누르고 미안하다는 말도 해보자.

그렇게 일부러 작정하고 하루를 보내면 하루하루가 전진이어야 한다는 무의식의 세계에 긴장을 풀어줄 수 있다. 꼭 그렇게 살아야만 하는 것은 아니라는 것을 알려주는 것이다. 일상을 지극히 정상적으로 살아가면서 평온하게 뛰는 심장의 고동 소리에 친숙해져라.

완벽주의는 성취될 수 없다

"완벽주의는 성취될 수 있다."

이 광고 문구를 통해 현대 공업 사회의 신화가 우리 무의식 세계에 깊게 뿌리를 내렸다. 완벽한 집, 완벽한 몸매, 완전한 노후연금 등등.

그러나 실제로 완벽한 것은 거의 없으며, 대개는 우연히 이뤄지는 경우가 많다. 완벽한 시스템을 갖췄다는 우주선도 결코 완벽하지 않다. 모든 시스템이 중복되어 여러 개 설치되어 있기 때문에 완벽해 보일 뿐이다. 우주선을 만든 사람은 모든 기능의 불완전성을 염두에 두고 그것을 만들었다.

자동차 회사 관계자들의 말에 따르면, 종종 사람들은 새 차를 살 때 아주 작은 흠집만 있어도 일부 혹은 자동차 전체를 바꾸고 싶어한다고 한다. 많은 사람들이 그런 과대 포장된 완벽주의를 당연한 것으로 받아들이기 때문이다. 그들은 마음속에 냉정한 심판관을 지니고 있다. 그것은 실수를 하면 큰 소리를 낸다. "더 잘 하지 그랬어", "더 잘 할 수 있을 텐데", "창피해!" 하고 말이다.

완벽하려고 하지 말고, 만족하려고 노력하라. 긴장이 풀어진 상태로 자신을 놓아주자. 당신 내면에서 큰소리를 내는 심판관의 목소리를 낮추자. 그리고 내면에 대고 이렇게 말해보자.

"지금 듣고 있으니까, 나한테 그렇게 소리 지를 필요 없어."

내면의 심판관을 살아 있는 사람이라고 상상해보자. 그리고 그런 그를 상자 속에 집어넣던가 상상 속의 후미진 구석 자리로 보내버리자. 내면의 심판관을 완전히 죽이거나 침묵하게 만들 수는 없지만, 그가 당신 인생의 주인은 아니라는 것을 그에게 보여주어야 한다.

당신은 당신이 해놓은 일보다 더 높은 가치를 지닌다

"당신이 이루어놓은 것이 곧 당신이다"라는 말은 성공을 원하는 사람들을 훈련시키는 사람들이 흔히 하는 말이다. 아주 위험스러운 말이지만, 어느 정도는 진실이다. 물론 능동적인 사람은 수동적으로 살아가는 사람보다 개인적으로나 사회적으로 더 높은 위치에 도달한다.

그러나 자신의 행동에 대해서만 평가를 내리는 사람은 자기 자신과 다른 사람에게 자신의 개성을 즐길 시간적 여유를 주지 않

는다. '단순하게 살기 위한 방법'을 쫓아가는 길에는 언제나 이런 문구가 걸려 있다.

"당신은 당신이 해놓은 일보다 더 높은 가치를 지닌다."

일이 모든 것을 채우게 되면 삶의 균형이 깨진다. 다음에 소개하는 자가 점검 테스트를 통해 당신도 삶의 균형을 잃은 채 살아가고 있는 것은 아닌지 점검해보자. 삶의 모든 중요한 분야에 적당하게 자신을 몰두할 수 있어야만 진정으로 만족스러운 삶을 살아갈 수 있다.

당신에게 해당되는 것에 체크하라.

□ 항상 바쁘다.

□ 보통 사람들이 하는 것보다 일을 훨씬 많이 한다.

□ 지루함을 모른다.

□ 지치면 기분이 좋아진다.

□ 스케줄이 빡빡해서 어떤 일이 잘못되면 안 된다.

□ 목, 어깨, 등에 종종 통증을 느낀다.

□ 일을 빨리 처리하는 신속성 때문에 스스로 놀랄 때가 있다.

□ 경제적으로 괜찮은 정도가 아니라 완전히 탄탄해야 마음이 놓인다.

위의 테스트에서 한 가지 문항 이상에 해당된다면, 당신은 지금 더 높이 오르고, 돈을 더 많이 벌려고 이를 악물고 투쟁하고 있는 것이다.

일과 성취감을 위해 쏟는 당신의 기쁨과 열정처럼 당신의 신체, 다른 사람과의 인간관계 그리고 삶의 의미를 찾으려는 노력을 당신 삶의 모습에 포함시켜라. 자신이 정한 엄격한 규칙을 가끔 어겨보자. 무아지경에 빠질 만한 일을 찾아라. 돈도 성공도 아닌 그냥 즐거움을 주는 일을 일부러 시간을 내서 찾아야 한다. 가족과 친구와 당신의 몸이 당신에게 하는 말에 귀를 기울이고, 그들이 원하는 것을 이루어주자.

당신이 짊어지는 부담의 한계를 낮추어라

"난 얼마든지 해낼 자신이 있어."

직업 세계에서는 이 말이 긍정적인 의미를 갖는다. 극심한 부담을 참아내고, 스트레스를 받아도 침착하게 참아내는 사람은 타의 모범이 된다. 스트레스에 관한 대부분의 책과 세미나에서는 더 많은 부담을 참고 이겨내는 방법을 제시한다. 하지만 '단순하게 살기 위한 제안'은 오히려 그 반대로 주장한다. 즉, 더 약해지라고 말하는 것이다.

물리학과 마찬가지로 심리학에도 자연의 법칙이 있다. 당신이 해소한 스트레스의 높이는 당신이 어느 정도까지 참고 인내할 수 있는지를 말해준다. 인내심이 많고, 얼마든지 더 많은 일을 할 수 있다고 공공연히 말하는 사람에게는 그가 완전히 망가질 때까지 점점 더 많은 일들이 주어진다.

당신이 감당할 수 있는 것보다 많은 스트레스에 시달리고 있음을 알리는 신호에 주의를 기울여라. 그런 신호는 여러 가지 형태로 나타날 수 있기 때문에 그것을 눈치채지 못할 수도 있다. 예를 들어 심장에 문제가 생기거나 위장 혹은 등이 아플 수도 있고, 회사에서 일을 잘 처리하지 못해 다른 사람으로부터 핀잔을 자주 들을 수도 있다. 집에서는 부부 사이가 원만하지 못하게 되고, 아이들이 반항한다. 때로는 우울증에 빠져 술이나 약물 혹은 중독에 걸리기 쉬운 취미 생활로 탈출을 모색한다.

이런 증상들이 나타나면 생활을 바꾸고, 감당할 수 있는 스트레스의 양도 줄여야 한다. 그럴 때는 그냥 편안한 마음으로 "못하겠어요"라고 말하면 된다. 물론 부득이한 경우에는 몸을 추스르면 해낼 수도 있겠지만, 문제점을 솔직히 시인하고 도와줄 사람이나 당신을 이해해줄 사람을 찾아보자. 병에 걸렸을 때 일에서 손을 떼는 것처럼, 평상시에 일과 적당한 거리를 두는 것도 좋은 방법이다. 자신을 위해 퇴근도 일찍 하고, 퇴근길에 산책도 하면서 엉뚱하게 시간을 보내보자. 어느 정도 혼자만의 시간을 가져보고, 직업적 스트레스와 사적인 어려움으로부터 일정한 거리를 유지해보는 것이다.

사람들이 당신에게 기대하는 것들을 다 해주지 말라. 한 번쯤은 그냥 일손을 놓아보자. 그러고 나면 당신이 두려워했던 것보다 손실이 훨씬 적다는 것을 알게 될 것이다. 오히려 그 반대의 상황이 될 수도 있다. 당신의 아내나 남편이 당신을 더욱 사랑스럽게 생각할 수도 있다. 부담감에서 벗어나 길게 심호흡을 하고 나면 강함이 아니라 약함을 통해 삶의 본질에 한 걸음 더 다가갈 수 있게 된다.

오랫동안 답습해오던 전철을 단순화시켜라

어느 조직이나 오래전부터 답습해 오던 전철이 있다. 누군가 왜 그렇게 하느냐고 물어보면 "오래전부터 늘 그렇게 해왔다"라는 대답을 듣기 일쑤다. 하지만 미래를 생각하는 경영인이라면, "어떻게 하면 그것을 더 단순하게 할 수 있을까?"를 고민해보아야 한다. 여기 몇 가지 방법을 제시해 본다.

회의록 대신 즉석 목록을 이용하라 회의가 얼마나 잦든지 간에 회의가 끝나고 나면 서기는 회의록을 기록해서 회의에 참석한 사람들에게 보내주곤 한다. 회의록은 "회장님이 특별히 분부하시기를…" 등으로 시작되는데, 특히 형식을 좋아하는 회의에서는 회의록 결재까지 받는다. 그런 고루한 방법은 서기에게만 고역이 아니라 전체적인 노동력의 손실을 초래한다. 회의록을 기록하는 것은 많은 시간을 필요로 하는 일이고, 그런 것은 국회에서나 의미가 있는 일이다.

회의를 단순하게 하려면 회의 도중에 서기가 중요한 논의 결과를 정리해서 기록하면 된다. 메모 내용은 누가 무엇을 누구와 함께 언제까지 하느냐에 대한 내용을 담고 있으면 되고, 회의가 끝날 무렵 서기가 메모한 것을 읽으면 회의록 결재까지 대체할 수 있다. 그런 난 다음 서기가 기록한 것을 복사해서 하나씩 나누어준다. 다음번 회의 때 즉석 회의록을 점검하면서 모든 과제가 다 처리되었는지 알아본다. 이보다 더 쉬운 방법도 있다. 논의된 내용을 논의 도중 모든 사람이 볼 수 있도록 차트에 기록한다. 마지막으로 그 기록을 복사해 나누어준다.

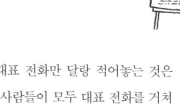

대표 전화가 아니라 직통 번호를 이용하라 명함에 대표 전화만 달랑 적어놓는 것은 매우 비효율적이다. 외부에서 전화를 거는 사람들이 모두 대표 전화를 거쳐야만 한다면 전화를 안내하는 사람도 그렇지만 전화를 건 사람도 시간을 낭비하는 짜증스러운 일이 될 수 있다.

전화번호를 쓸 때 당신의 직통 번호를 분명하게 써놓자. 가끔 다른 자리에서 일할 때는 전화가 그쪽으로 올 수 있도록 조치를 취하라. 그렇게 하는 것이 대표 전화로 전화가 왔을 때 당신이 어디 있는지 찾는 것보다 시간이 덜 걸린다. 전화를 받을 수 없는 상황이라면 자동응답기를 작동시키자. 그렇게 하는 것이 교환수에게 메모를 부탁하는 것보다 낫다. 개인별로 직통 전화를 부여하면 전화로 문의해온 사람에게 담당자의 직통 번호를 알려줄 수 있어서 덜 번거롭다.

고문 회의보다 전문가 집단을 이용하자 어느 회사든 고문 회의는 퍽 거창하게 들린

다. 각 분야의 고문으로 위촉된 사람들이 정기적으로 만나려면 비용과 시간이 많이 소요된다. 몇몇 유능한 고문은 소중한 조언을 해주지만 다른 고문들은 커피만 마시며 아무 말도 하지 않는다. 회의가 겉치레만 뻔지르르한 채 실속 없이 진행되는 경우가 허다하다.

이렇게 되지 않게 하려면 당신에게 도움이 되는 전문가를 일단 회사에 초청해 그가 회사와 직원들에 대해 잘 알 수 있게 되는 자리를 마련한다. 그 다음부터는 정기적인 만남을 갖지 말고, 담당 실무자와 전문가가 직접 연락을 취하게 한다. 전화나 팩스 또는 개인적으로 만나는 방법이 있을 수 있다. 그렇게 하면 진정으로 도움이 되는 전문가의 조언을 들을 수 있다. 그렇게 하는 것이 양측 모두에게 도움이 된다.

출장 경비를 청구하지 않고, 일괄적으로 지급하는 방식을 따른다 출장을 다녀와 경비를 산출해서 결제를 청구하고, 그것을 확인받는 일보다 번거로운 일도 없다. 경리 담당자는 출장 갔던 직원이 비싼 음식을 먹고 고급 숙박 시설에 묵으며 낭비라도 한 것처럼 경비를 꼼꼼히 따지려고 하고, 출장 다녀온 직원은 출장 가서 고생을 했는데 경제적으로 손해까지 보는 이중고를 겪는다고 생각할 수도 있다.

이제, 자주 가야 하는 출장 경비를 지금까지 청구되었던 내용을 바탕으로 일괄 지급하는 방식으로 바꿔보자. 그렇게 하면 출장간 직원도 경리 담당자처럼 비용을 줄이려고 노력하게 된다. 저렴한 숙박 시설을 이용하고, 공항에 갈 때 택시 대신 버스를 타게 될 것

이다. 그렇게 해서 모은 돈은 자기 몫이 되기 때문이다. 경영자의 입장에서도 일괄적인 출장비 지출이 불리하지 않다. 출장비가 회사 운영 자금 지출 목록으로 평가되기 때문이다.

게시판을 이용하라 모두에게 알리는 공지 사항은 회람으로 전달되거나 이메일을 이용하는 경우가 많다. 그러나 회람이 계속 회전되지 못하고 누군가에게 멈춰 있거나, 이메일을 보지 않고 지나가는 경우가 많다.

혁신적인 회사인지 아닌지는 직원 모두가 전달 사항을 전달받을 수 있도록 게시판을 창의적으로 꾸며놓았는지를 보면 알 수 있다. 돌출되어 나와 있는 게시판에는 최신 정보를 적어 놓고, 새로운 모양이나 색깔을 바꾸어놓음으로써 늘 새로운 것처럼 보이게 만든다. 아무도 그런 것을 보지 않는다고 투덜대는 사람의 말에 위축될 필요가 없다. 시간이 지나면 모두들 날마다 한 번씩 그것을 보는 데 익숙해질 것이다. 물론 그렇게 되기 위해서는 시일이 지난 공지 사항은 바로 바로 떼어내어야 한다.

앉아서 하는 회의가 아니라 서서 하는 회의 일반적으로 회의는 회의실에서 커피나 다과를 들면서 조용히 앉아서 하는 것으로 인식돼 있다. 어떤 때는 담배 연기가 자욱하게 회의실을 채울 때도 있다.

한번쯤 회의를 야외에서 해보자. 다섯 명 정도 모여서 하는 회의라면 걸어가면서 해도 얼마든지 가능하다. 소크라테스는 제자들과 이곳저곳을 돌아다니다가 좋은 결론을 내릴 수 있었다고 한다.

자신의 스케줄은 자신이 조정하는 주인이 되자

당신은 나날의 스케줄을 적어놓는 수첩, 다이어리, 혹은 전자수첩을 갖고 그것을 보며 해야 될 일들을 한다. 그러나 그래도 일거리는 항상 남아 있다. 중간에 예상치 않았던 일들이 발생하기 때문이다. 결국 하루가 지나면 처리하지 못한 일들이 잔뜩 남아 있게 된다. 시간 관리 방법은 여유 있고 행복한 삶을 위해 만들어졌지만, 긴장감과 불행의 원천이 되는 경우가 많다.

생각을 바꾸어보자. 스케줄을 짤 때 "오늘 중요한 일을 처리해야 해"라고 말하지 말고, "이 중요한 일을 하려면 시간이 하루는 있어야 해"라고 생각하는 것이다. 그렇게 했을 때의 차이점은 당신이 정해진 일정에 따라 반응하는 게 아니라 당신이 스스로 자율적인 결정을 내려 행동한다는 것이다. 스케줄이 당신을 조정하는 게 아니라 당신이 스케줄을 조정하는 주인이 되어야 한다.

주말 단위로 계획을 세우자 대부분의 시간 관리 시스템에는 특별히 해야 할 일들을 기록하는 종이가 따로 있다. 거기에 적어둔 할 일들 중에 당신이 오늘 해야 할 일들을 골라보자. 당신을 주관하는 것은 스케줄이 아니라 당신 자신이므로 할 일들의 우선 순위를 당신이 정해야 한다.

일단 처음에는 일주일 동안 해야 할 일들을 적어놓는다. 그러나 그 가운데 어떤 일이 다음 주에 처리된다고 의기소침해하지는 말라. 시간의 주인은 바로 당신 자신이기 때문이다.

처리된 일은 기분 좋게 지우고, 뭔가 해냈다는 것에 대해 스스로 기뻐하자.

목표는 높게 잡자 새로운 작업 방식에 익숙해졌으면 큰 프로젝트도 해야 할 일

목록에 기록해놓고, 하루하루 진행해야 할 일들과 연결시킬 수 있다. 그렇게 하면 큰 목표를 늘 염두에 둘 수 있다. 그리고 일상의 자질구레한 일에 시간을 낭비할 위험이 사라진다. 목표를 낮게 잡으면 성공도 작게 하고, 목표를 높게 잡으면 성공도 크게 한다는 사실을 명심하자. 지금 현재 당신이 하는 일만 계속 한다면 앞으론 지금 하고 있는 일 이상의 것을 달성할 수 없다.

단순하게 살기 위한 제12제안 자주 "아니오!"라고 말함으로써 부담에서 벗어나자

해야 할 일이 하루 24시간 동안 해도 끝날 것 같지 않다면, 그것은 하루가 너무 짧아서 그런 것이 아니라 당신이 너무 많은 일을 하려고 하기 때문이다. 과도한 부담을 안고 살아가는 사람은 단순함의 효과를 종종 잊고 산다. '단순하게 살기 위한 제안'은 지극히 단순하다. 개인적으로나 직업적으로 너무 많은 일을 맡지 말라는 것이다. 쉬지 않고 일하는 사람은 반드시 병이 난다.

직장에서의 스트레스는 어느 분야, 어느 직책에서든 증가한다. 직원은 자신의 자리에 연연해하고, 사업주는 고객을 잃지나 않을까 노심초사해 한다. 인간관계에서도 긴장이 많아진다. 현대의 소가족 생활에서는 예전에 대가족의 많은 구성원들에게 나누어졌던 책임들이 몇몇 사람에게 집중된다. 그 결과 가족은 과도한 부담으로 신경이 날카로워진다. 따라서 과도한 업무를 맡은 사람은 가정의 평화를 유지하기 위해 자기가 할 수 있는 것보다 더 많은 일거리를 다른 사람에게 넘겨주어야 한다. "아니오!"라고 말했을 때 발생할 수 있는 문제에 대한 두려움으로 많은 사람들이 억지로 "네!"라고 대답하는데, 단순하게 살기 위해서는 당당하게 "아니오!"라고 말할 수 있어야 한다.

아니오, 유감스럽게도 나는 이런 이유 때문에 할 수가 없습니다.

건강한 자신감은 "아니오!"라고 말할 수 있게 도와준다

미국 심리학 교수인 매뉴얼 J. 스미스의 이론에 따르면, "아니오!"라고 말해야 되는 상황에서 "네!"라고 했다면, 그것은 그 사람 스스로 그렇게 한 것이 아니라 누군가에 의해 그렇게 하도록 조종받았기 때문이라고 한다.

그의 치료 방법은 간단하다. 자신감을 높이라는 것이다. "네!"나 "아니오!"를 말해야 되는 상황에 부닥치면 마음속으로 이런 문장을 되뇌어보라.

'난 다른 사람의 조종을 받지 않을 권리가 있어. 그 누구도 나한테 그렇게 할 권리가 없어. 나는 나야. 그리고 내 몸은 온전히 나 자신의 것이야.'

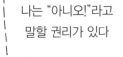

나는 "아니오!"라고 말할 권리가 있다

다른 사람의 조종을 받는 것에 반대되는 개념은 자아 안정감을 쟁취하는 것이다. 그것은 인간 관계 속에서 당신이 반드시 갖추어야 할 덕목이다. 자아 안정감에 대한 권리는 아래 5가지로 요약될 수 있다.

감정의 주권 당신은 자신의 감정에 대해 스스로 판단할 권리를 갖고 있다. 예를 들어보자. 어느 날 직장 상사가 당신한테 이렇게 말했다.

"브륄러 씨를 찾아가 고문이 되어 달라고 설득하십시오."

당신은 소리치며 말했다.

"그 일은 다른 사람이 하는 게 좋겠습니다. 저는 브륄러 씨에 대해 감정이 좋지 않기 때문에 그 일을 하지 못할 것 같습니다."

그러자 상관이 이렇게 말했다.

"말도 안 되는 소리 말아요! 그런 거야 당신만 참으면 그만이지."

마치 격려하는 말처럼 들리지만, 그것은 일종의 조종이다. 직장 상사가 당신의 감정 따위는 아예 무시해버리는 것이다. 당신은 자신의 감정과 다른 사람에 대해 어떤 생각을 가질 권리가 있다. 그러므로 이렇게 말해야 한다.

"저로서는 도저히 그 일을 할 수가 없습니다. 다른 사람을 보내십시오. 그렇게 하는 것이 모두에게 이익이 됩니다."

취향의 주권 당신은 자신의 취향에 대해 다른 사람에게 양해를 구하지 않을 권리가 있다. 가게 점원이 당신에게 이렇게 말했다고 하자.

"이 옷이 왜 마음에 안 드시는데요?"

"색깔이 마음에 안 들어요."

그 말에 점원이 이렇게 말한다.

"이 색이 요즘 최신 유행이에요. 다들 이 색이 좋다고 하세요."

그 점원과는 말을 계속할 필요가 없다. 자신의 취향이 다르다는 것을 설명해야 하거나, 당신 자신만의 취향에 대해 상대에게 양해를 구하려고 하면, 그 즉시 당신의 자신감은 약화되고 당신은 다른 사람의 조종을 받을 수 있게 된다.

판단의 주권 다른 사람의 문제를 해결해주어야 한다면 당신에게는 그 문제를 판단할 권리가 있다. 어느 날 남편이 당신에게 이렇게 말한다.

"내일 당신이 공항에 나가 선배님을 모시고 와요."

당신이 이렇게 말한다.

"안 돼요. 당신이 가세요. 내가 그동안 당신을 위해 해준 일들을 생각해보면 그 정도는 당신도 할 수 있잖아요."

그러자 남편이 말한다.

"난 그렇게 생각 안 해요. 당신이 나를 사랑한다면 나를 위해 그 정도가 아니라 그 이상의 것도 할 수 있어야 되는 거요."

내 짐을 좀 들어줘요.

이것은 서로가 상반되는 판단을 하고 있는 상황이다. 그 때 당신이 그렇게 하겠다고 말하고 더 이상 자신의 생각을 주장하지 않으면, 당신은 남편과의 관계에서 중심을 잃고, 상대방은 당신이 더 이상 감내하기 어려운 정도까지 당신을 조종하려고 들 것이다. 최상의 해결책은 서로의 판단에서 조금씩 물러나 서로 양보안을 만들어내는 것이다.

행동의 주권 당신은 실수할 권리가 있다. 어느 날 직장 상사가 당신에게 일을 맡긴다.

"매출에 따른 거래처별 평가를 주말에 해서 제출하세요."

당신이 말한다.

"그렇게는 안 됩니다. 주말에는 가족과 함께 보내야 합니다."

"그래도 꼭 하세요. 작년에 당신이 만든 자료에 실수가 많았으니까 이번에 꼭 하셔야 해요."

예수는 "너희 가운데 죄짓지 않은 사람이 먼저 나서서 돌을 던지라"라고 했다. 그것은 어느 인간도 완벽하지 않다는 것을 단적으로 보여주는 말이다. 당신이 자신감에 차 있다면 실수를 인정하고, 사죄하면서 다른 사람들과 함께 해결책을 찾으려고 할 것이다. 다른 사람이 당신의 실수에 대해 반복적으로 비판하는 것을 묵인하지 말라. 그리고 그 실수에 대한 처벌로 다른 업무를 맡긴다면 받아들이지 말라.

결정의 주권 당신은 비논리적인 결정을 내릴 권리가 있다. 당신의 남편이 이렇게 말했다고 가정해보자.

"회사를 이제 그만둬요."

당신이 말한다.

"아니, 그렇게 할 수 없어요. 일도 나한테는 중요해요."

"다 당신 좋으라고 하는 말이오. 일이 너무 많아서 스트레스만 받지 않소?"

당신의 남편은 논리적이고 당신을 배려하는 마음에서 그렇게 말한 거라고 주장하지만, 사실 그의 마음속에는 당신을 조종하려는 생각이 들어 있다. 당신은 자신의 결정을 굽히지 말고 일관되게 그렇게 하지 않겠다고 말해야 한다. 그리고 당신은 감성적이고, 남편은 논리적으로 생각하는 서로 다른 욕구를 갖고 있다는 것을 설명해주자. 근본적으로 둘 다 옳은 말일 수 있다는 인식을 갖고 차선책을 강구하는 것이 좋다.

싫다는 의미를 담고 있는 말을 하는 7가지 방법

"아니오!"라는 말은 자신의 만족과 독자적인 시간을 보내기 위한 주권을 쟁취하는 데 중요한 단어다. 당신이 다른 사람에게 "아니오!"라고 말했을 때 반발을 적게 받을 수 있는 몇 가지 방법이 있다.

"생각할 시간 좀 주세요" 혹은 "심사숙고해보고, 한 시간 후에 전화할게요"라고 말해보자. 그러고 나서 한 시간 뒤에 전화를 걸어 구차하게 이유를 대지 말고 분명한 어조로 안 된다고 말하는 것이다. 심사숙고를 하고 약속된 시간에 정확히 전화를 걸었기 때문에 당신의 거절이 강한 반발에 부딪치지 않는다.

"정말 괜찮은 제안이네요!" 상대방의 제안을 처음에는 크게 환영하며 인정해준다. 그런 다음 다른 일 때문에 너무 바빠서 그렇게 좋은 일을 함께 할 수 없어 안타깝다는 유감의 표시를 한다. 다른 일이 어떤 일인지, 그 일이 당신에게 중요한 이유에 대해 굳이 설명할 필요는 없다. 그랬다가는 상대의 반발을 사거나 심지어 언쟁에 휘말릴 수 있다.

"정말 대단하세요" 부탁이나 문의를 받았을 때 상대방에 대한 칭찬의 말로 관계를 확실하게 다져라. 그런 다음 안 된다는 말을 완곡하게 표현한다. "그 누구보다 당신과 함께 일하고 싶어요. 하지만 이번에는 어쩔 수 없네요."

"원칙적으로 저는 그런 일을 하지 않아요" 다른 사람의 부탁을 개인적인 이유가 아니라 일정한 기준에 의해 안 된다고 했을 때 그 말이 더욱 잘 받아들여진다. "저는 원래부터 방문 판매 같은 것은 하지 않아요", "지난 몇 달 동안 가족과 보낸 시간이 너무 적기 때문에 이제부터는 가족 생활을 우선으로 생각하려고 합니다."

"정말 안됐네요" 이 말은 상대방이 간접적인 문의를 해올 때 사용하면 좋다. 상대방이 "가족이 모두 가고 싶은데 호텔 숙박비가 너무 비싸서…"라고 말하면 '이 사람이 우리 집에서 묵고 싶어하는구나'라고 해석하지 말고 그 사람의 처지를 그대로 들어주면서 그 사람의 사정을 충분히 이해하고 있다는 쪽으로 말을 하는 것이다.

"지금은 곤란한데요" 사실상 거절의 뜻을 담고 있지만 무작정 다음 기회로 미루는 이 말은 부탁한 사람이 부탁을 스스로 거둬들이게 만든다. 만약 그가 뜻을 계속 굽히지 않으면 빈말이라도 다시 한 번 "지금은 뭐라고 말하기 곤란하네요"라고 말해주자. 개인적인 관계일수록 이런 말을 할 때 신중을 기해야 한다. 어떤 특정한 날 무엇을 해달라는 부탁을 받으면 "안 돼요. 별로 하고 싶은 마음이 없네요"라고 하지 말고 "그날은 어렵겠네"라고 하자. 그래야 부탁한 사람의 마음을 덜 상하게 할 수 있다.

"음… 안 되겠네요" 최후로 사용하는 최고의 방법이다. 싫은 것은 싫다고 말하되 잠시 생각에 잠길 만큼 뜸을 들여 상대방에게 고민하고 있는 모습을 보인 다음, 분명한 어조로 "아니오!"라고 말하며 상대방의 얼굴을 똑바로 쳐다본다. 그렇게 하지 않으면 당신이 아직 마음의 결정을 내리지 못한 것처럼 보이기 때문이다. 이유는 대지 않는 게 좋다. 안 그러면 상대방은 당신과 깊은 이야기를 나누고 싶은 충동을 갖게 된다. 분명하게 대답해줘야 그 사람과 나중에 마찰이 생기지 않는다. 이런 말은 오해를 불식시키고, 다른 사람에게 자신의 뜻을 분명하게 전달시킬 수 있다는 장점을 갖고 있다.

단순하게 살기 위한 제13제안 | 속도를 높여라

누구에게나 똑같은 24시간이지만 개인적으로 느끼는 시간은 사람에 따라 천차만별이다. 전문가들은 마음속에서 똑딱똑딱 소리를 내며 가고 있는 시계를 '당신의 시계'라고 부르고, 직장 상사와 고객과 가족이 느끼는 시간을 '이방인의 시계'라고 부른다. 단순하게 살려면 그 두 시계가 서로 조화를 이루며 잘 굴러가야 한다.

'당신의 시계'를 발견하라

어떤 일정한 시간에 가장 잘 처리되는 일들을 목록에 적어놓는다. 어떤 조건 하에서 일이 가장 효율적으로 진행되는가? 당신에게 가장 이상적인 기상 시간과 취침 시간은 언제인가? 낮잠을 자는 것이 당신에게 좋은가?

또 다른 목록에는 일주일 동안 당신이 일을 하면서 걸리는 시간을 기록해두자. 그리고 일의 질에 대해 주관적으로 판단을 내린다. 그렇게 2가지 목록을 준비해두면 당신이 어떤 식으로 시간을 보내는 것이 좋은지 가장 이상적인 방법을 찾아낼 수 있다. 그 결과를 갖고 당신의 직장 상사, 동료, 가족에게 당신이 이상적으로 작업할 수 있는 시간을 알려준다.

예를 들어 작업 능률이 높은 오전에 하는 회의 시간을 작업 능률이 제일 떨어지는 이른 오후 시간으로 변경해보자. 혹은 일주일에 사흘은 늦은 저녁까지 일하지만 그 대신 일주일에 이틀의 저녁 시간은 가족을 위해 완전히 비워 두겠다는 약속을 해보자.

마음속에 있는 '시간 도둑'을 찾아라

당신에게서 시간을 빼앗아가는 것이 주변 사람들뿐만이 아니다. 사람들이 생각하는 것보다 훨씬 많은 시간이 개인적인 특성에 의해 허비된다. 그렇게 시간을 빼앗아가는 것들을 통제하는 몇 가지 방법을 소개한다.

시간 도둑 1번 자신에 관한 높은 기대치

자신의 능력에 대한 과도한 평가 때문에 주어진 시간에 할 수 있는 일을 너무 많이 잡아둔다. 기대치를 낮추자. 다른 사람이 내리는 결정을 자기 스스로 내리는 결정으로 바꾸어라. 당신의 능력과 기대치는 대개 당신이 받은 교육과 연관된다. 머릿속으로 부모의 얼굴을 떠올리고 이렇게 말해보자.

"지금까지 제게 해주신 것들에 대해 감사드려요. 이제는 혼자 힘으로, 제 방식대로 살아보겠어요."

시간 도둑 2번 수천 개의 미니 과제들

오늘 당신은 그동안 미뤄두었던 세금 신고서 작성을 마무리할 생각이었다. 중요하지만 별로 하고 싶지 않은 일이다. 그 일을 하기 전에 당신은 우편물 을 살펴보고, 병원에도 다녀오고, 또 친구와 전화로 수다를 떤다. 그렇게 하 다 보면 반나절이 금세 지나가 버린다.

자, 이제 앞으로 한 시간 동안에는 세금 신고서 작성 외에는 아무 일도 하 지 않겠다고 자신과 약속한다. 한 시간은 인간적으로 충분히 감내할 수 있 는 시간이다. 대개 한 시간이 지나면 일에 몰두하게 되어 당신의 집중력을 앗아가는 수많은 자질구레한 일들이 잊혀지게 된다.

시간 도둑 3번 최고의 목표

잘못된 목표는 지속적인 스트레스의 원인이 될 수 있다. 주변에서 "내년에 는 백만장자가 되고 말겠어", "45세부터는 골프만 치면서 살 수 있도록 할 거야"와 같은 극단적인 계획을 종종 들을 수 있다.

당신이 이러한 과도한 목표를 정하지 않도록 도움을 주는 최고의 파트너 는 바로 당신의 배우자다. 미래에 대해 솔직하게 이야기하고, 상대에게 무 엇을 바라는지에 대해 말해보자. 아마 당신의 배우자는 현재를 만족스럽게 살아가는 것을 미래에 화려하게 사는 것보다 더 중요하게 생각할 것이다.

시간 도둑 4번 마음을 괴롭히는 의심

뭔지는 모르지만 왠지 만족스럽지 못한 기분 때문에 당신은 하루 일정을 지나치게 복잡한 일정과 약속으로 채우는 우를 범하게 된다. 우선 당신의 몸에서 불쾌감을 주는 것이 무엇인지 정확히 알아본다. 신체의 어느 부위에서 그런 불쾌감이 전해오는지 파악하는 것이다. 머리, 등, 가슴, 배 등 그것을 알고 나면 다음 단계로 도약할 수 있다.

머리에 불쾌감이 느껴진다면 실존에 대한 불안, 미래에 대한 걱정, 돈 문제가 있을 가능성이 많다. 이렇게 복잡하게 얽혀 있는 문제는 돈이나 어떤 안전장치로 해결되지 않는다. 일단 안정을 추구하는 사고 방식을 행복과 만족을 우선 순위로 하는 사고 방식으로 바꾸자.

가슴에 불쾌감이 느껴진다면 상대로부터 인정받지 못하는 것에 대한 불만이 있을 가능성이 많다. 또한 다른 사람에 대한 질투심, 실패 그리고 자신이 쓸모없는 인간이라는 생각 때문에 괴로워한다.

이런 경우의 해결책은 몇몇 사람들과 돈독한 인간 관계를 맺고 그것을 잘 가꿔나가는 것이다. 그렇게 하면 다른 삶으로부터 칭찬과 격려를 받고, 직업적으로 성공하려는 생각이 슬며시 사라진다.

다음으로, 배에 불쾌감이 느껴진다면 화를 잠재워야 한다. 패기가 부족하고, 부조리, 불만, 주변 환경의 질이 떨어질 때 그런 현상이 일어난다. 이럴 때는 큰 소리로 화를 내보자. 책상을 소리나게 치고, 소리를 꽥 질러 보는 것이다. 그런 다음 사물을 보는 시각에 여유를 갖고 자기 자신에게 이렇게 말해보자. "분노는 시간 낭비야"라고.

등에 불쾌감이 느껴진다면 과도한 부담감, 조화를 이루고 싶은 지나친 욕구, 가족 간에 해결되지 않은 문제 등이 있을 가능성이 많다. 지금까지 해왔던 것처럼 행동으로 보여주는 것이 아니라 그냥 모습을 드러내는 것만으로 당신의 존재를 확인시켜 보자. 회의가 열릴 때 해야 할 일을 해결하지 않은 채 참석해보기도 하고, 할 일을 그냥 놓아둠으로써 당신이 지쳐 있다는 것을 다른 사람도 알게 하자.

시간 도둑 5번 잘못된 작업 방식

당신은 전문 분야에 대한 교육을 받았다. 그러나 어떤 방식으로 그 직업을 수행해야 하는지는 배우지 못했다. 팀에 소속되어 있으면서 혼자만 열심히 싸운다고 생각하는 사람은 회의나 다른 사람에 대한 배려가 시간 낭비라고 생각한다. 집단에 속해 있는 사람이 집에서 혼자 일해야 한다면 어떤 아이디어가 떠오를 때까지 여러 시간 동안 쓸데없이 기다려야 하거나 창의적이지 못한 좌절감으로 많은 시간을 보내야 한다.

이제, 지금까지 해왔던 일들을 완전히 다른 환경에서 더 잘할 수 있는지 점검해보자. 직장 상사와 상의를 해서 내근도 해보고 외근도 하면서 점검해보는 기회를 가져본다.

시간 도둑 6번 잘못된 직업 선택

실업자가 될까 봐 맞지도 않는 직장을 다니고 있다면 머지않아 당신은 정신적으로나 육체적으로 병을 얻게 된다. 과도한 부담감과 시간 분배에 따른 문제점이 발생하는 주요 원인은 잘못된 직업을 선택해서 자신의 능력을 다 펼쳐보지 못하는 것에서 기인한다.

직장을 그만두는 것과, 정신적 또는 육체적 병에 걸려 남은 여생을 보낼 위험 가운데 어떤 것이 당신에게 더 유리한지 곰곰이 생각해보자. 나이가 아무리 많더라도 변화를 두려워하지 말자. 어떤 회사는 50세 이상이나 60세 이상의 직원들만 뽑아 운영하기도 한다.

시간의 촉박함을 극복하라

저자가 발행하고 있는 잡지 〈단순하게 살아라〉에서 직장인 500명을 대상으로 실시한 조사에 따르면, 무엇이 당신 업무에 가장 신경 쓰이냐는 질문에 시간적 압박이라고 대답한 사람이 가장 많았다. 응답자 중 45퍼센트 이상이 점점 더 짧아지는 시간 안에 점점 더 많은 일을 처리해야 한다고 느꼈다. 그러나 〈단순하게 살아라〉의 구독자들의 경우, 21퍼센트만이 시간적 압박을 제일 힘들다고 대답했다. 그것을 보면 시간은 우리 사회에서 가장 부족한 자원이다. 다른 많은 연구 결과도 그것을 확인시켜 주었다. 독일인의 80퍼센트가 좀더

여유를 갖고 살고 싶어하는 것으로 나타났다. 귀중한 자원인 시간을 잘 다룰 수 있는 3가지 방법을 소개해본다.

시계 없이 일하라 손목시계를 풀어놓는다. 어린아이처럼 시간에 대해 전혀 생각하지 않고 지내보자. 그렇게 해서 시간을 모른 채 살아가는 여유를 만끽해 본다. 가끔은 교회 종소리를 듣고 시간을 가늠해보는 것도 좋다. 그러나 그 사이사이의 시간은 까마득히 잊고 지내본다. 근처에 교회가 없다면 구식 괘종시계를 옆방에 걸어두어 가끔 종소리가 나게 한다.

시간을 정원으로 보라 시간에 대해 말할 때 우리는 흔히 시간이 능동적으로 움직이고, 우리는 수동적으로 활동하는 모습을 머리에 떠올리곤 한다. 마음속

에 그리는 그림을 바꾸어보자. 당신에게 하루의 시간이 주어졌다고 상상하라. 그리고 시간을 당신 주위를 감싸고 있는 아름다운 정원이라고 상상해본다. 그곳에서 당신은 마음대로 달리기도 하고, 다른 길로 가보기도 하고, 편안하게 쉴 수도 있다. 그런 새로운 모습을 상상하면 시간을 다르게 인식할 수 있다. 당신을 안절부절 못하게 했던 것은 시간이 아니라, 오히려 당신 스스로 시간에 대해 가졌던 그런 인식이라는 것을 깨닫게 되는 것이다.

자신의 리듬을 알아내라 작은 테스트를 해보자. 긴장을 풀고 의자에 앉는다. 시계를 본 다음 눈을 꼭 감고 5분 동안 가만히 있자. 그 시간 동안 당신은 지금 살아 있고, 그 5분 간의 달콤한 휴식을 어느 누구도 당신에게서 빼앗아 갈 수 없다는 생각을 한다. 5분의 시간이 지났다고 생각되면 눈을 뜨고 시계를 본다. 그렇게 하면 당신의 마음속 시계가 얼마나 빨리 가는지 알 수 있게 된다.

4분 30초 이전에 눈을 떴다면 당신 마음속의 시계는 너무 빨리 움직이고 있는 것이다. 당신은 시간을 과소평가하고, 하루를 너무 많은 일들로 꽉 채운다. 휴식 시간을 좀더 가지는 게 바람직하며, 시간을 계산할 때 자신을 배려하는 마음을 좀더 가져야 한다.

5분 이상 눈을 감고 있었다면 당신은 시계보다 시간 개념이 더 느린 편으로, 시간을 너무 느긋하게 잡는 경향이 있다. 그렇게 하면 자신의 능력을 과소평가하고, 당신 곁을 빠르게 스쳐 지나가는 시간을 어쩔 수 없는 운명으로 생각할 위험이 있다. 시간의 희생자가 아니라 시간을 활용하는 자가 되어야 한다. 좀더 많은 일을 계획하고, 당신 안에 얼마나 많은 에너지가 숨어 있는지 확인해보자.

시간을 향유하는 기쁨을 지금 당장 느껴보자

어제는 역사고, 내일은 비밀이고, 오늘은 삶이다! 지난 과거를 너무 많이 생각하지도 말고, 미래에 대한 공상도 하지 말며, 현재에 집중함으로써 시간을 통한 체험을 단순화시키자. 다음은 당신을 병들게 하는 걱정과 고민들로부터 해방되기 위한 몇 가지 방법들이다.

더 오랫동안 보기 하루 하루가 우리가 인식하지 못하는 사이에 흘러간다. 학자들의 연구에 따르면 사물을 관찰하는 시간이 지난 50년 동안 많이 짧아졌다고 한다. 우리는 세상이 점점 더 빨라진다고 말하지만 어쩌면 우리가 사물을 점점 더 빨리 인식하기 때문에 그렇게 느껴지는지도 모른다.

물건을 볼 때 5초 동안 관찰해보자. 산책을 하거나 차창 밖을 쳐다볼 때 그런 연습을 하면 좋다. 5초가 상당히 긴 시간이라는 것을 깨닫게 될 것이다. 그렇게 주변의 사물을 좀더 오래 보다 보면 삶의 기쁨과 질이 현격하게 높아진다는 연구 결과도 나와 있다.

물건의 이름을 큰 소리로 부르자 혼자 산책을 나갔다면 눈에 보이는 것들을 큰 소리로 불러보자. 참새, 양털 구름, 민들레, 돌멩이 등등. 아이들은 말을 배우기 시작하면 그렇게 한다. 그렇게 하면서 두뇌에 그 의미를 각인시킨다. 어른의 경우 그렇게 하면 현실 의식이 강화된다. 그리고 시간에 쫓기고 있다는 느낌이 현격하게 줄어든다.

반복되는 일상을 천천히 수행해보자 대부분의 사람들은 일상의 반복
적인 일을 할 때 시간을 줄이기 위해 급히 서둘러 해치운다.
하지만 그렇게 하면 그런 일들을 하는 게 점점 더 싫어진다.
급히 하는 일이 만족감을 주지 않기 때문이다. 한번 다른 방식
으로 일해보자. 매일 반복하는 일을 일부러 천천히 여유를 부리며
해보는 거다. 편지 겉봉에 주소를 쓰는 것도 아주 천천히 예쁘게 써보자. 그
렇게 하면 귀찮은 일을 다시 의식할 수 있게 되고 당신의 삶은 더욱 풍요로워
질 것이다. 그렇게 하느라 지체된 시간은 불과 몇 초에 지나지 않는다.

복식 호흡 숨을 들이마실 때 의식적으로 배를 내밀어본다. 정신을 집중해서
하는 호흡은 명상의 근본이고, 아무리 스트레스를 심하게 받는 상황이라도
자신에게 뭔가 해주는 것 같은 느낌을 주며 살아 있음을 온몸으로 느끼게
해준다.

평소 쓰지 않는 손으로 밥 먹기 오른손잡이라면 왼손으로 식사를 해보자. 음식물
이 떨어지지 않도록 신경을 집중해야 하기 때문에 밥을 아주 천천히 먹게
되고, 음식 맛도 음미해볼 수 있다.

뒤로 미루는 고질병은 인식의 문제다

할 일을 마지막 기한까지 버티고 있다가 처리하는 것은 고치기 힘든 고약한
버릇이다. 조직 관리 분야의 전문가인 나일 피오레는 할 일을 뒤로 미루는 버

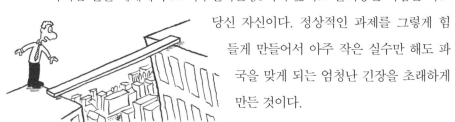

룻을 널빤지를 보는 시각으로 잘 설명했다. 꼭 해야 할 일을, 폭이 30센티미터이고 길이가 10미터인 나무판자를 바닥에 놓고 그것을 밟고 건 가는 과제인 것처럼 생각하라는 것이다. 그렇게 하면 그것은 전혀 어려운 일이 아닌 것처럼 느껴진다.

당신에게 그것을 할 수 있는 능력이 충분히 있다는 것을 알게 되면 당신은 주저없이 일을 시작할 것이다.

제1변수 일상을 파국으로까지 몰고 간 건 당신 자신이다 그 나무판자가 30미터 높이의 고층 건물 위에 걸쳐져 있고, 당신이 그것을 밟고 건너가야 한다고 상상해 보자. 상상만 해도 아찔하다. 아주 작은 실수만 해도 그 파급 효과는 엄청나다. 당신은 온몸이 마비된 사람처럼 할 일을 앞에 두고 가만히 있을 것이다. 하지만 현실 세계에서 그 나무판자를 30미터 높이로 올려놓은 사람은 바로 당신 자신이다. 정상적인 과제를 그렇게 힘들게 만들어서 아주 작은 실수만 해도 파국을 맞게 되는 엄청난 긴장을 초래하게 만든 것이다.

제2변수 일을 뒤로 미루는 악순환은 무의식 속에서 거듭된다 나무판자가 현기증 나는 높이에 걸쳐져 있는데 당신이 서 있는 건물에 불이 났다고 상상해보자. 당신은 최대한 빨리 그 나무판자를 건너가야만 목숨을 구할 수 있다. 상황이 그렇게 되면 당신은 즉시 창의적인 해결책을 찾게 된다. 나무판자 위를 기어서라도 건너가거나 용감하게 달려가거나, 아니면 밑은 아예 쳐다보지도 않으면서 있는 힘껏 달려갈 것이다.

　하지만 집에 불이 나게 한 장본인 역시 당신 자신이다. 일을 뒤로 미루다가 시간을 촉박하게 만들었고, 대개의 경우 당신은 스트레스에 시달리고 두려움으로 안절부절못하면서 그 일을 끝내 해결할 것이다. 그러나 마음만 먹으면 당신은 상상 외로 많은 일을 해낼 수 있다. 그렇기 때문에 의식적으로 원하지 않는다 하더라도 다음 번에도 그렇게 하게 된다. 그래서 일을 자꾸만 뒤로 미루는 악순환을 거듭하는 것이다. 자기도 모르게 버틸 수 있는 순간까지 최대한 버티다가 막상 닥치면 놀라운 속도로 해치운다.

제3변수 악순환에서 벗어나기　다시 높은 고층 건물 사이에 나무판자가 놓여 있지만 이번에는 그 밑에 그물 안전망이 쳐져 있다. 당신은 편안한 마음으로 일을 할 수 있을 것이다. 그 안전망은 자신감이다. 자꾸만 일을 뒤로 미루다가 마지막 순간을 맞이하는 것을 방지하는 최고의 보호책인 것이다.

이렇게 하면 '일을 뒤로 미루는 고질병'에서 벗어날 수 있다

"꼭 해야 돼"라는 의미가 담겨 있는 말은 하지 말자　큰 소리든, 작은 소리든 그런 말은 절대로 하지 말자. 그런 말을 하고 나면 머릿속에 2가지 과제가 생겨난다. 하나는 일을 처리할 수 있도록 에너지를 집중해야 된다는 것이고, 다른 하나는 그 일을 실패했을 때의 위협으로부터 자신을 보호해야 한다는 것이다. 당신의 몸은 싸울 각오를 하면서도 다른 한편으로는 도망가고 싶어하는 양면성을 지닌다. 이렇게 상반되는 에너지가 서로 맞서게 되면 당신은 힘없이 뒤로 물러설 수밖에 없다. 따라서 그렇게 되지 않기 위해서는 "이렇게 하고 싶다"라던가 "이렇게 할 수 있다"라고 분명하게 말해야 한다. 그리고 그 말을 스스로 믿어야 한다. 자신과 다른 사람을 향해 큰 소리로 그렇게 말하고, 당신 내면의 눈에 일의 실패가 아니라 과제를 성공적으로 완성한 모습을 그려보자.

시작에 신경을 집중하라 계획한 것은 반드시 한다는 사실을 당신이 늘 기억하고 있다면, 실천하는 동안 목표는 잊어버려도 상관없다. 목표를 향해 매진하는 사람에게 그 말은 이상하게 들릴 수도 있다. 그러나 무엇보다도 처음으로 내딛는 발걸음에 신경을 집중해야 한다. 결과를 사랑하지 말고, 결과를 향해 실천하는 행동을 사랑하라. 목표가 아니라 그곳을 향해 가는 길을 애정으로 지켜보는 법을 배워야 한다.

일을 완벽하게 하지 마라 완벽하기를 바라기 때문에 소망이 아예 일을 시도하지도 못하는 것이다. 많은 사람들이 완벽하게 못할 것 같아 글쓰는 아예 일을 시작도 하지 않는다. 때로는 월급도 적고, 건강에도 유해한 직업을 붙잡고 있기조차 한다. 완벽한 일자리는 세상에 없다고 믿기 때문이다. 하지만 이제는 설령 완벽하지 않더라도 글을 써보고, 완벽하지 않아 보이는 다른 일자리로 옮겨보라.

더 많이 놀아라 많은 사람들이 마감 시간이 임박하면 자신에게 가혹한 벌을 준다. 컴퓨터에 저장되어 있던 게임을 지워버리는가 하면, 산책도 나가지 고,

저녁때 아이들과 놀아주지도 않는다. 하지만 그렇게 하면 사는 재미도 느끼지 못하고, 스트레스를 제대로 풀 수가 없다. 작업 능률이 높아지는 것이 아니라 오히려 더 떨어진다.

마감 시한이 임박할수록 평소보다 긴장을 더 풀고, 더 적극적으로 살면서 악순환의 고리를 끊어야 한다. 30분 간 운동을 한다거나, 20분 간 컴퓨터 게임을 하는 식으로 시간을 정해놓고 하다 보면, 그 쉬는 사이에 머리가 더 맑아지고 정신적으로 홀가분해진다. 죄책감을 느끼지 않으면서 보내는 자유 시간은 업무에 복귀했을 때 능률을 더욱 높여주는 역할을 한다. 그리고 스트레스를 많이 받는 일을 할 때 약간의 유희를 즐기는 것은 당신을 보호해준다.

자신의 두려움을 직시하라 큰 프로젝트를 시작할 때 누구나 불안감을 느낀다. 머릿속으로 이미 높은 산 정상의 목표를 보기 때문이다. 그런 두려움 때문에 많은 사람들이 대개 중도에 포기한다. 그러나 그러한 두려움이 지극히 정상적인 현상이라는 것을 깨닫자. 그것 때문에 포기할 것이 아니라 긴 여정을 현명하게 단계별로 나누어 차곡차곡 올라가야 한다는 것을 알아야 한다.

두려움

두려움을 수용

거꾸로 가는 달력을 이용하라 백지에 줄을 그어 놓고, 맨 윗줄에 당신이 맡고 있는 프로젝트가 완성되어야 할 날짜를 적어놓는다. 그런 다음 그 날짜까지 남아 있는 날의 숫자가 점점 줄어들게 적는다. 숫자가 줄어들수록 당신은 미래에서 현실로 차츰 다가가는 것이다. 물론 보통 달력에다가 날짜를 거꾸로 계

산하면서 프로젝트의 진행 사항을 하나씩 기록해둘 수도 있지만, 그렇게 하면 시간 개념이 물살을 거스르게 된다. 그럴 때 당신의 무의식은 자연적인 거부감을 표현한다. 반면 거꾸로 가는 달력은 그런 과정을 자연스럽게 느끼게 한다. 무게 중심을 따라 아래로 내려가기 때문이다. 그래서 과도한 스트레스가 쌓일 때 거꾸로 가는 달력을 사용하는 게 좋다.

걱정만 하지 말고 더 깊이 생각하자 근심은 일의 속도를 늦추고 의욕을 상실케 한다. 대부분의 사람들은 혹시라도 발생할 수 있는 문제점을 걱정만 할 뿐 더 이상 생각하지 않는다. 예를 들면 '제품을 너무 늦게 공급하면 큰일나는데 어쩌지?'와 같은 걱정이다. 그렇게 되면 다가오는 위험을 피해 도망치고 싶어진다. 걱정거리가 생길 때는 더 깊이 생각해야 한다. 최악의 시나리오를 작성해보는 것이다. 이를테면 '제품을 너무 늦게 갖다 주면 난 해고될 것이다'라고 상상해보자. 거기까지 생각한 다음 그것으로 생각을 끝내지 말고 계속 생각해야 한다. '그런 일이 생기면 그때는 어떻게 하지?' 시원하게 잘 되었다고 볼 것인지, 아니면 공부를 더 해야겠다고 결정할지 생각해보는 것이다.

그런 과정을 늘 염두에 두고 있으면 실패를 두려워하는 사람보다 큰 장점을 갖게 된다. 그런 일이 닥쳤을 때 이겨낼 힘이 자신에게 있다는 것을 믿게 되기 때문이다. 그 믿음만 있으면 두려움 없이 자신감을 갖고 절벽 위에 있는 나무판자를 건널 수 있다.

지속적으로 일을 다른 사람에게 위임하라

시간을 절약하는 방법 중에 하나는 다른 사람에게 일을
나눠주는 것이다. 사람들은 흔히 일을 다른 사람에게
나누어주는 것은 사장이나 할 수 있는 일이라는 잘못
된 편견을 갖고 있다. 그렇지만 혼자 일하는 사람이나

가정 주부 혹은 회사의 말단 사원도 다른 사람에게 일을 위임함으로써 이득을
취할 수 있다. 위임의 장점이 최소한 다섯 개는 된다.

- 동료의 능력과 활동력, 권리를 신장 · 발전시키는 데 도움을 준다.
- 가족 간의 위임은 자녀의 독립심을 길러준다.
- 위임은 다른 사람을 믿는 것이고, 그렇게 함으로써 그 사람에게 생활의 안정감을 주는 것
  이다.
- 위임을 하려면 다른 사람과 협조하며 일해야 한다. 그것으로 당신의 사회적 능력을 신장
  시킬 수 있다.
- 삶을 단순화시키고, 중요한 과제에만 집중하는 데 도움을 준다.

위임이 효과적으로 이뤄지게 하기 위해 몇 가지 근본적인 규칙을 알아두자.

권한을 위임하라 직장 동료나 자녀들은 권리와 책임을 위임 받으면 대개 긍정
적인 반응을 보인다. 그러므로 해야 할 일을 일일이 지시하는 일은 하지 말
라. 한 예로, 아이에게 심부름을 시킬 때 아이가 스스로 결정해서 사올 수
있도록 목록을 만들어준다. '맛 좋은 과일' 혹은 '네가 제일 좋아하는 소시
지'라고만 적어주는 것이다. 설령 아이가 사온 물건이 마음에 들지 않는다
하더라도 한쪽 눈을 질끈 감고 참아야 한다. 심부름을 하는 아이가 책임질
수 있는 한계를 제시하는 게 좋다. 예를 들면 심부름을 보낼 때 20달러 이내

로 사오라고 말하는 것이다.

위임은 도전이다 위임 받은 사람이 시시한 일거
리를 맡았다는 느낌을 받지 않도록 일을 맡
겨야 한다. 오히려 그 일을 함으로써 도전
해보고 싶은 욕구가 나게 해주는 게 좋다.

예를 들어 물건 사오라는 심부름을 시킬 때 이렇게 말해보자.

"요즘 세일이라던데 네가 세일 기간을 이용해 얼마나 물건을 잘 사오는
지 한번 봐야겠다."

일을 위임하는 데 훨씬 효과적일 것이다.

큰 과제는 중간 목표를 정해주면서 위임하라 중장기 과제를 다른 사람에게 위임하는
것도 좋다. 다만 시간을 충분히 주고, 그것을 수행하는 사람이 과도한 부담
을 안고 있지는 않은지 중간 점검을 해야 한다. 예를 들어 6일간 쌓아두기
만 했던 신문들이 잘 정리되었는지 이틀에 한 번씩 알아보는 것이 좋다. 그
일을 맡은 사람이 아직 일을 제대로 처리하지 못했다면 속도를 내라고 격려
하라. 그러나 일을 맡긴 첫날 일을 다 처리했는지 물어보면서 마음속으로는
제대로 하지 못할 거라고 생각하는 것은 잘못이다. 가능한 한 날마다 다른
사람에게 일을 맡기는 게 좋다. 회사 직원이나 식구에게만 일을 맡기지 말
고, 외부 전문가도 활발히 이용하라.

방해 요소를 차단하라

직장에서든 집에서든 급작스런 일들이 늘 생기게 마련이다. 동료나 상관이나

부하 직원이 찾아오기도 하고, 전화나 손님이 오기도 한다. 뭔가 하기로 결심하고 열심히 하고 있는 상태에서 그런 일들이 생기면 방해를 받게 된다.

전형적인 방해 요소들을 기술적으로 회피하는 방법이 있다. 그 방법들을 사용하면 다른 사람들의 방해를 받지 않고 일할 수 있다.

직장 상사의 방해를 피하는 방법

문을 잠근다 회사에서 문을 항상 열어두는 것이 긍정적인 관계를 만드는 데 도움을 준다는 말은 이미 옛말이다. 중요하게 처리할 일이 있거나 집중해서 일해야 될 때 혹은 중대한 결정을 내려야 할 때는 문을 닫아두자. 문은 다른 사람이 방해해도 상관없을 때만 열어둔다. 미국 회사의 부서장들은 꼭 중요한 일이 있다면 언제든지 문을 열고 들어와도 좋지만 쓸데없는 일로 방해받고 싶지 않다는 의미에서 문을 조금만 열어둔다.

혼자만의 시간을 갖는다 하루 중 특정한 시간에는 아무런 방해를 받고 싶지 않다고 직장 동료에게 알린다. 그것은 방문객에게도 적용되며, 비서나 전화 교환 직원에게도 그것을 지시해둔다. 그 시간에는 방문이나 전화에 응하지 않는다. 만약 혼자 일하고 있는 중이라면 자동응답기를 작동시키면 된다.

동료들과 함께 보내는 시간을 정해놓는다 하루 중 특정한 시간에는 동료들과 이야기를 나누기로 정해놓는다. 그 시간을 정해두면 새로운 습관이 동료들에게 자연스럽게 인식된다.

혼자만의 시간을 위해 간이 질문통을 마련한다 아무에게도 방해받지 않고 혼자 일하는 동안에는 방 앞에 통을 하나 마련해두어 누군가 물어볼 말이 있으면 그곳에 적어놓게 한다. 혼자만의 시간이 끝나고 나면 그 안에 적혀 있는 일부터 먼저 처리한다.

진지하게 점검해본다 도무지 일을 할 수 없다고 불평하는 경영인은 산 속으로 들어가 산장 같은 곳에서 일해야 한다. 유능한 경영인은 회사를 2주일 정도 비워도 아무 문제가 생기지 않게 한다. 각 분야의 사람들이 맡은 바 일들을 잘해주어 문제가 저절로 해결되는 것이다.

부서장의 방해를 피하는 방법

세상의 모든 상사들은 부하 직원을 불렀을 때 그가 당장 일손을 놓고 달려오기를 바란다. 그렇게 해서 달려간 직원은 사장이 전화를 끊을 때까지 기다리거나, 방문객과 이야기를 끝낼 때까지 기다려야 한다. 그것을 방지하는 몇 가지 방법이 있다.

하던 일을 가지고 간다 혹시 기다려야 하는 상황에 대비하여 하던 일을 갖고 간다. 그러면 시간을 잘 활용할 수도 있고, 열심히 일하는 인상을 줄 수도 있다.

상사가 부를 때까지 기다리지 말라 수동적이 아니라 능동적으로 대처하라. 중요한 프로젝트를 진행할 때 상사가 부를 때까지 기다리지 말고 당신이 먼저 면담할 시간을 제안하라. 그렇게 하면 당신은 만남을 미리 준비할 수 있고, 두 사람 모두 시간을 덜 낭비하게 된다.

진지하게 점검해본다 정말로 상사 때문에 일이 방해를 받는지 냉정하게 생각해본다. 기획을 잘해놓고, 분명한 목표를 세워놓고, 우선 순위를 정하고, 꼭

요할 때만 당신의 일을 방해한다면 그 사람 때문에 당신이 잃는 시간은 전혀 없다. 그래도 그가 나타나는 것이 신경 쓰인다면 다른 이유가 있을 가능성이 높다. 아마 당신은 무의식 속에 직장 상사에 대한 좌절감을 갖고 있을 것이다. 그 이유가 구체적으로 무엇인지 찾아내야 한다. 어쩌면 직장을 바꾸고 남의 눈치 안 보면서 좀더 자신 있게 살아가고 싶은 욕구가 있을지도 모른다.

동료의 방해를 피하는 방법

외교적으로 대처하라 일정한 시간을 정해 두고 규칙적으로 서로 의견을 교환하자. 당신의 생리적 특성상 어느 특정한 시간에 일을 하는 게 능률이 제일 높다는 것을 동료에게 말해둔다. 그리고 문에 쪽지를 붙여둔다. '오후 2시부터 4시까지 방해하지 말 것!' 동료들과는 어느 특정한 시간에 일과 관련된 말을 하자고 미리 정해둔다.

분명하고, 명확하게 말하라 방문 앞에서 떠드는 소리 때문에 계속 일에 방해를 받는다면 고개를 돌려 다정한 표정으로 분명하게 말한다.

"나 지금 고객과 아주 중요한 일을 하고 있거든요. 그 일만 끝나면 한숨 돌릴 수 있겠어요. 미안하지만 그때까지 좀 조용히 해주시겠어요?"

살짝 미소를 지으며 그렇게 말하고는 다시 일에 몰두한다.

다정한 인사말을 미리미리 해둔다 아침에, 점심 식사 때 그리고 퇴근 시간에 사람

들과의 인간관계를 돈독히 하기 위해 다정한 말로 인사하자. 그렇게 함으로써 소속감도 더 생겨나고, 직장 동료에 대한 고마운 마음을 표현할 수 있다. 동료들이 다른 사람의 일을 방해하는 것은 소외감을 느끼고 싶지 않아 본능적으로 하는 행위일 때가 많다. 하루에 5분만 시간을 내면 충분하다.

솔직하게 점검하라 일이 중단된 것에 당신의 책임이 얼마나 있는지 냉정하게 계산해보자. 잠시 잡담 나누는 것을 당신이 너무 좋아하지는 않는가? 다른 사람과 어울리지 않으면 외톨이가 될까 봐 걱정하지는 않나? 작업량이 너무 적거나 많아서 자기도 모르게 일을 자꾸 중단하는 것은 아닌가?

직장에서 일을 자주 중단하는 사람들에게 권해주는 작업 중단 방지법

지루하고, 복잡하고, 하기 싫은 일일수록 중간에 포기하고 싶은 욕구가 더 크다. 그러나 언젠가는 그 일을 마무리해야 되고, 일을 중단한 손실은 당신이 감당해야 한다. 시간적 압박을 받으며 불만스러운 상태로 일하니까 일의 질은 떨어질 수밖에 없다. 다음은 자기 자신 때문에 일을 자꾸 중단하는 사람들이 사용하면 좋은 방법들이다.

사생활을 차단하라 사람들은 사적인 잡담을 하기 위해 동료를 찾아가곤 한다. 그러나 이제 더 이상 근무 시간엔 사적인 잡담을 하지 말자. 점심 시간처럼 근무 시간이 아닌 시간에 동료를 만나라.

진득하게 자리 지키기 굳이 필요하지도 않고, 전화로도 해결될 일 때문에 다른 부서나 지점을 직접 찾아가곤 하는데, 이제부터는 시험적으로 2주 동안 모든 일을 전화로 해결하도록 하자. 그리고 전화를 걸 때마다 직접 찾아가지 않아 시간을 벌었다고 생각하자.

창의적인 생각을 위한 휴식 시간을 정해두자 뭔가 깊이 생각하기 위해 사무실이나 회사 복도를 이리저리 걸어다니는데, 이럴 때는 창가에 서서 3분 간 창 밖을 쳐다본다. 그러면서 귓바퀴를 위에서부터 아래로 세 번씩 손으로 꼭꼭 누르며 만져준다. 그렇게 하면 뇌의 활동이 증가한다.

기다리는 시간을 줄인다 복사기나 팩스같이 다른 사람들과 함께 쓰는 기계를 사용하기 위해 바쁜 시간에 자주 자리를 비우는 경우가 있다. 이럴 때는 번번이 복사하러 가지 말고 복사기가 한가한 시간이 언제인지 알아내 일거리를 모았다가 한다. 혹은 다른 사람에게 일을 맡긴다.

회의는 정해진 시간에 짧게 하자 동료들과 회의를 하다 보면 서로 인간관계를 돈독히 하기 위해 종종 시간이 길어지는 경우가 많다. 자, 이제 현재 진행 중인 프로젝트와 직접적 관계가 있는 동료만 부르도록 하자. 회의할 주제를 명확히 정해놓고, 시간을 정해둔 상태에서 만난다. 당신이 회의를 주제하지 않는다면 "저 3시에는 가봐야 돼요"라는 식으로 말함으로써, 개인적으로 시간을 정해둘 수 있다.

집에서 일을 자주 중단하는 사람들에게 권해 주는 작업 중단 방지법

혼자 일하면 직장에서의 작업 중단 요인들은 많이 사라진다. 그
대신 자기 자신 때문에 문제가 생긴다. 다음은 그 문제들에
대한 해결책이다.

섬광처럼 떠오르는 생각에 매달리지 말자 하기 싫은 일을 억지로 하다
보면 다른 일과 관련된 좋은 아이디어들이 갑자기 생각나는 경우가 많다.
그런 순간을 위해 아이디어 수첩을 마련해두고, 녹음기도 준비해둔다. 머
릿속에 아이디어가 떠올랐을 때 그것을 잠시 적어둔다. 날짜도 적어놓는
다. 그런 다음 원래 하고 있던 일로 다시 돌아온다.

컴퓨터 게임이나 인터넷 사용을 자제하자 컴퓨터 게임이나 인터넷 서핑을 하는 데
요 이상의 시간을 보내곤 한다. 이제 컴퓨터 게임이나 인터넷 서핑은 꼭 필
요할 때 외에는 하지 말자. 지나치게 인터넷 서핑에 몰두하는 사람에게는
단순하지만 고전적인 방법을 사용할 수밖에 없다. 괘종시계를 맞춰 놓고,
20분 후에는 업무로 복귀하게 만드는 것이다.

첫 문장이 떠오르지 않는다면 두 번째 문장부터 시작하라 뭔가 글로 표현해야 하는데 시
작을 어떻게 해야 좋을지 몰라 오랫동안 고심하는 경우가 있다. 그럴 때에
는 첫 문장이 아니라 두 번째와 세 번째 문장부터 쓰기 시작한다. 컴퓨터로
일할 때는 나중에 첫머리를 끼워 넣는 것이 전혀 어려운 일이 아니다. 나머
지를 쓰다 보면 자기도 모르는 사이에 그것을 저절로 쓸 수 있게 된다. 손
으로 직접 쓸 때는 서두 쓸 공간을 비워둔다.

낙서하기 낙서로 서서히 뇌 운동을 시작한다. 빈 종이에 5분 동안 주제와 관련된 단어들을 무심코 적어본다. 그런 다음 서로 관련 있는 단어들을 함께 모아 그것으로 일을 시작한다.

손님이나 고객을 만날 때 주제에서 벗어나지 않게 하는 방법들

주제에 매달린다 처음 인사할 때는 다정한 인사말 몇 마디만 한다. 처음부터 일상적이거나 개인적인 이야기는 하지 말자. "그래 요즘 어떻게 지내세요?"라고 묻지 말고, "무슨 일이지요?"라고 구체적으로 묻는다.

마음이 아닌 머리로 손님을 대하라 불청객에게는 마실 물도 건네지 말고, 상대를 편안하게 대하지 말라. 소파에 편안하게 앉지 말고, 반듯한 자세로 앉는다.

손목시계 이용하기 방문객과 이야기를 할 때는 시간을 분명하게 정해놓고 이야기를 시작한다. 시간이 어느 정도 있는지 상대에게 미리 알려주고 손님에게 당신 방에 있는 시계가 잘 보이는 자리를 권한다. 더 효과적인 방법은 시간을 알려 준 다음 손목시계를 풀어놓는다.

헤어지기 전에 달콤한 말 한마디를 건네자 손님에게 당신이 그를 귀하게 생각하지만 시간적 제약 때문에 어쩔 수 없다는 느낌을 갖게 하라. 대화가 끝날 무렵 달콤한 칭찬의 말을 한마디 하는게 좋다. 그러면 작별이 훨씬 부드러워진다.

문제는 지금 당장 해결하라 문제점이 즉시 해결될 수 있다면 그렇게 하라. 만약 그렇지 않다면 동료에게 일을 맡기거나, 고객에게 중요한 요점을 서면으로 적어 제출해줄 것을 부탁한다.

동료들과 미리 약속해두기 불청객이 찾아오면 15분이 지난 다음 전화로 급히 할 일이 있음을 알려 달라고 비서나 동료들과 미리 약속해둔다.

종료를 알리는 동작을 취하라 대화를 끝낼 때 시간이 다됐음을 분명한 태도로 알려라. 수첩을 덮고, 책상 위의 서류를 정리하고, 의자의 앞쪽에 걸터앉는다. 대화의 요점을 한 문장으로 정리하고, 이렇게 마무리한다.

"오늘 상당히 많은 것을 논의할 수 있었습니다. 이렇게 찾아와 주셔서 감사합니다."

고객은 대화의 시간이 끝났다는 것을 알고 자리에서 일어설 것이다. 당신도 함께 일어선다. 부득이한 상황이라면 대화를 끝마칠 때 긍정적인 표정으로 손뼉을 가볍게 치면서 말하는 것도 좋다.

"이제 거의 다 논의가 된 것 같습니다."

그렇게 말한 다음 자리에서 얼른 일어난다.

손님을 끝까지 나가 배웅하라 손님은 당신이 그에게 베풀어준 시간보다 마지막에 어떤 인상을 받았는가에 따라 당신을 평가한다. 손님이 갈 때 승강기나 손님의 차가 있는 곳까지 나가서 배웅한다. 그렇게 하면 상대가 환대를 받았다는 느낌을 받는다. 겨우 10분 간에 걸친 면담이었다 하더라도 머릿속에 깊이 각인되는 만남을 가졌다는 인상을 주게 된다.

사전 약속을 부탁하라 대화 시간이 계획보다 더 오래 걸리면 방문객에게 다음 번에 만날 때는 반드시 사전에 약속하고 방문해 달라고 부탁한다.

일을 마무리 짓지 못하는 버릇 고치기

주변을 정리하지 않고 사는 사람들은 대개 시작한 일을 먼저 마무리 짓고 나서 정리하겠다는 생각을 갖고 있다. 그래서 가장 흔히 벌어지는 일이 치약 뚜껑을 제대로 닫아놓지 않는 일이다. 비슷한 이유에서 다른 형태의 일들도 많이 나타난다.

- 음식 먹고 난 다음 음식물 포장을 자동차에 방치하기
- 거스름돈을 지갑에 넣지 않고, 주머니에 넣어둔 채 그대로 두기
- 겉옷을 벗은 다음 옷걸이에 걸어두지 않기
- 더러운 빨래를 빨래통에 바로 넣지 않기
- 작업한 다음 연장 치우지 않기

그렇게 한다고 해서 시간이 절약되는 것은 아니다. 나중에도 어차피 그 일을 해야 되기 때문이다. 오히려 생활이 더 힘들어지는 혼란만 생길 뿐이다.

30초 원칙 지저분하게 하고 있기를 좋아하는 사람은 늘 쫓기며 산다. 그런 사람은 해야 할 일이 너무나 많이 밀려 있기 때문에 곧잘 "지금은 안 해!"라고 말한다. 그 일을 하는 데 걸리는 시간을 잘못 측정하는 것이다. 평소에 끝까지 일을 마무리 짓지 못하는 일을 마무리하려면 시간이 얼마나 걸리는지 한번 초시계로 확인해보자. 윗옷을 벗어 옷장에 걸어두는 데 20초밖에 걸리지 않는다는 것을 알게 되면, 이후

에는 기꺼이 옷을 걸 것이다. 방을 하나 청소하는 데는 4분이면 충분하고, 와이셔츠를 다리는 데는 3분이면 된다. 일을 끝까지 마무리 짓지 못하는 버릇을 고치기 위해 30초 원칙을 이용해보자. 30초 이내에 일을 마무리하려면 무조건 당장 해치우는 수밖에 없다. 이 원칙을 고수하면 자동차나 집이 훨씬 정돈되고, 앞으로도 계속 그럴 것이다.

정보의 홍수를 차단하라

정보의 바다는 끝없이 밀려든다. 당신은 점점 더 많은 시간을 언론 매체와 함께 보내고, 새로 생겨난 언론 매체들은 저마다 우리의 삶을 단순화시키겠다고 장담하지만 그렇다고 그 이전에 있던 매체가 사라지는 것은 아니다. 이 부분에 있어서 단순하게 살기 위한 방법을 살펴보고, 자기에게 맞는 방법을 선택해보자.

'꼭 볼 것' 리스트를 줄여라   읽지 않은 신문이나 잡지, 카탈로그와 팸플릿을 쌓아두어 스트레스를 받지 말자. 쌓아둔 자료가 한 달 이내에 읽을 수 있는 양 이상이 되면 그것은 정신적인 부담만 안겨준다. 가장 흥미로운 자료 세 개만 건지고 나머지는 버리자. 기분이 분명히 나아질 것이다. 건진 자료는 그날 당장 읽고, 가능한 한 버려라.

잡지를 볼 때는 칼을 갖고 보라   쓸 만한 기사를 보면 칼로 잘라내라. 그렇게 하면 무작정 통째로 보관하는 일은 없을 것이다.

책에 자기에게 맞는 목차를 만든다   책을 읽다가 재미있는 부분을 읽게 되면 책 뒷장에 색인표를 만들어놓는다.

그렇게 하면 책에서 찾고 싶은 부분을 쉽게 찾을 수 있을 것이며, 그러한 과정에서 책을 더욱 정독하고, 구조를 생각하며 읽게 된다. 그렇게 하는 것이 낭비라고 생각되면 색깔 있는 포스트잇을 붙여둔다. 나중에 다시 펼쳐보게 될 부분은 대개 세 곳에서 열 곳 정도다. 포스트잇을 붙여놓음으로써 그 책장을 빨리 찾아볼 수 있고, 그 책을 정독하며 잘 읽었다는 것을 한눈에 알 수 있다. 소설뿐만 아니라 인문학 책에도 그렇게 할 수 있다. 당신의 마음을 사로잡은 부분이 나오는 곳이면 언제 어디에나 색지를 붙여놓자.

신문을 읽지 마라 대개 사람들은 아침 식사를 하면서 신문을 보곤 하는데, 실제로 신문에서 얻을 수 있는 정보는 별로 많지 않다. 아무리 좋은 신문이라도 당신의 눈길을 사로잡고, 낮에 다른 사람과 이야기를 나눌 기사는 대개 하나뿐이다. 그렇지만 그 기사를 못 읽었다고 해서 당신이 손해를 입게 될까?

이제, 신문은 식구 중 다른 사람이 읽게 하자. 정말 관심이 가는 기사가 실려 있다면, 그 사람이 어차피 당신에게 그것을 알려주고 싶어할 것이다. 필요한 뉴스는 자동차 라디오나 부엌에서 듣는 라디오 혹은 저녁 뉴스 시간에 들을 수 있다. 차라리 아침 식사 시간에는 전문 잡지, 그중에서도 특별히 선별한 기사를 읽어라. 혹은 식구들과 이야기를 나누면 더욱 좋다. 신문 보기를 중단하기 어려울 때는 경제면이나 정치면처럼 정보가 당신에게 도움이 되는 부분만 읽는다. 다른 것들은 살펴볼 필요도 없다. 결과에 비해 거기에 투자하는 시간이 너무 길다.

메모지보다 노트를 이용하라 중요한 것을 메모할 때는 수첩이나 공책에 적는다. 메모지가 여기저기 흩어져 돌아다니면 집중력에 방해가 된다.

매일 만나는 광고를 줄여라 티셔츠나 모자에 써 있는 광고 문구, 커피 잔에 써 있는 제품 광고, 냉장고에 붙여놓은 재미있는 광고 문구, 티셔츠와 주변의 많은 물건들은 지속적으로 메시지를 던져주며 당신의 의식을 전환시키고, 무의식 세계에 혼돈을 준다. 자꾸만 눈길을 끄는 그런 문구들을 당신의 기억 속에서 지워버려라. 예를 들면 광고 문안으로 가득한 프레이크 상자를 단순한 플라스틱통으로 바꾸어놓는 것이다.

텔레비전 중독증에 벗어나자 사실 텔레비전은 나쁜 물건이 아니다. 그 어떤 매체도 그것만큼 집중적이고, 광범위한 지식을 전달해주는 것은 없다. 1995년 스웨덴에서의 연구 결과에 따르면, 집에 텔레비전이 없는 아이들이 그렇지 은 아이들에 비해 일반 교양과 상식이 부족한 것으로 나타났다. 그러나 텔레비전을 지속적으로 보는 것은 텔레비전이 갖는 유용성에 손상을 입힌다. 텔레비전을 바보 상자가 아닌 유용한 물건으로 삼기 위해서는 우선 텔레비전을 아무 생각 없이 그냥 켜지 말아야 한다. 미리 보고자 하는 특정한 프로그램을 선택한 다음 그 프로그램이 끝나는 즉시 끄기로 자신과 약속을 한다. 조금만 더 보라고 매달리는 유혹을 과감히 뿌리친다.

우리는 가끔 별로 보고 싶지도 않은데 텔레비전을 넋을 잃고 볼 때가 있다. 그럴 때는 텔레비전을 켜놓은 상태에서 방 밖으로 나간다. 일단 그렇게 '마력의 끈'을 풀고 나면 굳이 텔레비전을 보고 있을 필요가 없었다는 생각을 하게 될 것이다. 그럼 다시 방으로 들어가 텔레비전을 끄면 된다.

하지만 직무상 또는 취미 생활 때문에 특정 프로그램을 봐야 한다면, 다른 사람에게 그 프로그램을 대신 보면서 녹화해 달라고 부탁하자. 그리고 필요한 부분을 나중에 비디오를 통해 본다.

텔레비전에 중독되게 만드는 것들 중 하나는 일일 연속극이다. 이미 중독되었다고 생각되면 하루를 거르고 이틀에 한 번씩만 텔레비전을 보라. 그렇게 해도 줄거리는 이어지고, 당신은 시간을 절약하면서 서서히 의존에서 벗어날 수 있다.

텔레비전에 나오는 저녁 뉴스도 마찬가지다. 텔레비전 뉴스 대신 좀더 자세한 정보를 제공하는 라디오 뉴스를 듣는 것은 어떨까? 그렇게 하면 뉴스를 봐야 한다는 명분으로 시작되는 저녁 시청 시간을 줄일 수 있다.

의사소통을 단순화시켜라

보고서 쓰는 것을 좋아하는 사람은 별로 없다. 부득이 꼭 써야 되는 사람은 그 일을 뒤로 미루기 일쑤다. 그 문제와 관련하여 단순하게 살기 위해서는 눈높이를 낮추어야 한다. 즉 완벽한 글을 쓰려고 하지 말고, 대충 쓰면서 표현 방식이나 맞춤법 같은 것에는 신경 쓰지 말라는 것이다. 하기 싫은 일은 얼른 해치우는 게 좋다. 다음은 이 문제에 있어서 단순하게 살기 위한 몇 가지 방법들이다.

보고서를 편하게 작성하자 보고서는 내용이 중요하지 그것을 얼마나 잘 썼는지는 중요하지 않다는 것을 상사에게 강조하라. 편지나 팸플릿 혹은 신문 기사와 같은 중요한 문서를 복사한 것에 몇 글자 적어넣는 것만으로도 충분할 때가 있다.

이메일 시스템을 단순하게 만들자 '새로운 편지가 35통 있습니다.' 요즘 직장인들은 아침에 컴퓨터를 켜면 이런 메시지를 자주 대하게 된다. 편지나 팩스 말고도 이메일을 통해 보내 오는 정보들도 일일이 읽어보고 답변해주어야 한다. 많은 회사에서는 직원들이 이메일을 다루면서 다른 일도 원활하게 처리할 수 있도록 전문가들의 강좌를 제공한다.

한 이스라엘 전문가의 이메일에 관한 8가지 조언에 따르면, 우선 메일이 왔다는 메시지를 읽으면 무턱대고 읽지 말고, 보낸 사람과 제목을 유심히 살펴보아야 한다. 그중 상당수의 메일들은 보지 않고 그냥 삭제해도 괜찮은 것들이다. 원하지 않는 메일은 수신 거부 목록에 등록해둔다.

그 다음으로는 종이와 컴퓨터를 서로 조화롭게 이용하는 게 좋다. '편지 확인'란을 '편지 보관소'로 사용하는 일이 없도록 하자. 메일을 읽은 다음에는 프로젝트 바인더에 그 내용을 첨부해 놓는다.

세 번째는 이메일의 장점을 백분 활용하는 것이다. 보는 즉시 답장을 쓰는 거다. 메일을 받으면 그것을 읽은 즉시 답장을 쓰던가 삭제하는 것이 좋다. 내용을 길게 써야 된다면 제대로 된 답장을 쓰기 전에 짧은 메모를 적어 보낸다.

네 번째로는 종이를 많이 다루는 사무실에서와 마찬가지로 컴퓨터를 쓸 때도 휴지통에 버리기 전에 잠시 보관해두는 '임시보관함'을 사용하는 것이 좋다. '중간 정거장'이라고 이름 붙인 바인더에 같은 주제의 질문을 받거나 혹시 필요할지도 모른다고 생각되는 자료들을 5주일 동안 보관했다가 정기적으로 정리한다.

다섯 번째는 부재시 메시지를 이용하는 것이다. 휴가를 다녀왔을 때 수백 통의 메일이 당신을 기다리고 있을지도 모른다. 대부분의 메일 프로그램에는 '부재시 설정'이라는 옵션이 있다. 그곳에 자리에 없음을 알리는 정보를 남겨 두면 당신이 곧바로 답장을 해주지 않는 이유를 상대방이 알게 된다.

여섯 번째로는 참조를 남발하지 않는 것이다. 여러 사람에게 한꺼번에 메일을 보내는 경우가 많다. 같은 내용을 모든 사람에게 알리고 싶은 경우 그것을 자주 이용하는데, 그것은 꼭 필요한 때만 사용해야 업무에 방해가 되지 않는다.

일곱 번째로는 첨부할 때 주의하라는 것이다. 그림 파일이나 분량이 많은 문서를 보내고자 할 때 첨부해서 보내는 경우가 종종 있는데, 그것은 상대에게 그것을 받을 만한 공간이 충분히 있는지 확인하고 보내는 게 좋다. 그렇지 않으면 꼭 필요한 부분만 잘라내서 보내도록 하자. 그림을 보낼 때는 그림 파일의 크기를 축소한 다음 자리를 적게 차지하는 JPG 파일로 저장해서 보낸다.

받은 편지함에 용량이 큰 메일이 왔음을 알려주는 메시지가 있으면 컴퓨터에 저장하느라 공연히 시간을 낭비하지 말고 먼저 메일을 읽어보고 결정한다.

마지막으로 요점을 정리해야 한다. 가능한 짤막하고, 함축성 있는 말로 메일을 쓰자. 상대방이 보낸 메일은 꼭 필요할 때 외에는 전달할 내용만 보내자. 그래야 상대방도 간단하게 당신의 메일을 관리할 수 있다. 애초부터 삶을 편하게 하기 위해 만들어진 것이 전자우편이다.

혼자 일을 처리해야 하고, 다른 사람의 방해를 받고 싶지 않다면 딱 한 가지 방법밖에 없다. 잠적하는 것이다. 성공한 많은 사람들은 일에 몰두하기 위해 잠적한 경험을 갖고 있다. 굳이 멋진 바다가 내다보이는 해변가의 별장이 아니라도 좋다. 사무실이 아닌 다른 곳에서 일에 몰두하기 위한 몇 가지 방법을 소개한다.

자동차의 뒷좌석에서 날씨가 너무 덥지도, 춥지도 않고 적당하다면 자동차 뒷좌석에서 일을 해보는 것도 좋다. 주변의 방해를 받지 않는 한적한 곳을 찾아가 뒷좌석에 옮겨 앉는다. 그 자리에서만큼 당신은 운전사가 아니라 사장님이다.

야외에서 날씨가 문제지만 공원이나 호수 혹은 좋은 영감이 떠오를 수 있는 야외에서 일을 해보는 것도 좋다. 많은 사람들은 그것을 별로 탐탁하게 생각하지 않는다.

"날씨가 이렇게 아름다운데 일을 하라고? 그것보다는 긴장을 풀어야지."

그러나 그것은 좋은 장소에 갔을 때 솟구치는 긍정적인 에너지를 과소평가해서 하는 말이다. 멋진 곳에서 일을 한다고 그곳의 아름다운 풍경을 망치는 것은 결코 아니다. 오히려 주변 환경이 주는 편안함에 당신의 작업이 더욱 매력적으로 느껴질 것이다.

텅 빈 공간에서 어느 회사에나 평소에 사람들이 사용하지 않는 공간이 있다. 그리고 식사 시간이 아닐 때의 식당이나 회의실에는 의자와 책상이 텅 비어 있게 마련이다. 중요한 것은 그곳이 당신의 사무실에서 최대한 멀리 떨어져 있어야 한다는 것이다. 그곳에 있으면서 회사 밖으로 나간 것처럼 해놓고, 전화도 자동응답기로 대신 받는다. 그곳에 있으면 두세 시간 정도 어느 누구의 방해도 받지 않는 놀라운 기적을 체험할 수 있을 것이다.

기차에서 어디에서 일할 때가 집중이 가장 잘 되는지 파악하는 게 좋다. 내 경우에는 기차였다. 서너 시간 동안 전화도 오지 않고 불쑥 찾아오는 사람도 없는 기차에서 어려운 글을 읽거나 직접 쓴 경험이 많다. 물론 기차가 만원이거나, 마주 앉은 사람이 부스럭거린다거나, 시끄러운 여행객들이 탑승했거나, 차멀미가 난다거나, 금방 잠이 들어버리면 아무 소용도 없다.

다른 사람의 방해를 받지 않은 채 일에 최대한 몰두할 수 있는 곳을 더 찾아보자. 그런 곳을 찾는 것이 그만큼 효과적이고 창의적인 행동이라는 것을 알게 될 것이다.

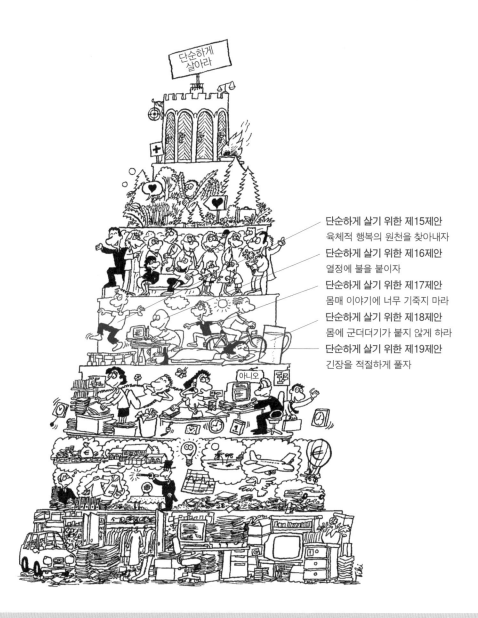

단순하게 살기 위한 제15제안
육체적 행복의 원천을 찾아내자

단순하게 살기 위한 제16제안
열정에 불을 붙이자

단순하게 살기 위한 제17제안
몸매 이야기에 너무 기죽지 마라

단순하게 살기 위한 제18제안
몸에 군더더기가 붙지 않게 하라

단순하게 살기 위한 제19제안
긴장을 적절하게 풀자

삶의 피라미드 제4단계

건강을 단순화시켜라

육체가 하는 말을 듣고 힘을 비축하라

많은 사람들은 건강이 가장 중요한 것이라고 말한다. 그리고 대부분은 건강을 병에 걸려 있지 않은 상태라고 생각한다. 그렇지만 그것은 건강에 대한 최소의 의미다. 건강하다는 것은 몸이 아프지 않은 것 이상을 뜻한다. 즉 자기 몸에 대해 편안하게 생각하고, 육체적인 노동으로부터 행복을 느끼고, 힘을 비축하고 신장시키는 상태를 말한다.

건강하다는 것은 몸에 병이 나도 괜찮다는 의미를 담고 있어야 한다. 질병은 정신적 성장과 따로 생각할 수 없다. 어린아이에게 질병이 성장에 중요한 의미가 있듯이, 어른에게는 몸의 언어를 이해하고 이용하는 것이 매우 중요하다. 몸에 안 좋은 증상이 나타나자마자 곧바로 약을 먹거나 다른 의학적 방법을 취해 그 증상을 억누르는 사람은, 내면의 성숙과 귀중한 보물과 다른 사람에 대한 깊은 이해라는 귀중한 보물을 잃는 것이다. 더구나 병의 원인과 문제의 뿌리를 찾지 않는 것은 위험한 결과를 초래할 수도 있다.

삶의 피라미드의 그 어떤 단계에서보다 여기에서는 긍정적인 시작이 중요하다. 따라서 가장 단순한 방법으로 만족과 행복을 경험할 수 있는 방법들을 소개한다.

많이 움직이자

날마다 적어도 30분 간 몸을 움직이자. 가장 좋은 방법은 야외로 나가는 것이다. 자전거를 타거나, 산책을 나가거나, 정원에서 일을 하거나, 조깅을 하거나, 그냥 걷거나, 당신이 하면서 즐거움을 느낄 수 있는 운동을 해보는 것이다.

몸을 움직여주면 몸에서 베타 엔도르핀이 나온다. 그것은 신경세포와 뇌세포 사이의 정보를 전달해주고, 우울한 생각을 마음속에서 지워버리고 통증을 줄여주는 등 마약과 비슷한 효과를 내기도 한다. 사회적인 유대 관계를 맺으며 음악과 함께 하는 춤 또한 좋은 운동이 될 수 있다.

이제, 에스컬레이터나 승강기가 보이면 단호하게 층계 쪽으로 시선을 돌

리자. 층계를 오르는 것은 돈이 가장 적게 들고, 효과는 가장 크게 나타나는 훌륭한 다이어트법이다. 올라가고 나면 심장의 박동 소리가 마약과 비슷한 효과를 내, 들으면서 약간의 행복을 느낄 수 있을 것이다.

하늘을 느껴보자

적어도 하루에 한 번은 일부러라도 하늘을 바라보자. 끝없이 펼쳐지는 하늘과 우주를 느끼면서 의도적으로 심호흡을 해보자. 그리고 대지 위에 발을 딛고 있음을 느껴보자. 신기하게도 해야 할 일과 책임들로부터 벗어나는 느낌을 받을 수 있을 것이다. 이때 동쪽을 정면으로 바라보면 당신은 '지구가 가는 방향'으로 서 있게 된다. 지구가 그 방향으로 돌고, 당신도 함께 도는 것이다.

전문가들은 적어도 한 달에 한 번 아침 일찍 일어나 일출을 보고 오라고 권

한다. 엔도르핀을 더욱 많이 생성시키는 활동으로는, 아침에 맨발로 잔디밭을 걷거나 야외 수영장에서 수영을 하거나 자연의 고요함을 즐기는 것 등이 있다. 힘든 일들이 당신을 기다리고 있다면 아침 일찍 일어나 30분 정도 산책을 해보자. 어려운 과제로 인해 과중한 부담을 느끼고 의욕이 상실되면, 자기 스스로에게 "정지!"라고 외치자. 그 순간 몸의 자세를 바꾸고 하늘을 보라. 끝없이 펼쳐진 하늘을 올려다보라.

머릿속으로는 이런 생각을 해보자. '이렇게 힘든 일을 전에 성공적으로 처리한 적이 있었던가? 그때 누가 혹은 무엇이 나를 도와주었었지?' 모든 것을 우연이나 행운이었다고 생각하지 말고 과거의 성공에 당신이 기여한 몫이 얼마나 되는지 가늠해보자. 자신이 잘했던 행동에 대한 아주 작은 긍정적인 기억이라도 떠오르게 되면, 그것은 당신에게 다시 용기를 주고 일에 착수할 수 있도록 도와줄 것이다.

건강한 미소를 짓자

거울 앞에서 미소를 지어보이며 하루를 시작하자. 처음에는 어색하게 느껴지겠지만 연구 결과 그것이 매우 긍정적인 효과가 있는 것으로 나타났다. 진심에서 우러나오는 솔직한 미소(볼 근육과 눈 근육을 약 30초 간 당겨 주는 것)는 뇌에 신호를 보낸다. 그것은 좋은 일일 때뿐만 아니라 낙담했거나, 좋은 기분을 망가

뜨리는 사건이 일어났을 때도 도움이 된다. 미소를 짓는 사람은 웃는 만큼 수확을 얻는다. 의기소침해지지 않게 만드는 최고의 무기는 바로 미소다.

잠자리에 들 때도 미소를 짓자. 어두워서 아무도 그것을 보지 못하지만 자신은 그것을 느낄 수 있을 것이다.

행복하게 자자

잠이 잘 들고, 푹 자는 사람은 행복을 느낄 수 있는 능력이 배가된다. 그렇게 하기 위해 쓰는 몇 가지 방법이 있다. 저녁때 무거운 식사를 하지 말고, 8시 이후에는 아무것도 먹지 말자. 필요하다면 잠자리에 들면서 마음을 차분히 가라앉혀 주는 차를 마시거나 따뜻한 우유를 마신다. 방에 통풍을 잘 시키고, 포근한 이부자리를 마련한다. 침대 곁에 220볼트 이상의 전압이 흐르는 전자제품을 두지 않는다. 그리고 일주일에 한 번은 10시 이전에 잠자리에 들자.

즐거운 마음으로 먹자

음식을 먹는 것보다 우리를 편안하게 해주는 것은 없다. 그것은 아주 어린 시절부터 시작된다. 그런데 그 편안함은 양이 아니라 질에 의해 만들어진다. 당신의 몸 속에 넣는 음식을 신중하게 선택하라. 한 연구 결과에 따르면, 음식은 육체에 포만감을 줄 뿐만 아니라 정신에도 영양분을 공급한다고 한다.

단순하게 살기 위한 제16제안 열정에 불을 붙이자

헝가리계 미국인으로 유명한 심리학자인 미하이 칙센트미하이는 행복과 창의력에 관한 연구로 명성이 높다. 그는 불행이나 행복은 주변 여건이 아니라 자기 자신에서 비롯된다고 보았다. 행복은 일부러 만들어 낼 수 없다는 것이 그

의 지론이었다. 그는 말했다.

"그러나 그렇다고 행복이 피할 수 없는 운명처럼 저절로 당신에게 다가오는 것은 아니다. 진실은 운명과 우연 사이에 있다. 행복은 당신이 준비할 수 있는 마음의 상태를 말한다. 물론 행복을 유도할 수는 없지만 불행해지지 않도록 효과적으로 막을 수는 있다. 즉, 내면의 경험을 활용할 줄 아는 사람은 삶의 질을 결정지을 수 있는 것이다. 특히 행복이 그렇다."

가장 큰 행복은 해변가에서 안락의자에 누워 있을 때 느껴지는 것이 아니다. 삶의 최고의 순간은 수동적이거나 긴장을 푼 상태가 아니라, 육체와 정신이 팽팽하게 긴장되어 있을 때 다가온다. 행복은 당신의 마음속에 호기심의 불꽃이 타오르는 것을 느끼고 그 불꽃에서 열정이 불타오를 때 느껴진다.

진정한 행복은 오래 지속되는 것이 아니라 사소한 행복의 순간들이 모여서 만들어진다. 칙센트미하이는 그런 상태를 '몰입Flow'이라고 불렀다. 그것은 아이들이 노는 것처럼 한 가지 일에 몰두하고 있어서 다른 것들은 아무 상관이 없는 상태를 말한다. 그런 상태에서는 모든 것이 저절로 이루어지고, '몰입'은 내면의 단순함과 연결되어 있으면서 동시에 가장 단순한 체험이 된다.

'몰입'에는 '의식의 질서'가 존재한다. 살아가면서 그 나이에서만 경험할 수 있는 전형적인 행복의 모습이 나타나게 된다. 대표적인 예가 첫사랑의 가슴앓이 같은 것이다. 부부로 살아가면서도 첫사랑의 애틋함을 계속 바란다면 그건 무리다. 만약 배우자가 당신에게 '처음 만난 그 순간처럼 사랑한다'고 말한다면 의심해볼 필요가 있다. 진정한 행복은 과거에 대한 그리움이 아니라 정신의 발전을 통해 만들어진다. 예를 들어 자식이 태어나거나, 오랫동안 질질 끌던 문제가 해결되었거나, 육체적인 한계와 제한에도 불구하고 삶을 살아갈 만한 가치가 있다고 생각하게 만드는 것 등이 행복이다.

행복은 문화, 나이, 교육이나 재산과는 전혀 상관없이 체험할 수 있는 것이다. 칙센트미하이는 광부, 예술가, 사업가, 외과의사로 일하는 사람들이 보통 사람들보다 더 많이 행복을 느끼며 살아간다는 것을 알게 되었다. 그들은 대부분 아주 부지런하고, 자기 삶에 대해 많은 생각을 하면서 살아가는 사람들이다.

행복을 체험하기 위한 '단순하게 살기' 7단계

다시 한 번 강조하지만 행복은 노력해서 쟁취할 수 있는 것이 아니다. 그러나 행복을 느낄 수 있는 순간을 준비할 수는 있다. 다음은 전문가들이 행복한 사람들에게서 발견한 행복의 7가지 전제 조건들이다.

당신의 전부를 바쳐라 사생활과 직장 생활을 너무 철저하게 나누는 것은 행복에 장애물이 될 수 있다. 퇴근 시간을 엄격히 지키는 것은 몰입을 차단하는 것이다. 행복하려면 어떤 것에 자기 자신을 완전히 몰입해야 한다. 직장 생활과 사생활이 자연스럽게 겹치게 살아가는 사람은 '몰입'을 쉽게 경험할 수 있다.

지금 현재에 집중하라 행복해지기 위해 돈을 많이 벌겠다든가, 높은 자리로 승진하겠다든가 하는 먼 미래의 일들만 목표로 일하는 것은 자신에게 도움이 되지 않는다. 오히려 피해가 될 수도 있다. 현재에 완전히 몰입해 있을 때에만 충만한 행복감을 느낄 수 있기 때문이다. 그 순간 시간은 별로 중요하지 않다. 모든 것이 너무 빠르지도 느리지도 않게 적당한 시간에 맞춰 흘러간다. 그때의 시간은 멈춰 있는 것 같고, 그 순간은 절대

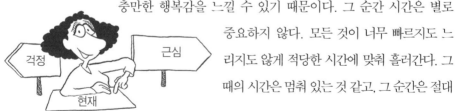

로 지나가지 않을 것처럼 보인다. 지난 과거와 미래의 꿈을 비교해서 시야가 가려지는 일이 없도록 노력하자. 그렇게 하면 현재의 순간에 집중하며 행복의 몰입을 느낄 수 있다.

하고 있는 일에 집중하라　여러 가지 일을 한꺼번에 하는 사람은 행복의 몰입을 느끼기 어렵다. 사람은 한 가지 일을 완전히 끝내야 행복의 순간을 체험할 수 있기 때문이다.

자신이 하는 일을 즐기라　행복을 체험한 사람들은 작업 환경의 한계를 성공적으로 극복한 사람들이다. 그들은 스스로를 삶의 질에 대한 척도라고 생각한다. 다른 사람으로부터의 인정이나 그것을 통해 벌어들인 돈은 그다지 중요하게 생각하지 않는다. 칙센트미하이가 연구한 사람들 가운데 행복 수치가 가장 높은 사람은 전문 분야에 대한 지식과 다른 사람을 기꺼이 도와주는 태도로 모든 사람으로부터 사랑받는 철강 회사의 평범한 근로자였다.

불만이 많은 동료와 함께 일하지 말라　작업 환경은 당신의 행복한 삶에 중요한 영향을 미친다. 불만이 많고 부정적인 생각을 하는 동료와 함께 일을 하면 조화를 이루는 팀에서 일할 때보다 행복한 순간을 맞기가 어렵다. 당신의 일터에서 끊임없이 불만을 토로하면서 당신도 모르는 사이에 불만을 전염시키는 사람이 누구인지 정확히 분석해두자. 가능하면 그런 사람과는 거리를 두는 게 좋다.

스스로 통제할 수 있는 직장을 구하라　자신을 희생자라고 생각하고, 자기 삶의 주인이 되어 살아가는 것이 아니라 남 때문에 억지로 살아간다고 생각하는 사람은 비록 그 사람이 맡은 일을 탁월하게 해낸다고 하더라도 기쁨을 느낄 수가 없다. 그렇기 때문에 돈을 적게 벌거나, 사회적으로 인정을 덜 받는 직업이라도 다른 직장을 찾아보는 게 좋다. 일을 하면서 행복을 맛보는 사람은 자기가 할 일을 훌륭하게 해내기 때문에 시간이 지나면 경제적으로도 이득을 얻을 수 있다.

여가 시간을 잘 보내자 근무 시간이 여가 시간보다 더 잘 지나간다. 근무 시간에는 일정한 규칙과 할 일들이 주어지지만 여가 시간에는 정해진 것이 없기 때문에 그것에 대해 계획을 잘 세워 즐거운 마음으로 보내려면 많은 노력을 기울여야 한다. 여가 시간을 헛되이 보내지 않는 사람은 삶에 대한 긍정적인 사고를 갖고, 장수하며, 병에도 잘 걸리지 않는다. 그러나 퇴근 시간만 기다리고, 주말만 학수고대하는 사람은 행복의 순간을 잘 체험하지 못한다. 칙센트미하이가 조사한 사람들 가운데 18퍼센트만이 여가 시간에 행복을 느꼈고, 그들 대부분은 잘 계획된 취미 활동을 하면서 행복을 느꼈다고 대답했다.

단순하게 살기 위한 제17제안 | 몸매 이야기에 너무 기죽지 마라

여가 시간에 운동을 하는 사람들 중 95퍼센트는 자기도 모르는 사이에 무리하게 운동을 한다. 운동을 한다고 해서 육체적으로나 정신적으로 저절로 건강해지는 것은 아니다. 큰맘 먹고 운동을 시작한 사람들 중 대부분이 처음에는 좌절감을 경험한다. 그룹에서 제일 뒤처지는 사람이 되고 싶지 않기 때문이다. 그래서 긴장을 풀고 싶어서 운동을 시작했는데 오히려 남보다 잘 해야겠

다는 경쟁에 휘말리게 된다. 그렇다면 운동을 아
예 하지 말아야 할까?

아니다. 해결책은 따로 있다. 운동을 즐겁게 하는
것이다. 운동은 땀을 뻘뻘 흘리는 고행이 아니라 즐겁고 유쾌한 일, 힘든 훈련
이 아니라 부드러운 움직임이어야 한다.

지속적으로 훈련하라

허리 통증, 목이 뻣뻣함, 감기에 유독 잘 걸리는 것 등은
근육을 지속적으로 훈련하면 다 피할 수 있는 병들이다.
삶과 건강에 필요한 중요한 요소들은 대부분 근육을
통해 스스로 만들어 낼 수 있다. 인내를 갖고 하는 꾸
준한 훈련은 건강의 필수 조건이다. 그런데 사람들은 대
부분 일단 운동하기로 결정하고 나면 한꺼번에 너무 많이 하려고 하는 경향이
있다. 하지만 조금씩 지속적으로만 해도 단순하게 사는 데에는 충분하다. 휘
어진 근육을 다시 펴주는 최상의 방법은 동질 자극 훈련이다. 5~10 초 간 저
항을 무릅쓰고 팽팽하게 해주는 것이다. 균형 운동은 미세 근육에 좋고, 역동
적인 훈련은 원활한 신진대사에 좋다. 짧게 하는 운동이 일상에 정착되도록
하는 게 중요하며, 늘 반복되는 활동을 할 때도 운동을 같이 하는 것이 좋다.

예를 들어 이를 닦을 때는 스키를 타고 하강하는 것처럼 무릎을 구부리고 몸
을 조금씩 움직인다. 샤워를 끝내고 물기를 닦을 때는 과장스럽게 역동적인 동
작으로 몸을 닦으며, 면도할 때는 한쪽 발로 서서 한다. 단추를
잠그거나 넥타이를 맬 때, 장신구를 달 때, 신발끈을 묶을 때
도 한 발로 서서 하고, 기다릴 때는 이리저리 움직여라. 자동

차에서 기다릴 때는 10초간 핸들 잡은 손을 쭉 뻗고 엉덩이 근육을 긴장시키면서 머리와 어깨를 돌려준다.

뛸 때도 생각하면서 뛰어라

옛부터 달리기는 가장 효과적인 운동으로 여겨져 왔다. 그렇다고 마라톤 선수나 운동 선수를 닮을 필요는 없다. 우리는 그저 자신만을 생각하면서 단순한 규칙에 따라 운동하면 된다.

달리기 전 몸을 이리저리 구부리고, 펴주고, 돌려주고, 풀어주는 등 준비 운동을 하자. 이렇게 하는 데에는 1~2분 정도의 시간이 걸린다.

달리는 동안 처음 30초간은 의도적으로 팔과 어깨를 가볍게 풀어준다. 그리고 긴장을 풀고 신체의 리듬을 찾아낸다.

달리다가 일부러 멈춰서 본다.

운동을 하는 동안 신체의 환상적인 변화를 체험하라 적혈구 수가 증가하고, 혈압은 떨어지고, 혈관은 넓어지며, 호르몬이 왕성하게 활동한다.

속도를 줄여라 운동할 때 중요한 것은 최고 신기록을 세웠느냐가 아니라 자신의 몸이 편안해졌느냐 하는 것이다. 다른 사람들의 비아냥거리는 시선이나 유명한 운동 선수들의 이상적인 모습은 머리에서 지워버리자. 그냥 즐기고 싶은 만큼만 속도를 내서 걸어라.

5분이면 신체 적응 시간으로는 충분하다 이제부터는 아무
문제 없이 속도를 내며 달릴 수 있다. 뛰면서 주변의 자
연 환경과 하늘과 식물과 냄새 그리고 소리에 귀를 기울이자.

10~20분 정도 뛰고 나면 몸에 질적인 변화가 나타난다 모세혈관이 확장되고, 몸에 안
좋은 콜레스테롤 수치가 낮아지며, 호르몬은 스트레스를 덜 느끼도록 조절
된다. 그때 당신의 몸은 조금 더 뛸 수 있을 것처럼 가벼워야 한다. 만약 몸
이 너무 무거워 헉헉된다면 운동을 잘못한 것이다.

자전거 타는 것을 좋아한다면 그때도 같은 규칙을 세워두자. 등과 관절에
가장 좋은 자전거는 상체를 꼿꼿하게 세운 채 타는 구식 자전거다.

산책으로 원기를 회복하자

운동복을 입고 조깅하는 것만이 능사는 아니다. 긴장을
풀면서도 신체의 중요한 근육을 훈련시키고 싶다면 산책을
나가자. 신선한 공기를 마시며 평소처럼 걷는 것은 당신의 평소 건
강 상태를 조절해주고, 심근경색의 위험을 줄여주며, 체중을 조절해준다.

가장 좋은 방법은 규칙적인 산책이다. 처음에는 매일 30분 정도 산책하는
것이 좋다. 너무 급하게 걷지 말고, 목표를 향해 꾸준하게 걸어보자. 걸어가는
동안 맥박은 약간 올라가야 되지만 조깅할 때보다는 분명히 낮아야 한다.

같이 산책할 파트너를 찾아라. 배우자, 친구, 자식 혹은 개나 이웃과 함께

하는 것이 좋다.

발걸음 수를 세어보고, 호흡도 의식적으로
해보자. 여섯 걸음을 걷는 동안은 숨을 들이마시고, 다시 여섯 걸음을 옮길 때
는 숨을 멈추고, 다시 여섯 걸음을 걸을 때는 숨을 내쉬고, 또다시 여섯 걸음
을 걸을 때는 숨을 다 내쉰다. 인도에서 유래된 이 호흡법은 마음을 편안하게
해주고, 안정감을 갖게 하며, 머리를 맑게 해준다.

매일 산책할 때마다 목표물을 정해두자. 어느 특정한 나무나 호수, 강, 어
디든 멋진 경치를 감상할 수 있는 곳을 정해놓으면 좋다. 그곳에서 계절의 변
화를 느껴보자. 그렇게 하다 보면 산책이 일종의 성지 순례가 되고, 당신은 정
신적인 에너지까지 덤으로 받을 수 있게 된다. 단순하게 살기 위한 방법 가운
데 괴테가 했던 방법은 특히 아름답다. 그는 산책을 다니면서 늘 꽃씨를 갖고
다녔다. 그리고 그것을 길가에 뿌려주고, 이듬해 작년에 지나간 길에 그 꽃이
피어나면 몹시 즐거워했다고 한다.

동기를 부여받기 위한 방법들

- 무리하게 시작하지 마라. 지치게 만들지 말고, 생기를 되찾게 하라. 당신이 할 수 있는 능
  력 이하로 하라.
- 다른 사람의 말을 듣고 억지로 하지 말고 스스로 확신을 갖고 하라.
- 언제 시작할 것인가, 얼마나 자주 할 것인가, 얼마나 오랫동안, 또 어디에서 할 것인가에
  대한 운동 계획표를 작성하자.
- 스스로를 점검하라. 지나친 부담을 주는 사람이 아닌 당신과 함께 운동할 수 있는 사람과
  약속해두자. 운동을 끝냈을 때마다 달력에 기록해둔다.
- 겨우 5분간 하는 운동이라도 유익하다는 것을 명심하자.
- 언제 시작해도 늦지 않다. 70세에 시작해도 얼마든지 근육을 단단하게 해주고, 혈액 순환
  을 도와줄 수 있다.

불필요한 살은 없애자. 다이어트를 통해서가 아니라 특별 프로그램을 통해서 없앨 수 있다. 단순하게 살기 위한 원칙은 간단하다. 지나치게 하지 말고, 조금씩 규칙적으로 하는 것이다. 혁명이 아니라 발전시키는 것이다. 다음에 소개될 방법들로 당신의 일상을 조금씩 바꾸다 보면 1~2년 안에 무리 없이 당신의 체중을 정상으로 되돌려놓을 수 있다.

올바른 방법으로 체중을 줄이는 것은 비만을 유지하는 것보다 더 쉽다. 자신의 몸에 만족하고, 겉으로나 속으로 건강한 상태를 유지하는 것보다 삶을 단순화시키는 것은 없다.

완벽한 외모를 머릿속으로 그려라

자신의 외모를 완벽하다고 생각하는 사람은 거의 없다. 배는 불쑥 나왔고, 코는 너무 길고, 이는 너무 누렇고, 이마는 너무 넓고, 가슴은 너무 작거나 크고, 피부는 거칠거나 주름이 많고…. 가장 안 좋은 상태는 자신의 그런 불만에 지나치게 집착한 나머지, 체중 조절과 같은 부족한 외모에 변화를 줄 수 있는 일을 할 생각을 전혀 하지 않는 것이다.

단순하게 살기 위한 방법은 간단하다. 거꾸로 생각하는 것이다. 거울 앞에 서서 당신의 몸에서 어디가 예쁜지에 대해 말해보자. 당신은 자신의 눈, 손, 웃음소리 혹은 목소리에 호감을 갖고 있을 수 있다. 그렇게 하다 보면 놀라울 정도로 긍정적인 생각을 갖게 되고, 그것은 날마다 자신의 외모에 대해 비아냥거리는 것보다 훨씬 더 효과적이다.

그런 다음 벌거벗은 몸으로 거울 앞에 서 있다고 상상을 하면서 당신의 외모

에 만족한다고 생각해보자. 상상할 때 가능한 한 머릿속에 그 모습을 생생하게 그려보자. 이런 훈련을 하는 이유는 감정과 상像, 그리고 온전한 사고를 담당하는 오른쪽 두뇌에 그런 생각을 각인시키기 위해서다. 오른쪽 두뇌는 무엇보다도 무의식의 세계와 강하게 연결되어 있다. 그런 식으로 오랫동안 지속하다 보면 당신이 마음속으로 그리는 모습에 영향을 주게 되고, 당신도 그런 방향으로 발전하게 된다. 따라서 자신에 대해 부정적인 모습을 그리거나 부정적인 말을 하지 말자. "나는 너무 뚱뚱해", "나는 생긴 게 꼭 바보 같아" 따위의 말들은 무의식 세계에 깊이 뿌리내려질 수 있다. 그것보다는 자신에 대해 긍정적으로 생각해보자. "내 몸에 있는 필요 없는 군살은 다 빠져나갈 거야", "난 날마다 더 예뻐질 거야"와 같은 말을 자신에게 해보는 것이다.

다이어트 프로그램도 긍정적으로 생각하라. 몸을 움직이는 것, 육체적으로 힘들게 하는 것, 건강한 음식을 먹는 것 등을 '이게 다 내 몸을 위해서 하는 거야'라고 생각하며 받아들이자.

날마다 체중을 재보자

체중 조절의 목표가 딱히 몇 킬로그램의 체중을 줄이는 게 아니라고 하더라도 체중계는 반드시 있어야 한다. 날마다 규칙적으로 체중을 잴 필요가 있다. 그렇게 하면 몸무게가 늘었는지 줄었는지 늘 궁금해질 것이다. 가장 효과적인 방법은 벽에 당신과 당신의 파트너의 체중을 날마다 재서 적어놓는 것이다. 체중이 늘어나는 조짐이 보이면 함께 체중 조절을 해보도록 하자.

아침에는 과일만 먹어라

체중을 줄이려면 음식의 양을 과감히 줄일 것이 아니라 음식물의 종류를 바꾸어야 한다. 적응 기간이 지나고 나면 아침 식사로 과일만 먹는 것에 익숙해질 것이다. 제일 좋은 대용식은 파인애플이다. 물론 그것만 먹으면 위산 과다로 고생할 수 있다. 가장 안정적인 방법은 맛있는 과일들을 조금씩 다 섞어 먹는 것이다. 양은 별로 중요하지 않으며, 포만감을 느낄 때까지 많이 먹어도 된다. 과일로 먹는 아침 식사는 체중 조절 외에

도 긍정적인 효과를 갖고 있다. 아침에 11시까지 과일만 먹으면 자연스럽게 장을 청소할 수 있다.

점심 식사는 원하는 만큼 마음껏 먹어라

인간은 동물과 마찬가지로 음식물 섭취에 일정한 한계를 갖고 있다. 충분히 먹고 나면 더 이상 맛을 느끼지 못하는 것이다. 하지만 우리의 그런 본능은 자기 앞에 있는 음식은 다 먹어야 한다는 사회적 강요로 왜곡되어 왔다.

며칠 동안 자신을 잘 관찰하면 어느 순간에 포만감을 느끼고, 음식을 더 이상 먹을 수 없게 되는지 알게 될 것이다. 그것을 느끼면 주저없이 수저를 놓고, 포만감을 즐겨라. 그리고 가능한 한 식사 시간은 규칙적으로 지켜라. 몸은 그것에 익숙해져서 음식물을 더 잘 소화시키고, 허기도 덜 느끼게 될 것이다.

저녁 식사량을 줄여라

저녁때는 우리의 몸이 소화를 잘 시키지 못한다. 우리 몸에 생기는 군더더기 살은 대부분 저녁 식사로 생긴다. 따라서 저녁은 가장 가볍게 먹어야 한다. 아침에 과일을 먹고, 점심때 적당히 먹는 것만으로도 하루 식사량은 충분하다. 물론 저녁 식사 시간이 가족 간의 대화의 시간이 되는 경우가 많다. 그런 경우에는 함께 앉아 칼로리가 적은 음식을 조금만 먹자.

살아 있는 음식을 먹어라

음식물을 섭취할 때마다 자문해보자. 살아 있는 것인가? 죽어 있는 것인가? 인간은 태어날 때부터 싱싱한 것만 먹게 되어 있다. 그렇기 때문에 '죽어 있는' 식품은 양념을 하고, 요리를 해 익혀 먹는다. 살아 있는 음식은 과일, 채소와 곡물류를 가리키는데, 그것들은 우리 영양에 귀중한 보물들이다. 그에 반해 가공된 육류품, 가공한 설탕, 통조림과 인스턴트 음식들은 '죽어 있는' 식품들이다.

기쁨을 갖고 벌을 달게 받아라

식사 초대를 받거나 명절이 되면 음식을 거절하기가 힘들다. 다행히 우리의 몸은 그렇게 칼로리가 많은 음식을 섭취하고 난 다음에 음식을 적게 먹어도 잘 적응한다. 하루 동안 거의 단식을 해도 아무 무리가 없다.

먹는 방식을 조금씩 변화시키자

대부분의 다이어트 요법은 모든 것을 배에만 집중하기 때문에 실패한다. 다이어트를 하고 난 다음 체중이 오히려 불어나거나, 예전의 안 좋은 버릇으로 되돌아가는 경우가 허다하다.

지혜롭게 하려면 음식 먹는 방식을 조금씩 변화시키는 게 좋다. 서서히 변화를 주어 배우자나 가족도 함께 할 수 있게 하자. 혼자서 하면 성공할 가능성이 매우 적다. 조금씩 성공할 때마다 기분이 좋아질 것이다. 이렇듯 조금만 다른 시각을 취해도 당신은 단순한 삶을 지금 즉시 즐길 수 있다.

물을 많이 마셔라

약간 허기를 느낄 때 요구르트, 과자, 초콜릿, 케이크 등을 먹지 말고 물을 마시자. 가장 좋은 방법은 식사하기 전에 물을 한 컵 마시는 것이다. 그렇게 하면 적게 먹는 버릇이 생기게 된다. 소식으로 자주 먹으라는 말에 귀기울이지 말라. 그렇게 하면 예상했던 것보다 몸무게가 더 늘어날 가능성이 많다.

커피와 홍차는 가능한 멀리하는 게 좋다. 처음 며칠 동안은 피곤하겠지만 금단 현상을 버티고 나면 그런 자극적인 식품 없이도 정신이 말짱해질 수 있다는 것을 스스로 깨닫게 될 것이다.

미국인 의사 파리둔 바트망겔리드는 그 주제를 갖고 오랫동안 연구해왔다. 그는 대부분의 성인병이 신진대사의 결함에서 비롯되는 것이 아니라 육체의 갈증 신호를 잘 이해하지 못한 결과였다는 것을 밝혀냈다. 현대의 식습관은

매우 역설적이게도, 많은 양의 수분을 섭취하는 데도 우리 몸은 여전히 갈증에 시달리고 있다. 그것은 바로 우리가 마시는 대부분의 음료가 엄청난 부작용을 일으키기 때문이다.

인공 가미 음료로 체중을 줄일 수 없는 이유 바트망겔리드는 다이어트 음료만 섭취한 사람들의 체중이 특히 많이 늘어난다는 것을 알게 되었다. 그 이유는 미국인의 80퍼센트 이상이 카페인이 함유된 음료를 구매하고 있다는 사실에서 찾아볼 수 있었다. 그러한 음료는 뇌에 직접적인 영향을 미치고, 중독성을 지닌다. 특히 중추신경을 흥분시키고, 갈증을 느끼게 만든다. 그렇기 때문에 엄청난 양의 콜라가 소비되고 있는 것이다. 수분이 몸에 오랫동안 머물지 않는다는 것은 커피나 콜라를 마시고 나면 금방 뇨의를 느낀다는 사실에서 분명히 알 수 있다. 또 사람들이 자기가 느끼는 갈증을 잘못 해석하는 것도 문제 중 하나다. 수분을 충분히 섭취했다고 생각하기 때문에 배가 고프다고 생각하는 것이고, 따라서 필요 이상으로 많은 음식을 먹는 것이다.

비밀은 아데노진트립포스파트ATP 속에 숨어 있다. 그것은 뇌에 있는 것으로, 저장된 에너지를 분출하는 일을 돕는다. 카페인은 ATP 저장고의 반응 수준을 낮춰준다. 뇌세포에 저장된 에너지가 활성화되고, 몸이 가뿐해진 것 같은 느낌을 받게 하는 것이다. 당분을 함유한 콜라는 뇌의 에너지 결핍을 약간 만족시키며 저장고의 일부분을 채워준다. 인공적으로 단맛을 가미한 음료수는 그런 역할을 하지 못한다. 그 결과 사람들은 갈증과 허기를 더욱 심하게 느끼는 것이다.

그것을 먹고 에너지를 공급받은 경험이 있을 것이다. 간은 설탕을 흡수하는 일을 하고, 체내에 저장된 단백질과 전분의 전환 속도를 늦춰준다. 허기를 느끼게 만드는 것이다. 여러 가지 연구 결과, 단맛에 의해 발생된 허기가 최고 90분까지 지속된다고 한다. 몸에 충분한 영양분이 있는데도 말이다. 다이어트 때문에 단맛이 나는 음료를 포기하는 사람은 필요 이상으로 많은 음식을 먹는다.

소금을 넣지 않은 음식을 먹으면 안 되는 이유 소금을 전혀 넣지 않은 음식을 먹으면 빨리 체중을 감량할 수 있다고 여러 다이어트 요법이 선전하고 있다. 그런 다

이어트의 성공은 수분 부족의 결과이기 때문에 아주 위험한 발상이다. 몸에 소금이 너무 적게 공급되면 몇몇 세포에서 산이 나와 DNA 구조에 손상을 입히고, 암을 유발할 수가 있다. 또한 그 숫자가 점점 늘어나고 있는 골다공증의 중요한 원인이 되기도 한다.

천식과 알레르기에도 물과 염분이 중요한 역할을 한다. 둘 다 알레르기의 주요 원인으로 꼽히는 신경 전도체 히스타민의 분출을 막아준다. 현대의 식생활에서 부정적으로 평가되고 있지만 소금은 자연적인 항히스타민제이며 기도를 촉촉하게 해주고, 가래를 녹여주는 폐에 꼭 필요한 성분이다.

올바르게 수분을 섭취하는 방법 물을 한 컵 마시고, 30분 후에 음식을 먹고, 다시 두 시간 반쯤 지난 후에 같은 양의 물을 마시자. 그것이 우리가 섭취해야 하는 최소한의 수분의 양이다. 몸에 수분이 부족하지 않도록 식사하면서 물을 두 컵 마시고, 자기 전에 한 컵 마시는 게 좋다.

갈증 해소에는 역시 물이 최고 사실은 그냥 맹물이 몸에 제일 좋다. 수돗물에 소

독약 성분의 염소가 많으면 뚜껑 없는 통에 한동안 담아둔다. 시간이 지나고 나면 물에서 염소와 냄새가 사라질 것이다.

술, 커피, 홍차, 그 밖에 카페인을 함유하고 있는 음료수들은 탈수하게 만드는 성질 때문에 물보다 좋은 점이 하나도 없다.

하루에 최소한 마셔야 하는 물의 양은 몸무게의 킬로그램당 30밀리리터 정도가 좋다. 몸무게가 66킬로그램이라면 2리터가 된다. 그만큼의 양을 순수한 물로 마셔주면 갈증을 전혀 느끼지 않게 된다. 저녁때 맥주나 포도주를 한잔 마시고 싶은 생각은 아예 나지 않을 것이다.

물통을 곁에 두자 책상 한쪽에 물 0.5 리터 정도 들어가는 큰 컵을 갖다 놓는다. 시간이 조금 지나면 규칙적으로 물을 마시는 버릇이 들면서 군것질 하고 싶은 생각이 저절로 줄어들게 된다.

날씨가 추운 겨울에는 물병에 뜨거운 물을 담아둔다. 놀랍게도 따뜻한 물을 한잔 마시고 나면 커피나 차를 마신 것처럼 정신이 말짱해지는 것을 느낄 수 있다. 목이 쉬거나 감기 기운이 들 때도 뜨거운 물을 마시는 게 도움이 된다.

수분 공급을 많이 하는 것에 비례해 소금도 더 많이 먹어두자. 2리터의 물을 마시면 육체는 3그램의 소금을 필요로 한다. 하지만 너무 많은 소금을 섭취하면 몸이 붓는다. 반면에 염분이 부족하면 밤에 근육통에 시달리거나, 평소 운동을 하지 않은 근육에 쥐가 나거나 현기증을 호소한다.

바트망겔리드 박사에 따르면 물은 탈수된 몸을 회복시키는 가장 값싼 치료약이다. 물을 규칙적으로 충분히 공급해주면 당뇨병, 심근경색, 위염이나 장염, 지속적인 부비강 염증이나 그 밖에 감정적인 어려움을 주는 많은 증상들을 예방해준다.

또한 잠을 자기 전에 물을 한 컵 마신 다음 혀에 소금을 몇 알 넣고 자면, 건강한 수면을 되찾을 수 있다. 뇌 속에 전해질 방출의 힘이 강화되면서 스르르 잠이 들게 된다.

강연하기 전에는 늘 물을 옆에 준비해두자. 연설하다가 할 말을 잊으면 잠깐 침묵하다가 연단 옆에 놓여 있는 물을 마시자. 물을 한 모금 마시고 나면 정신이 맑아지게 된다. 그 이유에 대해서는 아직 밝혀지지 않았지만, 90퍼센트 이상의 사람들이 물을 마시고 나면 다시 말을 잇곤 한다. 따라서 강연을 하기 전에는 목이 전혀 마르지 않더라도 단상에 물을 한잔 준비해두자.

단순하게 살기 위한 제19제안　긴장을 적절하게 풀자

현대 사회에서 대부분의 사람들은 수면 부족에 시달린다. 성인들은 할아버지 세대보다 하루 평균 70분 정도 적게 잔다. 아동과 청소년들은 1910년도의 또래들보다 90분이나 적게 잔다. 면역 장애, 감염, 신경 관련 질병, 편두통, 알레르기를 유발하는 가장 큰 원인은 적은 수면 시간이다. 과학자들은 수면을 통해 소진된 뇌의 에너지가 다시 채워진다고 믿는다. 정신적으로 여유가 생기고, 기분이 상승하고, 반응 능력과 실행 능력이 개선되는 것이다.

미국 버지니아 대학교의 수면 연구가 존 M. 타웁은 1976년 유명한 연구 결과를 발표한 바 있다. 연구 대상자들이 낮잠을 자고 나면 모든 시험에서 실력을 15퍼센트 더 발휘한다는 것이다. 그들은 실수도 3분의 1만 하고, 기분도 더 좋아지며, 두려움도 줄어들고, 무기력 증세도 덜 나타내면서 에너지가 눈에 띄게 늘어나 있었다.

의학적으로 증명된 바에 따르면 잠을 지나치게 적게 자거나, 너무 많이 자도 건강을 해친다. 베를린의 한 무기력증 연구소는 네 시간 이하의 수면과 열 시간 이상의 수면은 건강에 위험을 초래할 수 있다고 발표했다. 잠을 밤에만 잘 것이 아니라 낮에 조금씩 나누어 자는 것도 좋은 방법이다. 그렇게 하려면 수면에 대한 고전적인 습관을 버려야 한다.

단순하게 살기 위한 토막 잠자기 방법

긴장을 적절하게 풀기 위한 몇 가지 현명한 방법을 소개해보고자 한다.

나폴레옹의 수면 규칙

"남자는 네 시간, 여자는 다섯 시간 그리고 바보는 여섯 시간 잔다!" 나폴레옹이 잠자는 시간에 대해 한 말이다. 그는 밤 중에 잠을 얼마 자지 않고도 낮에 조금씩 분산해서 잠을 잠으로써 수면 시간을 충당했다. 얼마나 오래 잤느냐보다는 몇 번 잠이 들었는가를 더 중요하게 생각한 것이다. 몸이 잠에 빠져드는 순간 긴장을 집중적으로 풀게 만드는 성장 호르몬이 나온다고 알려져 있다.

레오나르도 다빈치 수면 규칙

이탈리아의 천재 레오나르도 다빈치는 몹시 긴장하면서 살았고, 일에 매달릴 때면 밤을 꼬박 새웠다고 한다. 그래서 그는 부족한 수면을 네 시간마다 15분씩 낮잠을 자는 것으로 대신했다.

하버드 대학교의 한 수면 연구가는 다빈치의 규칙을 따르면 일정 시간 동안에 더욱 능률적으로 일할 수 있다는 것을 밝혀 냈다. 선원들도 그 방법을 잘 이용해서 한 번에 25분 내지 30분씩 세 번 낮잠을 자고, 밤에는 (몸이 밤이라는 것을 알게 하기 위해) 90분 동안 자는 것으로 숙면의 효과를 높였다.

피곤함을 가장 많이 느낄 때가 최적의 숙면 시간

하루 중에 잠을 이루기가 어려운 '시간적 금지 구역'이 두 번 있다. 오전 10시부터 11시 사이와 저녁 시간 8시부터 9시 사이다. 이 시간에는 잠을 자려는 시도를 아예 하지 않는 것이 좋다.

피곤함을 가장 많이 느낄 때가 낮잠 자기에 제일 좋은 순간이다. 수면을 위한 의식의 창이 열리면 몸에 피로가 몰려오고, 하품을 하고, 눈을 깜빡이고, 머리가 무거워지고, 반응이 느려진다. 당신은 눈을 비비고, 턱을 괴고, 그 어떤 것에도 집중하지 못한 채 이런저런 생각을 하게 된다. 낮잠을 잠시 자는 것은 자신의 몸에 순응하는 것이다. 그 결과 활기를 되찾고 활력이 넘치게 된다.

신체가 잠을 필요로 하는지에 대한 테스트

이럴 때 당신은 수면 부족에 시달리고 있다.

- 낮에 자리에 누웠는데 10분 안에 잠이 든다. 청소년들의 경우에는 그 시간이 더 짧을 수도 있다.
- 기차나 지하철에서 잠이 든다.
- 회의나 세미나에 참석하다가 연사가 무슨 말을 했는지 못 듣고 깜빡 존다.

수면 부족에 시달리지 않으려면, 밤에 적어도 일곱 시간씩 규칙적인 수면을 취하고, 낮잠을 자되 가능하면 오후에 자는 것이 좋다. 심한 수면 부족에 시달린다면 주말을 이용하는 것도 좋은 방법이다. 그렇지만 미리 자두는 것은 효과가 별로 없다. 수면 부족에 시달릴 때 2, 3일 동안 하루에 여덟 시간씩 잠을 자면 다시 회복될 수 있다. 부족한 수면을 채우기 위해 지나치게 많이 자는 것은 좋지 않다. 그렇게 하면 우울증과 의욕 상실이 유발될 수 있다.

낮잠을 즐기는 방법

긍정적인 사고를 하자 잠깐 낮잠 자는 것에 대해 죄책감을 갖지 말라. 사고가 긍정적일수록 잠을 더 달콤하게 즐길 수 있다. 직장 상사나 동료가 낮잠을 허용하지 않으면 "낮잠을 정기적으로 자는 사람이 병가를 덜 냅니다. 점심때 잠깐씩 낮잠을 자는 게 사람의 생체 리듬에 맞아요"라고 주장하자. 아테네 의과 대학교에서 실시한 연구에 따르면, 낮잠을 잔 사람이 심근경색증에 걸린 확률이 30퍼센트나 더 낮다고 한다. 지멘스에서는 직원들을 위해 낮잠 자는 시간을 도입했는데, 그후 작업 능률이 눈에 띄게 올랐다고 한다.

같은 시각과 같은 조건 하에서 자자 가능하면 같은 시각과 같은 조건 하에서 낮잠을 자는 게 좋다. 제일 좋은 시간대는 오후 2시부터 5시 사이에 적어도 4분 간 자는 것이다. 그 시각에 자는 사람은 다른 시간대에 잔 사람보다 피로 회복 속도가 훨씬 높은 것으로 나타났다. 직무상 그러지 못한다면, 퇴근 시간과 퇴근 후 여가 시간 사이에 잠깐 눈을 붙여보는 것도 좋은 방법이다.

나름대로의 고정적인 습관을 갖자 잠이 더 쉽게 들 수 있도록 반복의 효과를 이용하자. 늘 앉아 있는 의자에서 작은 베개를 베고 낮잠을 청하는 것이다. 전화도 빼놓고, 옷을 헐렁하게 한

다음 몸의 근육을 풀어 주는 동작을 몇 번 하고, 명상을 하게 하는 글을 잠시 읽는다. 자기 나름대로 고정적인 습관을 갖는 것이 좋다.

편안한 공간을 찾자 마음이 편하고, 흥분을 가라앉히고, 안정감을 주는 공간을 찾자. 조용하고, 약간 어둡고, 너무 덥지 않아야 한다. 이상적인 온도는 16도 내지 18도다.

시간보다는 숙면 정도가 중요 낮잠으로 피로가 얼마나 풀렸느냐는 잠을 얼마나 잤느냐가 아니라 제대로 잤느냐에 달려 있다. 뇌에서 잠의 창문이 문을 연 시간에 낮잠을 잔다면, 늘어지게 자는 것보다 훨씬 더 높은 효과를 얻을 수 있다. 가장 이상적인 낮잠 시간은 4분 내지 20분이다.

잠은 어디에서든 잘 수 있다 마부처럼 의자에 앉아 다리를 앞으로 쭉 뻗고 앉는다. 머리와 상체는 약간 앞으로 기울이고, 손과 팔은 허벅지와 무릎 위에 올려놓는다. 대기실에서 기다리거나 기차를 타고 갈 때 혹은 그런 비슷한 상황에서 등을 잘 기대어 반듯하게 앉아, 머리를 약간 앞이나 뒤로 기울이면 좋다. 원활한 혈액 순환을 위해 다리를 겹쳐 앉지 않는다.

책상에서는 손과 팔꿈치를 책상에 대고 그 위에 머리를 괸다. 베개 대안으로 평평하고 너무 딱딱하지 않은 서류가방에 셔츠를 둘둘 말거나, 책상 위에 재킷을 놓고 팔로 끌어안은 다음 머리를 받치고 잔다.

몸을 피곤하게 만드는 소리를 듣자 명상 음악을 듣거나, 선풍기나 냉장고가 돌아가는 소리에 귀를 기울인다. 소리가 규칙적으로 계속 이어지면 잠이 더 쉽게 든다. 혹은 피지 섬의 어느 한적한 오두막에 있는 모습을 상상하고, 그곳에서 철썩대는 파도 소리를 듣고, 멀리 찌르레기가 우는 소리를 상상해본다.

음식도 몸을 피곤하게 한다 빵, 감자, 과자, 우유와 같이 탄수화물이 함유된 음식을 먹고 나면 잠이 온다. 자기 전에 너무 많은 양의 수분은 섭취하지 말자.

상쾌하게 일어나기 갑자기 일어나지 말자. 잠을 깰 때도 들 때와 마찬가지로 뜸을 들이며 깨자. 잠을 깰 때 심호흡을 하는 것도 좋다. 기지개를 펴고, 하품을 하는 것도 잠에서 깨어날 때 할 수 있는 좋은 운동이다. 시원한 물로 세수를 하고, 이를 닦고, 차가운 냉수를 한 잔 마시고, 단백질을 함유한 식사를 하면 뇌가 의식의 전령들을 잠에서 깨워준다.

낮잠을 절대로 자지 않는 사람의 경우 어떤 사람들은 낮잠을 자면 더 피곤하다며 잠을 자지 않는다. 그렇지만 그런 사람에게도 짧은 낮잠이 도움이 될 수 있다. 그런 사람이 낮잠을 즐기게 되기까지는 대개 4일 내지 5일이 걸린다. 특히 나이가 많고, 전체적인 작업 능력이 떨어졌을 때 더 쉽게 변한다. 아주 심한 경우에는 적응하기까지 20일이 걸린다. 그러나 일단 적응이 되어 짧게 낮잠을 자고 나면 몸이 훨씬 가뿐해졌다는 것을 느끼게 될 것이다.

아침을 산뜻하게 시작하자

밤늦게까지 잠을 자지 않아 아침에 일어나기 어려워하는 사람은 전 국민의 8퍼센트 정도밖에 되지 않는다. 미국과 영국 대학교가 공동 연구한 바에 따르면, 상당한 수의 사람들이 혼합형인 것으로 나타났다. 다시 말해 아침에 게으름을 피우는 사람들은 대부분 체질적으로 그런 것이 아니라 스스로 그렇다고 믿어서 그렇게 되었다는 말이다. 적당한 방법을 잘 사용하면 아침의 피곤함을 이겨 낼 수 있다.

잠자리에서 일어나기 전에 따뜻한 것을 먹는다 밤에 육체는 1 내지 2리터의 수분을 빼앗긴다. 따라서 그런 손실을 다시 채워줄 수 있는 가장 좋은 방법은 빈 속에 생수 두 잔을 마시는 거다. 혹은 따뜻한 것이 몸에 더 좋을 것 같으면 전날 밤에 차를 끓여 보온병에 넣어두었다가 아침에 일어나면서 마시면 좋다.

기지개 펴기 강아지나 고양이를 보고 그 방법을 배워라. 여덟 시간 정도 자고 나면 근육, 인대, 신경들이 약간 수축되어 있다. 일정한 규칙 없이 마음이 내키는 대로 침대에서 기지개를 힘껏 켜본다. 그러고 나면 산소 공급이 더 원활해지고, 행복을 느끼게 하는 호르몬이 분출되며, 근육이 움직인다. 약 5분 동안 그런 시간을 가져보자. 산부인과에서는 산모가 너무 힘들어하면 팔을 들고, 손가락을 쭉 뻗고, 주먹을 감아쥐었다가 다시 손가락을 펼치는 동작을 열 번 정도 해보라고 권한다. 그렇게 해주면 혈액 순환이 훨씬 잘 되기 때문이다.

아로마 요법 제일 좋아하는 향수를 침대 옆 탁자에 놓아둔다. 그리고 자명종이 울리면, 그것을 약간 뿌려 '낮의 향기'를 들이마신다. 이 방법은 남자들에게도 효과가 있다. 자극을 줄 수 있는 향기로는 개꽃, 라벤델, 페퍼민트, 로즈마린, 노간주나무, 레몬 향 등이 있다.

늘 감사하는 마음을 가져라 미국인 작가 헨리 데이비드 토류는 매일 아침 일어날 때마다 3가지 똑같은 질문을 한다. 살아 있다는 것이 왜 좋은가? 어떤 것이 나를 행복하게 하는가? 무엇에 대해 감사해야 하나? 그 질문에 대한 대답은 당신이 삶을 긍정적이고 적극적으로 생각하게 만들어준다.

여유를 갖고 살아라 아침부터 우울한 기분이 드는 것은 아침에 일상적으로 해야 할 일에 대한 거부감에서 비롯되었을 확률이 높다고 미국의 의사이자 심리학자인 라이드 윌슨은 진단했다. 또한 낮에 해야 할 일들에 대한 기대치가 부정적인 감정을 갖게 하는 데 한몫한다. 아침에 무엇 혹은 누가 당신의 신경을 날카롭게 하는지 차분하게 점검해보라. 필요하다면 자신만의 시간을 더 갖기 위해 좀더 일찍 일어나는 습관을 들이는 것도 좋다.

아침에 해야 할 일들을 잘하려면 시간 관리가 가장 중요하다. 아침부터 시간에 쫓기는 사람은 육체나 정신이 건강하지 못한 조급증에 시달리게 된다. 보통 소요되는 시간에 30분 정도의 여유를 더 주자. 자기 자신만을 위한 시간을 갖고, 목욕탕에서 아침 준비하는 시간을 즐겁게 즐기고, 날씨가 화창하면 문을 활짝 열고 신선한 공기를 들이마시며 여유 있게 아침 식사를 하자. 찌뿌둥한 기분으로 보내는 아침이 여유와 행복을 되찾게 될 것이다.

아침을 준비하자 출발을 상쾌하게 할 수 있도록 준비해두는 것이 좋다. 저녁에 옷을 가지런히 벗어 두고, 다음 날 아침 식사 준비도 미리 해두자. 잘 정돈되고, 환하고, 깨끗하고, 좋은 향기가 나는 욕실은 하루를 잘 시작하려는 사람이 하루의 길목에서 처음으로 만나는 중요한 정거장이다. 목욕탕에 당신을 기분 좋게 하는 것이 한 가지는 있어야 한다. 예를 들면 즐겨 듣는 방송 프로그램이 나오는 라디오라든가, 히터 위에서 따뜻하게 데워진 수건 같은 것 등이다.

차가운 물로 헹구는 게 좋다 따뜻한 물로 샤워를 하고 나서 차가운 물로 헹궈야 정신을 제대로 차릴 수 있다. 세바스찬 크나이프 목사가 권하는 냉수 마찰도 효과가 좋다. 먼저 차가운 물을 틀어 놓고, 차가운 기운이 심장 가까운 곳으로 점점 다가가게 만드는 것이다. 처음에는 오른쪽 다리, 그 다음에 오른쪽 팔, 다음에는 왼쪽 다리, 왼쪽 팔, 등, 가슴 순으로 차가운 물을 뿌려 준다. 그때 차가운 물을 입에 한 모금 물고 있으면 차가움을 훨씬 덜 느낄 수 있다.

녹차로 맞는 좋은 기분 시카고 대학교의 스포츠 의학 전문가가 아침에 마시는 음료를 조사한 결과, 녹차가 건강에 가장 좋은 것으로 나타났다. 홍차나 커피처럼 몸에서 수분을 많이 빼앗지도 않고, 기분 좋게 만드는 호르몬의 분비를 촉진시킨다.

여기까지의 과정을 통해 당신은 단순하게 살기 위한 과정에 한 걸음 더 다가갔다. 목표를 향해 나아가는 것이 아주 많은 것들을 단순화시키고 개선시킴으로써 가능하다는 것을 알게 되었을 것이다. 이제 당신은 인생의 좀더 다른 차원에서 단순하게 살기 위한 시도를 할 마음의 준비가 되었을 것이다. 이제 당신 주변에 있는 사람들에 대해 생각해보자.

단순하게 살기 위한 제20제안
네트워크를 통해 섬을 탈출하라

단순하게 살기 위한 제21제안
가족 간의 연결 고리를 정돈하라

단순하게 살기 위한 제22제안
자신의 장례식을 간소하게 하라

단순하게 살기 위한 제23제안
질투심에서 벗어나라

단순하게 살기 위한 제24제안
화를 내지 마라

삶의 피라미드 제5단계

관계를 단순화시켜라

다른 사람과의 관계를 지속적으로
유지 · 강화하고, 마음껏 즐기는 방법을 배우자

단순하게 살기 위한 제20제안 | 네트워크를 통해 섬을 탈출하라

유명 인사들은 흔히 또 다른 유명한 사람들을 만나 자주 교류를 한다. 그것은 이른바 네트워크 즉 인맥으로 불리는 사회적 연결망이다. 그런 만남을 가져야 유명한 사람들은 비로소 유명한 것으로 인정받는다. 그들은 베스트셀러 작품을 쓰기도 하고, 텔레비전에 멋진 모습으로 출연하고, 주위의 이목을 집중시키는 모임에 참석하고, 직업적으로 대단한 성공을 거둔다. 그들이 모습을 드러내지 않고 조용히 살면 그들의 성공은 이내 사그러지고 만다.

직업적으로 성공한 사람들 가운데 어느 누구도 훌륭한 네트워크 없이 자기 일을 해낸 사람은 없다. 전에는 그것을 단순히 그냥 '인맥'이라고 불렀었다. 그러나 이제는 상호 교류가 있는 네트워킹이 사회 활동에 많은 도움을 주기 때문에 사회적으로 가치를 인정받는 '인간 관계 기술'로 받아들여지고 있다. 네트워킹은 고객을 찾거나 이윤을 높이려는 행위가 아니라, 관계에 참여한 모든 사람이 함께 이득을 볼 수 있도록 윈-윈 상황을 만들어내는 것을 말한다.

네트워킹에 참여한 사람은 '저 사람이 나한테 이로울까?'라는 식의 질문을 하지 않는다. 본능적으로 느낄 수 있는 호감이나 거부감을 믿어보라. 누군가

를 좋아한다면 상대가 고객이든, 동료든, 잠시 알고 지내는 사람이든 간에 그 사람에게 시간을 투자하라. 소중히 생각하는 고객이나 동료를 친구로 만들어라. 그런 사람과 인간관계를 맺으면서 '이 사람이 나를 어디까지 밀어줄 것인가?'를 묻지 말고, '어떻게 하면 저 사람에게 도움을 주어 저 사람이 자발적으로 나와 인맥을 유지하고 싶게 만들까?'를 생각하라.

당신이 무엇을 갖고 있느냐보다 누구를 알고 있느냐가 더 중요하다

제1규칙 처음부터 시작하라. 새로운 동료가 왔는데 석 달 간 아무 말도 하지 았다면, 그 사람과 이야기 나누기가 점점 더 어려울 것이다.

제2규칙 귀찮게 매달리지 말라. 상대가 당신을 찾아올 수 있도록 기회를 주자. 상대에게 조금씩 천천히 다가갈 필요가 있다.

제3규칙 모든 것을 우연에 맡기지 말자. 사회적인 인간 관계는 미리 계획을 세워 구축할 수 있다. 물론 마지막에 우호적인 관계가 성립되는 선물을 덤으로 받을 수는 있다. 도움이 될 수 있는 몇 가지 방법을 소개해본다.

'오픈 하우스'를 열자

직장 동료나 친구나 식구들에게 언제 집에 부르겠다고 해놓고 그 약속을 지키지 못한 것에 대한 부담감에서 벗어나자. 한 달에 하루 정도는 방문객을 맞는 날로 정해놓는 것이다. 예를 들면 매월 첫 번째 금요일 저녁에는 손님을 대하기로 정

해놓는다. 그때 손님을 접대할 음식에 대해 너무 신경을 많이 쓰다 보면 오히려 손님이 부담을 느낄 수 있으므로 편하게 준비하는 게 좋다.

혹은 그런 식의 만남이 소모적이고 너무 짧은 만남이라는 생각이 들면, 한 달에 하루를 정해놓고 꼭 초대하고 싶은 손님을 정해서 초대하는 것도 좋은 방법이다.

대가족 만남의 날

부모, 조부모, 시부모, 형제, 친척들에게도 오픈 하우스와 비슷한 방법을 적용할 수 있다. 1년에 한 번 대가족 모임을 만들어보자. 그런 기회를 통해 식구들끼리 서로 만나고, 먼 친척들과도 서로 인사를 나누며 친분을 다져보자. 그런 식으로 식구들을 만나는 것이 친척들을 개별적으로 만나는 회수를 줄일 수 있고, 가족 간에 친분도 더욱 두텁게 만들 수 있다.

새로운 만남을 두려워하지 말라

파티, 세미나, 가족 모임 등을 주최할 때는 서로 알고 있는 사람들만 계속해서 모이는 일은 피해야 한다.

식사를 초대받아 한자리에 함께 모였을 때는 간단한 게임을 하면서 분위기를 부드럽게 해주는 것도 좋다. 식사 준비가 다 되었으면 주최자로서 짧게 인사말을 하고 분위기를 띄워보자.

"자, 이제 식사를 시작하시면 됩니다. 오늘은 잘 모르는 사람을 사귀는 소중한 시간이 되시기를 바랍니다."

   그렇게 하고 나면 낯선 사람에게 용감하게 말을 걸며 인사하는 사람들이 많아질 것이다. 서로 모르는 사람들이 많이 모여 있는 자리에서는 이름표를 나누어주는 게 좋다. 참석자들이 각자의 이름표에 수수께끼 같은 말을 적어놓도록 유도해보자. 그렇게 하면 모르는 사람에게 말을 거는 데 많은 도움이 된다.

요리와 친목을 함께 도모하자

함께 요리할 사람을 먼저 생각해두자. 그리고 그들과 함께 만들 요리를 결정해 준비하면 혼자 음식을 마련하느라 고생하지 않아도 되고, 일을 하면서 그 시간을 유용하게 보낼 수 있다. 다른 사람과 함께 요리를 하다 보면 비법을 전수받는 일도 종종 있고, 시간 절약의 효과도 크다.

사랑의 릴레이

미국에서 토크쇼 진행자로 명성을 떨치고 있는 오프라 윈프리가 몇 년 전에 '사랑의 릴레이'라고 부르는 운동을 시작했다. 방청객이 각자 다른 사람, 특히 전혀 기대하고 있지 않은 사람에게 좋은 일을 하는 것이다. 꽃을 주거나, 책을

사주고, CD를 구입하거나 뭔가 다른 선물을 주게 했다. 상상력이 풍부할수록 더욱 좋다. 다만 꼭 지켜야 할 조건은 선물이나 다른 호의를 받은 사람이 그것을 준 사람에게 갚지

말고, 대신 다른 사람에게 그와 같은 호의를 베풀어야 한다는 것이다. 그리고 호의를 받은 사람은 또 다른 사람을 찾아야만 한다. 그렇게 하자 놀라운 변화가 생겨났다. 갑자기 한 번도 보지 못한 고객들이 꽃집을 찾아오는가 하면 앙숙으로 지내오던 사람들이 서로 부둥켜안았다. 이 운동의 장점은 어느 나라에서도 할 수 있다는 것이다. 굳이 토크쇼 진행자가 아니더라도 누구나 얼마든지 시작할 수 있다.

원하는 파티에 초대받는 방법

회사에서 큰 파티를 벌일 때 초대할 사람들의 명단은 비서실이나 홍보부에서 맡아서 진행한다. 따라서 그 파티에 참석하고 싶다면 그 일을 담당하는 사람을 알아내 솔직하게 "그 자리에 저도 참석할 수 있으면 좋겠습니다"라고 의향을 전하자. 그렇게 말하면 대개 상대는 당신이 자발적으로 관심을 표명했다는 것에 대해 반가워한다. 그런 자리에는 억지로 오는 손님들이 많기 때문이다.

파티에 참석하면 당신을 초대해 준 사람을 찾아가 초대해주어서 고맙다는 인사를 한다. 그들이 당신에게 호감을 느꼈다면 다음부터는 당신도 정식 손님 명단에 포함될 것이다.

파티장에서 올바르게 처신하는 방법

우연에만 의존하지 말고 목표를 갖고 행동하라. 예를 들면 이런 목표를 세우는 것이다. '그로스코프 교수와 최소한 5분 간 이야기를 나누고, 그분이 내 이름을 기억하게 만

들자' 혹은 '그동안 사이가 껄끄러웠던 리타와 이야기를 해서 관계를 부드럽게 만들어야지'라고 말이다.

또한, 예기치 않은 곳에서 생겨나는 만남에 대해서도 마음의 문을 활짝 열어놓아야 한다. 사람과의 만남을 게임이나 휴식보다 더 우선적으로 생각하고, 다른 수단을 통한 일의 연장이라고 생각하지 말자.

주고받는 것의 균형을 유지하라. 남의 이야기를 잘 들어주고, 당신 마음속에 있는 이야기도 해준다. 상대에게 꼬치꼬치 캐묻지는 말되 관심은 가져야 한다. 편안한 대화를 유도하기 위해서는 독특한 넥타이를 매든가, 특이한 핀을 꽂는 것도 좋은 방법이다. 때로는 멋진 구두를 신고 나가는 것도 좋다.

날씨나 음식과 같은 아주 평범한 소재로 이야기를 시작하는 것을 부끄럽게 생각하지 말라. 중요한 것은 대화를 시작하기 위해 말문을 열었던 소재로만 계속 이야기하지는 말라는 것이다.

이런 손님이 환영받는다

사생활이나 직장 생활에서 가장 중요한 만남은 당신이 다른 사람으로부터 초대받았을 때 이뤄진다. 소중한 우정이 그런 만남을 통해 맺어질 수도 있지만, 사소한 것에 주의를 기울이지 않아 기피 인물이 되기도 쉽다. 그런 일이 생기지 도록 하기 위해 초대한 사람의 입장이 되어 자신에게 이렇게 자문해보라.

'내가 만약 주최자라면 손님에게 무엇을 기대할까?'

참석 여부를 반드시 알려준다 서면으로 초대장을 받았으면 참석 여부를 확인해 달라는 부탁이 없더라도 반드시 해주어야 한다. 그래야만 파티를 준비하는 사람이 계획을 잘 세울 수 있다.

꽃을 가지고 가라 꽃다발은 전 세계적으로 가장 애용되는 선물이다. 그렇지만 그런 선물은 초대한 사람에게 늘 일거리를 준다. 포장지를 뜯고, 꽃병을 찾고, 줄기를 자르고, 꽃꽂이를 해야 하기 때문이다. 미국에서는 흔히 꽃꽂이한 꽃을 오아시스를 넣은 용기에 담아 가곤 한다. 초대한 사람이 편하게 선물을 받을 수 있게 하기 위한 손님의 배려다. 오아시스에 물을 꾸준히 주기만 하면 꽃병에 꽂아 두었을 때와 같은 기간 동안 꽃이 싱싱하게 유지된다. 그렇지만 많은 사람들이 구식이라고 생각하는 수선화, 사랑의 고백을 담은 빨간 장미, 또는 '묘지의 꽃'이라고 오해받기 쉬운 흰 국화 같은 꽃은 선물에서 제외하는 게 좋다.

남자나 혼자 사는 사람의 집에 갈 때 꽃을 사가는 것도 좋다. 향기로운 꽃냄새를 풍기는 것이 좋다. 주인이 빈손으로 오지 왜 가져왔느냐고 말하면 예의상 한 말로 이해하고 다음 번에도 다시 꽃을 사간다.

초대 시간보다 5분 정도 늦게 나타나자 너무 일찍 오지 말고 초대 시간에서 5분 정도 늦게 나타나는 것이 가장 좋다. 그러나 더 늦게 오는 것은 곤란하다. 그렇게 하면 손님 맞을 준비를 하고 있는 사람을 당황시키지 않을 수 있고, 상대를 너무 오랫동안 기다리지 않게 할 수 있다.

주도적인 손님이 되어라 지극히 내성적인 손님은 주인이 일일이 다 도와주어야 하기 때문에 무척 피곤하다. 절대 그런 손님이 되지 말자. 아무도 아는 사람이 없는 모임에 참석했다면 옆사람과 자연스럽게 이야기를 나누어라. 대화를 시작할 때 가장 흔히 쓰는 말은 초대한 사람과 어떤 관계냐고 물어보

는 것이다. 저녁 내내 한 사람하고만 이야기를 나누지 말라. 주인이 식사를 시작하자고 했을 때 제일 먼저 식탁으로 향하는 것을 부끄럽게 생각하지 말라. 예전에는 조금 머뭇거리는 것을 예의라고 생각했지만 요즘 그러한 태도는 환영받지 못한다. 초대한 주인을 도와주자. 수줍게 물러서 있는 손님들에게 다가가 그들을 대화에 끌어들여라.

주최자에게 자유를 허용하라 초대해준 주최자와 이야기를 나누는 것은 좋지만 그에게만 전적으로 의지해서는 안 된다. 초대받은 사람들이 골고루 주인의 관심을 받도록 배려하자. 주최자는 손님들에게 일일이 다가가기 어렵기 때문에 당신이 주도적으로 행동해야 한다. 다른 사람들과 이야기도 나누고, 그런 모임을 중요한 인간 관계를 만드는 자리로 이용하자. 특정한 손님과 인사를 나누고 싶으면 주인에게 소개해달라고 부탁한다. 초대한 사람은 손님들이 서로 친분을 갖는 것을 좋아하기 때문에 대부분 기꺼이 응해준다.

금기를 조심하자 손님이나 주최자의 마음을 상하게 할 말은 삼가는 게 좋다. 이를테면 준비된 음식에 대해 까다롭게 굴지 말자. "돼지고기가 건강에 아주 안 좋다던데 아직 모르셨나 보죠?" 혹은 다른 손님의 마음을 상하게 하는 일도 하지 않는 게 좋다. 스테이크를 먹고 있는 사람 옆에서 채식의 좋은 점에 대해 일장연설을 한다면 그것도 예의에 어긋난다. 정치나 종교, 금전, 질병에 대한 이야기를 할 때도 지나치게 집요하게 묻지 말라. 또한 다른 사람의 자식을 훈계하는 짓은 절대로 하지 말자.

음식을 칭찬하라 솔직한 마음으로 칭찬하자. 후식이 비위가 상했다면 포도주에 대해 좋은 말을 하라. 뷔페식으로 음식이 차려져 있을 때는 먼저 맛있어 보이는 음식만 조금씩 담아와 먹는다. 그러나 자기 통제는 반드시 해야 한다. 술을 너무 많이 마셔 주최한 사람을 당황하게 해서는 안 되며, 당신과 함께 돌아갈 동행자에게 둘 중에 한 사람이 과음한 것처럼 보이면 곧바로 파티장을 떠나자고 미리 약속해두는 방법도 괜찮다. 단, 다른 사람들이 보는 자리에서 만취한 사람을 큰 소리로 야단치는 행동은 절대로 하지 말아야 한다.

갈 시간에는 가자 너무 일찍 자리를 뜨는 것은 너무 오래 머물러 있는 것과 마찬가지로 무례한 행동이다. 가장 좋은 방법은 여러 사람과 함께 행동하는 것이다. 떠나기 전에는 초대해 준 사람에게 고맙다는 인사를 꼭 하고 가야 된다. 고맙다는 인사는 반복하면 할수록 좋다. 집으로 돌아가고 난 뒤, 그 다음 날 전화를 걸어 좋은 시간을 보낸 것에 대해 고맙다는 인사를 하자. 그렇게 하면 좀더 친밀한 관계를 유지할 수 있는 좋은 계기가 되어, 한번 스친 인연이 우호적인 관계로 변하게 되는 것이다.

단순하게 살기 위한 제21제안 가족 간의 연결 고리를 정돈하라

가족은 당신의 인생에서 당신과 가장 중요하고도 복잡한 관계를 맺고 있는 사람들이다. 죄책감, 열정, 분노, 우애, 사랑, 의존 등은 사람들이 부모에 대해 흔히 갖고 있는 감정이다. 많은 사람들이 부

모에 대해 서로 상반되는 감정들을 갖고 있는데, 특히 어머니에게 그런 경향이 강하다. 평소에는 무척 강하던 사람이 어머니를 보면 아무것도 하지 못하는 어린애가 되는 경우가 종종 있다. 심리 상담을 할 때는 부모와의 관계가 꼭 거론된다.

부모의 연세를 인정하라 어렸을 때 당신이 기억하고 있는 부모의 모습은 늘 현대적인 모습이었다. 하지만 어른이 되었을 때는 부모가 당신보다 한 세대 앞서 살았다는 것을 분명히 인식해야 한다. 그것은 곧 모든 것을 다 털어놓고 말하기 곤란하다는 의미다. 당신이 살아가는 삶은 부모의 삶과 속도에서 차이가 난다. 통계를 보면 노년층이 갖고 있는 삶에 대한 지나친 기대가 자식과 부모간의 감정의 골을 깊게 할 수 있다고 한다.

부모의 말을 경청하라 어른이 된 당신이 어렸을 때처럼 부모의 말에 꼬박꼬박 순종할 필요는 없다. 그러나 가능한 부모의 말을 귀담아 들어 주어야 한다. 부모의 뜻에 동의할 수 없다고 하더라도 그 뜻을 충분히 이해하고 있음을 표현해주어야 한다. 어른이 된 자식들은 부모의 말을 가로막거나 말을 끊고, 그런 말은 수천 번도 더 들었다고 말하는 경우가 종종 있다. 그것은 당신이 생각하는 것보다 훨씬 더 깊게 노인들의 마음에 상처를 준다.

부모는 당신보다 더 많은 것을 경험했다 이것은 사실 누구나 알고 있는 것이지만, 대부분 잊고 사는 경우가 많다. 부모는 당신이 태어나기 전부터 이 땅에 살고 있었던 분들이다. 부모를 더 잘 이해하려면 지난 과거의 시간에 대해 가능한 많이 묻자. 당신의 청소년 시절을 생각하며 부모 세대의 그 시절에 대해 물어보는 것도 좋은 방법이다. "첫사랑은 언제 하셨어요?", "청소년기는 어떻게 보냈어요?", "시간이 남을 때는 무엇을 했지요?"

부모님께 지난 과거에 대해 물어보면 특히 어머니는
그 시절에 대해 이야기하는 것을 좋아한다. "힘들었
었지"라는 말로 마무리하는 짧은 대답만 듣지 말고
구체적으로 물어본다. 혹시 귀찮다는 생각이 들 수도
있지만 가능한 많은 정보를 모아두자. 나중에 당신
자녀에게 들려줄 수 있는 소중한 유산이 될 것이다. 그런 감성적인 대화
를 부모와의 관계에 긴장감이 돌 때 하는 것도 괜찮다.

부모의 삶을 편안하게 해주자 많은 사람들이 부모와는 굳이 말을 하지 않아도 서
로 잘 알고 있다고 생각하여 이러한 관계를 어른이 되어서까지 고수하곤
한다. 그 결과 부모가 진정으로 원하는 것을 알지도 못한 채 부모의 마음을
잘 알고 있다고 착각하는 오류를 범하게 된다. 예를 들어 아들이 어머니의
생일을 맞아 어머니에게 영화를 보여주겠다며 극장에 갔다고 가정해보자.
늘 그렇게 해왔기 때문이다. 그러나 어머니의 기분이 별로 좋지 않은 것을
보고 아들은 의아해한다. 사실 어머니는 영화를 무척 싫어했는데, 작고한
남편이 늘 고집했었기 때문에 할 수 없이 그렇게 해왔던 것이다. 그리고 아
들은 지금껏 그 사실을 몰랐던 것이다. 어머니의 의향을 솔직하게 물어보
았다면 그런 상황은 발생하지 않았을 것이다.

부모의 성격 가운데 어떤 것을 닮고 싶은지 확실히 구분하라 성격의 좋은 부분이나 나쁜
부분을 면밀하게 검토해야 한다. 그것들이 모두 당신을 당신의 부모와 연결
해 주고 있다. "난 절대로 아버지처럼 살고 싶지 않아!"라는 말은 성공할 가
능성이 극히 적은 말이다. 누구나 유전적으로 아주 강한 영향을 받고 태어

났기 때문이다. 심리학적으로 보면 거부하는 것이 오히려 남게 된다는 연구 결과가 있다. 그러므로 당신이 할 수 있는 것은 부모가 했던 것보다 더 나아지기 위해 최선을 다하는 것뿐이다. 하지만 그것은 당신이 가족사의 단점을 파악하고, 나도 그것의 한 부분이라는 것을 인정할 때 가능해진다.

단순하게 살기 위한 제22제안 | 자신의 장례식을 간소하게 하라

이 말은 아주 이상하게 들릴지도 모른다. 그러나 생의 마지막 순간에 당신은 정신적으로 힘겨운 상황에 처해 있을 가능성이 많다. 그렇기 때문에 살아 있는 동안 자신의 종말에 대해 미리 생각해두는 게 좋다.

자신의 장례식을 준비하라

당신이 떠나고 나면 남은 가족들은 많은 중요한 결정들을 내려야 한다. 더구나 충격을 받은 상태에서 해야 한다. 관만 해도 평범한 관과 사치스러운 관과의 가격 차는 엄청나다. 그 밖의 장례식 용품들도 마찬가지다. 하지만 이러한 문제는 당신이 서면으로 몇 가지 당부를 해둠으로써 가족의 짐을 덜어 줄 수 있다. 예를 들면 이렇게 적어 두는 것이다.

'내 장례식을 간소하게 치러주고, 부모님이 계신 묘지에 묻어다오. 내가 좋아하는 노래를 불러주면 좋겠다. 장례식이 끝난 다음 내 친구들과 친척들을 다 초대해 융숭하게 대접해라. 무덤 앞에 꽃을 놓느니 불쌍한 사람에게 베풀기를 바란다. 내 죽음을 애도하는 것은 좋지만 너무 슬퍼하지는 말아라. 난 그동안 행복했고, 만족스러운 삶을 살고 갔다.'

근엄한 죽음이 되도록 하라

당신 인생의 마지막 순간을 당신과 함께 하는 의료진들도 당신 가족과 같은 입장이다. 당신이 의사 표현을 직접 할 수 없게 되면 그들은 당신의 삶을 어떻게 해서든지 연장하려고 많은 노력을 기울인다. 그렇게 해서 곤란한 상황이 래될 수 있는데도 말이다. 당신이 환자 처리 지침을 미리 만들어놓으면 그런 혼란을 피할 수 있다.

환자 처리 지침 "내가 의사 표현을 할 수 없을 경우에는 이렇게 해주기 바란다. 의학적으로 내가 죽음을 눈앞에 두고 있는 것으로 확인되었고, 삶을 연장하려는 조치가 근본적인 치유의 전망 없이 구차한 삶만 연장시키거나 내 육신에서 중요한 기능을 수행하는 것을 떼어내지 않으면 죽을 수 있는 상황에서는 어떤 생명 연장 조치도 허락하지 않는다. 그런 경우 의료진과 간병인들은 설령 진통제 투여가 생명을 단축시키는 위험이 있을 수 있다고 하더라도 고통과 불안감과 두려움을 경감시키는 조치만을 해주어야 한다.

나는 가능하면 가족과 가까운 사람들이 지켜보는 가운데 품위를 지키며 평화롭게 죽음을 맞이하고 싶다. 내게 정신적인 지지를 해주는 것은 찬성하지만 죽음을 앞둔 사람에 대한 요란한 조치는 거부한다. 나는 장기간 심사숙고한 결과, 나 자신과 관련된 일을 나 스스로 결정할 수 있다는 권리의 표현으로 이 지침서에 서명한다. 나는 급박한 상황에 내 의지에 반하는 변화가 있는 것을 원하지 않는다. 만약 내 마음이 바뀐다면 내 바뀐 의지를 어떤 식으로든 표현하겠다.

이름 _____

생년월일 _____

주소 _____

날짜 _____

서명 _____

상기 환자 처리 지침서는 아래 일자에 다시 서명하여 확인되었다.

장소, 날짜, 서명 _____

물질적인 것들을 정리하라

많은 사람들이 유언을 써놓는 것이 좋다고들 말한다. 그러나 그것보다 간단한 방법은 생전에 관계되는 사람들이 다 같이 모인 자리에서 당신이 원하는 것들을 상의하고 직접 종이에 적은 다음 서명하는 것이다. 그렇게 하지 않으면 예상했던 것보다 더 큰 문제가 야기될 수 있다. 가장 쉬운 해결책은 지금 당장 당신 소유의 재산을 포기하는 것이다. 귀중품이나 기억에 오래 남을 수 있는 선물을 어차피 줄 생각이라면 왜 죽은 뒤에 줘야 하나? 따뜻한 손으로 건네는 게 좋지 않을까? 그렇게 하면 고맙다는 인사도 받고, 그 선물을 받은 사람은 선물 외에 당신에 대한 소중한 기억도 덤으로 받게 된다.

가족사에 대해 알고 있는 바를 남겨두자

조상에 대한 정보를 갖고 있는 것이 심리학적으로 중요한 의미를 지닌다. 그렇기 때문에 당신의 부모나 조부모 혹은 다른 친척에 대해 알고 있는 바를 적어두자. 비록 후손들이 당장은 그런 유산의 가치를 잘 이해하지 못할지라도 언젠가는 당신에게 고마움을 느낄 것이다.

단순하게 살기 위한 제23제안 | 질투심에서 벗어나라

계속해서 다른 사람과 누가 더 낫고 더 많이 갖고 있는지 비교하려고 하면, 자신과 다른 사람의 인생이 지나치게 힘들어질 것이다. 사실 자기가 상대적으로 너무 적게 갖고 있다는 생각 때문에 불만만 갖지 않는다면 비교 자체가 그리 나쁠 것은 없다. 돈이든, 아름다움이든, 특별한 재주든, 명성이든 사람은 모든 것에 대해 질투심을 가질 수 있다. 질투심을 근본적으로 제거하려는 정치적인 시도가 있었다. 그래서 모든 사람이 똑같이 소유하는 사회를 만들었지만 그곳에서도 질투심은 없어지지 않았다. 그것은 눈에 잘 드러나지 않고, 끈질기고, 모든 사람의 삶을 힘들게 만든다. 질투하는 사람도 그렇지만 질투를 받는 사람의 삶도 마찬가지다.

그러나 그렇게 되지 않도록 하는 방법이 있다. 질투심이 삶의 활력소가 되게 하는 것이다. 자, 이제 질투심을 극복하는 방법에 대해 배워보자.

자신의 질투심을 이기는 전략

좋은 점과 나쁜 점을 확실히 파악한다 나쁜 것에 대해 질투심을 느끼는 사람은 없다. 늘 다른 사람이 갖고 있는 좋은 것에 대해서만 질투심을 느낀다.
그러나 어느 누구에게도 좋은 일만 있는 것은 아니고, 좋은 것에 대해서는 그만한 값을 치러야 한다. 하지만 질투심이 있는 사람은 적당한 값을  지불하지 않은 채 뭔가를 하고 싶어한다. 유명한 바이올린 연주자는 힘든 연습 시간을 보내느라 마음 편하게 유년기를 보내지 못한 대가로 명성과 능력을 얻는다. 그렇다면 사람들은 그가 보낸 그런 힘든 시간에 대해서도 질투심을 느낄까? 힘이 있고 영향력이 있는 사람에게는 늘 위험한 상황이 따르게 마련이다. 그래서 경호원과 경비에 항상 신경을 쓰곤 한다. 그렇다면 힘과 영향력 외에 이러한 위험도 부러움의 대상이 될까?

모세의 방법을 사용하라 질투심은 다른 사람을 인정하고 싶지 않은 인색한 마음에서 생겨난다. 그렇게 되지 않기 위해 여유 있는 사람이 되어보자. 질투심을 억제시키는 말을 마음속으로 되새기고 속으로 그 말을 믿을 때까지 반복한다.

"난 괜찮아."

이와 비슷한 방법을 성경에서도 찾아볼 수 있다.

"난 충분하니까 형제여, 너의 것은 네가 가져라."

속임수를 쓰는 야곱에게 모세가 한 말이다. 그렇게 하면 질투심을 효과적으로 줄이면서 자존감을 높일 수 있다.

괴테처럼 해보라 다른 사람에 대한 질시에 대한 해결책은 사랑뿐이다. 괴테가 했던 방법을 이용하면 질투심을 현격하게 줄일 수 있다. 그것은 바로 다른 사람에게 외모나 분위기, 교양이나 스타일에 대해 진심에서 우러나오는 칭찬을 하는 것이다. 즉, 질투심을 칭찬과 인정해주는 마음으로 바꾸는 것이다. 사실 질투도 표현이 잘못 되어서 그렇지 남을 인정하는 마음에서 비롯된 것이다. 즉 다른 사람의 특별한 점과 선함 그리고 아름다움을 긍정적이고 독특하게 인정해주기 때문에 생겨난다. 따라서 그것을 진심에서 우러나오는 말로 바꾸어 칭찬한다면, 사람들은 당신의 태도를 높이 평가하게 될 것이다.

협동의 개념을 이용하라 질투심 때문에 의사소통에도 문제가 발생할 수 있다. 그것 때문에 사람에 대해 부정적인 견해를 갖게 되고, 그 사람과 점점 이야기를 하지 않게 된다. 당신이 부러워하는 사람을 찾아가 솔직하게 말해보자.

"당신을 보면 이런저런 면이 참 좋아요. 어떻게 하면 그렇게 할 수 있죠? 처음에 어떻게 해서 그렇게 되셨어요?"

좀더 나은 방법은 그 사람과 함께 일을 해보는 것이다. 정말 그가 잘한다면 그를 통해 많은 것을 배우게 된다. 그에게 배우면서 질투심을 성공을 위한 좋은 약으로 삼아라.

창의적인 길을 가자 질투심은 자신이 창의적인 잠재력을 펼치지 못하는 데서 비롯되는 것이다. 머릿속으로 상상의 나래를 펼쳐 내면의 자원이 솟구치도록 해보자. 가능하면 자주 창의적인 일을 해보도록 하자. 음악을 연주하거나, 물건을 만들거나, 그리거나, 춤을 추거나, 글을 써보는 거다. 자신이 잘하는 일을 하다 보면 다른 사람에 대한 질투심도 줄어들게 되고, 창의적인 활동을 하고 난 다음의 만족감은 질투심을 금방 없애준다.

만족하며 살아가라 질투심은 원하는 것이 충족되지 못하면 생겨나기 때문에 사람을 우울하게 만든다. 당신 삶의 순간순간을 꽉 차 있는 것으로 생각하도록 노력하라. 당신에게 필요한 것들은 눈에 보이든, 잠시 숨어 있든 모두 존재한다. 만족하는 사람에게는 우울증이나 질투심이 발붙일 곳이 없다.

단순하게 살아라 삶에서 단순함의 의미가 커지면 커질수록 질투심을 적게 느끼게 된다. 한 예로 예쁜 잔을 수집하던 사람이 그 일을 그만두게 되면, 더 이상 그것을 많이 갖고 있는 사람을 부러워하지 않게 된다. 이렇듯 단순하고, 소박하고, 요란하지 않음은 질투심 때문에 어지럽혀진 마음에 큰 위안이 된다.

다른 사람의 질투심을 이기는 전략

건강한 자신감을 보여주어라 자신의 장점, 성공 혹은 다른 좋은 경험에 대해 기뻐하라. 하지만 자신에 대한 자부심은 조용히 마음속에만 간직하고, 혼자 있을 때는 큰 소리로 말하라. 하지만 동네방네 떠들고 다니지는 말라. 공연히 다른 사람의 질투심을 자극시키는 일은 하지 않는 게 좋다.

자신감을 갖고 행동하라 다른 사람이 질투하고 있다는 것을 숨기며 비아냥거리는 투로 칭찬할 때 자신감을 잃지 말라. 그럴 때 "그 정도야 누구나 할 수 있지" 라고 말하며 상대와 당신 자신을 깎아내리지 말라. 그것보다는 "정말 잘했어. 그래서 지금 이렇게 성공의 달콤한 휴식을 즐기고 있는 거야" 혹은 "누구나 나처럼 운이 좋은 것은 아니지. 나한테도 안 좋은 시절이 있었어. 그래서 더 기분이 더 좋아"와 같은 말로 당신의 장점과 능력을 인정하는 게 좋다.

상대가 당신을 무시하는 것을 용인하지 마라 다른 사람이 당신이 한 일이 별것 아니라는 투로 말하면 분명한 태도를 보여주어야 한다. 예를 들어 휴가 계획을 말했는데 그것에 질투를 느낀 사람이 "거기 관광객들이 너무 많아서 제대로 구경하기도 힘들어. 거기보다는 차라리…"라고 말했다고 하자. 그럴 땐 이렇게 대답하자.

"휴가는 내가 가는 거고, 결정도 나 나름대로의 기준을 갖고 하는 거야."

사무적인 태도를 가져라 당신에게 질투를 느낀 사람이 참기 어려울 정도로 빈정대면 그 사람을 만나 모든 사실을 조목조목 짚어가며 이야기할 필요가 있다. 그때 상대의 질투심에 대해 이야기를 하면 분명히 부인할 테니까, 그것에 대해 말하지 말고

문제에 대한 실질적인 해결책을 찾기 위해 노력하는 모습을 보여줘야 한다.

"당신도 내가 그렇게 했다면 마음에 상처를 받았겠죠?"

진심 어린 칭찬을 하라 진심이 담긴 칭찬을 함으로써 다른 사람이 질투심을 덜 느끼도록 도와주어라. 그렇지만 너무 과장되게 하는 것은 오히

려 역효과가 날 수 있으니 조심하도록 하자.

단순하게 살기 위한 제24제안　화를 내지 마라

다른 사람에 대한 평가를 내리려고 하는 욕구는 친구, 동료, 주변에 아는 사람과 친척들과의 인간 관계를 돈독히 하는 데 걸림돌이 된다. 그것은 누구나 겪는 문제는 아니다. 세상에는 다른 사람을 헐뜯기 좋아하는 사람들이 있다. 유쾌하고, 단순하고, 여유 있는 삶을 살아가려면 다른 사람에 대한 평가와 선입견을 비워두는 게 좋다.

당신이 내린 평가와 현실은 서로 차이가 난다

미국의 심리 치료사 코니 콕스와 크리스 에바는 과잉 분노에 대한 치료 방법을 제시했다. 훈련 단계에서부터 시작된다.

　그 사람의 행동을 보면 늘 화가 나는 누군가를 머릿속에 그려보라. 종이에 "＿＿＿는(그 사람의 이름) ＿＿＿＿＿＿(어떻게) 해야 한다"는 말을 적어놓는다. 그것을 머릿속으로만 생각할 게 아니라 종이에 직접 적는다. 구체적으로 적으면 적을수록 효과가 있다.

그런 훈련에는 이런 의도가 숨어 있다. 뇌속에 정리되어 있지 않은 것이 있으면 그것은 부정적인 비판을 내린다는 것이다. 종이 위에 논리 정연하게 써놓은 글은 근거가 있는 분명한 평가다. 그것은 다른 사람이 어떻게 해야 한다는 것을 묘사한다. "페터는 공부를 열심히 해야 한다", "요아힘은 시간을 잘 지켜야 한다", "미카엘은 담배를 끊어야 한다" 등등.

당신이 내린 평가는 현실과 차이가 난다. 현실은 사람들이 실제로 어떻게 하는지를 보여 주기 때문이다. 페터는 게으르고, 요아힘은 시간을 잘 지키지고, 미카엘은 골초라는 것을 알 수 있다.

당신은 한번 내린 평가를 계속 이어서 할 수 있다.

"페터는 시험에서 떨어질 것이다. 페터는 학교에서 퇴학당한다. 직장을 구하지 못한다. 실패를 경험하게 될 것이다. 범죄자가 되고, 마약 중독자가 될 것이다…."

얼마든지 마음대로 이어갈 수 있다. 그렇게 하다 보면 머릿속은 온통 부정적인 생각으로 가득 차게 된다.

다른 사람의 문제를 해결하는 것으로부터 자신을 해방시켜라

우리의 삶을 3가지로 나눌 수 있다.

첫째, 자연의 법칙처럼 주어진 삶이다. 그것에는 아침에 해가 뜨고, 날씨가 변하고, 언젠가는 당신이 죽게 된다는 사실이 포함된다. 그런 것들에는 당신이 전혀 영향력을 행사하지 못한다.

둘째, 다른 사람들이 당신의 삶에 대해 '반드시 이렇게 해야 한다'고 말하는 삶이다.

셋째, 자신이 주인이 되는 삶이다.

단순하게 살기 위해서는 오직 셋째 부분에만 정신을 집중해야 한다. 늘 다른 사람의 문제를 해결하는 데만 고심한다면, 그것처럼 힘든 일도 없다. 그런 생각은 당신의 뇌와 정신에 부담을 준다. 당신이 직접 변화시킬 수 있는 것에만 신경을 쓴다면, 당신의 삶은 그 어떤 다른 방법을 쓰는 것보다 더 단순해질 것이다.

다른 사람에 대한 비판은 자신을 병들게 한다

당신이 종이에 써놓았던 문장을 다시 한 번 읽어보라. 어떤 기분이 드는가? 그것이 당신의 기분을 즐겁게 하는가, 아니면 화가 나게 하고, 슬픔에 잠기게 하거나 두려움을 주는가?

대개 다른 사람에 대해 내린 평가는 총체적으로 스트레스라고 부를 수 있는 부정적인 감정을 유발한다. 그런 스트레스는 오직 당신 혼자만의 생각에서 발생한 것이다. 당신은 그것에 대한 대가를 톡톡히 지불한다. 비판적인 평가는 사람을 외롭게 만들기 때문이다.

다른 사람에 대해 비판적인 평가를 하게 되면, 당신은 당신의 사회적 접촉 능력을 손상시킨다. "저 사람 참 볼품없는 바지를 입고 있다"라는 말처럼 아무리 사소한 평가라도 그런 생각을 갖고 있으면 그 사람에 대해 안 좋은 생각을 하게 된다.

심리학자 잭 도슨은 가능한 객관적인 태도를 유지하려고 하는 사람보다 부정적인 시각을 갖고 있는 사람이 남의 말을 들을 때도 잘 못 듣는다는 사실을 밝혀 냈다.

"그렇지만 사람마다 생각하는 가치나 기준이 있어야 되잖아요"라고 다른 사람을 평가하기 좋아하는 사람들은 자신을 변명한다. 그러나 인간은 습득한 평가 기준 없이도 잘 살아갈 수 있다. 그러니 생명의 본능과 자연의 판단을 믿어보자. 심리학자 존 카바트 진은 '다른 사람을 평가하려고 하지 않는 사람은 평가하려는 사람보다 더 분명한 확신을 갖고 결정을 내린다'라는 연구 결과를 내놓았다. 남을 비판하지 않는 사람은 단순하게 윤리적 원칙에 따라 살고, 행동하는 데 더 효율적으로 행동하며, 만족한 삶을 살아간다고 한다.

이렇게 하면 머릿속을 정리할 수 있다

누구나 긴장을 풀고, 즐거운 삶을 살아갈 수 있는 놀라운 능력을 갖고 있다. 다만 그것은 확신과 믿음으로 쌓아 올린 높은 산 밑에 숨어 있다. 여기 자연스럽게 개성을 드러내며 즐겁게 살 수 있는 방법을 2가지 소개하고자 한다.

첫 번째 방법 긍정적인 사고를 갖자

머릿속에 상대방에 대한 불만에서 비롯된 평가가 있으면 생각을 달리 해볼 요가 있다. 예를 들어 '남편이 집에 있는 시간이 너무 적어. 그는 나를 집에 혼자 둬. 나를 더 이상 사랑하지 않는 거야'라는 생각이 들면 그런 생각에 대해 한 번쯤 의심을 품어보자. 내 생각이 과연 옳은 걸까? 다른 사람이라면 이런 상황을 다르게 평가하지 않을까? 한번 완전히 다른 시각에서 상황을 인식해보자.

'남편은 가족을 위해 수고하고 있어. 우리 식구가 모두 잘 지내게 하려고 애쓰고 있는 거야. 자기가 하고 싶은 것도 하지 않고 참으면서 가족을 위해 일하고 있을 거야.'

그렇게 생각을 바꾸는 것이 상대방에 대해 끊임없이 이어지던 비판을 그만두는 데 좋은 효과가 있다. 상대방을 군이 좋게 보려고 노력하지 말고, 사실을 정확하게 인식하려고 노력해야 한다.

두 번째 방법 비판을 자기 탓으로 돌려라

당신이 다른 사람에 대한 비판으로 써놓은 글의 주어를 '나'로 바꾸어라.

'나는 그를 혼자 내버려둬. 나는 그를 사랑하지 않아. 나는 다른 사람과 똑같아.'

이렇게 말을 바꾸어보면 상대에 대해 불만을 갖고 있는 것이 그가 집에 없기 때문이라고 말할 수 있을까?

이런 간단한 연습을 하다 보면 당신의 판단력이 어디에 사용되어야 하는지 잘 알 수 있게 된다. 즉 당신의 판단력은 자신을 평가하고, 스스로 성장하기 위해서 사용되어야 하는 것이다. 다른 사람에 대해 평가를 내리는 것은 독약 같은 것이고, 자기 자신에게 평가를 내리는 것은 약이 된다. 평가는 무기가 아니라 치료제로 쓰여야 한다. 작가 아나이스 닌은 이렇게 표현했다.

"우리는 사물을 있는 그대로 보지 않고, 우리가 보고 싶은 대로 본다."

현실을 수용하라

사례로 들었던 경우를 계속 이야기해보자. 남편이 밖에 있는 현실을 글로 표현한 다음 평가를 바꾸어보자.

'남편은 집에 일찍 올 수 없어. 그게 그 사람에게 좋은 일이야.'

이 말이 처음에는 말도 안 되는 소리로 들릴 것이다. 그러나 그렇게 글로 적어놓고 보면 어떤 압력이나 비난을 가하지 않고도 남편에게 집에 더 일찍 올 것을 부탁할 수 있다. 이제는 결정을 완전히 그에게 맡길 수 있게 되었기 때문이다. 그것은 남편이 결정할 문제이므로 남편에게 위임해야 한다. 그렇게 하면 당신의 사고가 정리될 수 있고, 남편과의 관계도 점차 나아진다.

당신이 변화하기 위해서 해야 할 일들

위의 2가지 방법을 개발한 심리학자 바이론 케이티는 시각을 바꿈으로써 상대방에 대한 안 좋은 감정이 풀리는 경우가 종종 있다고 보고했다. 위 사례의 경우, 남편에 대한 비판을 중단하면 그런 비난에 맞서는 무의식적인 싸움을 하지 않게 되므로 남편이 좀더 일찍 집에 오게 된다.

자식들을 다룰 때도 마찬가지다. 부모와 교사는 대개 자신의 취약점을 아이들에게 비판하는 경우가 많다. 당신이 어렸을 때 잔소리를 들어서 고쳐진 것이 있나 한번 생각해보자. 아마 없을 것이다. 젊은 시절에는 비판을 가하는 사람의 말보다는 아무런 편견 없이 대하고 이야기를 잘 들어주며 큰 믿음을 주는 사람의 말이 마음속에 더 와닿는다. 바로 그런 사람이 되어야 한다.

그렇게 하려면 인내심이 필요하다. 예기치 않은 문제는 늘 발생한다. 그러나 처음에 불가능해 보이는 이 방법을 시도해보자. 삶의 피라미드에 높이 올라가면 올라갈수록 그렇게 할 만한 가치가 있다는 것을 깨닫게 될 것이다.

친구나 주변 사람들 또한 배우자와의 관계에도 이 방법은 적용된다. 인생에 그런 중요한 관계에 대해 우리는 따로 심도 있게 다루어볼 것이다.

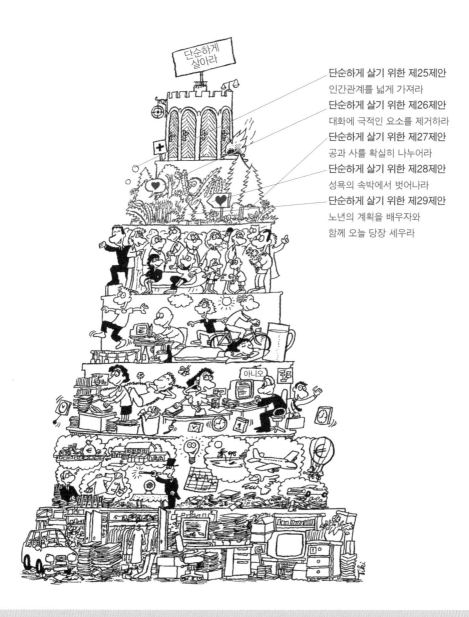

단순하게 살기 위한 제25제안
인간관계를 넓게 가져라
단순하게 살기 위한 제26제안
대화에 극적인 요소를 제거하라
단순하게 살기 위한 제27제안
공과 사를 확실히 나누어라
단순하게 살기 위한 제28제안
성욕의 속박에서 벗어나라
단순하게 살기 위한 제29제안
노년의 계획을 배우자와
함께 오늘 당장 세우라

삶의 피라미드 **제6단계**

배우자와의 관계를 단순화시켜라

배우자와의 관계에서 피상적인 것 속에 숨어 있는 것을 보는 법을 배우고, 옆에 나란히 서서 가는 것이 아니라 함께 가는 법을 배우자

단순하게 살기 위한 제25제안 | 인간관계를 넓게 가져라

심리학자 미카엘 L. 모엘러는 부부나 연인과의 관계를 짝을 지어 노력하라는 말로 설명했다. 그는 많은 사람들이 아무것도 모르고, 준비도 덜 된 상태에서 삶에 커다란 의미를 지니게 될 배우자와 관계를 맺는다고 말했다. 또한 그는 배우자나 연인이 된 사람들이 서로에게 시간을 너무 적게 할애하고, 걸핏하면 잘못을 남의 탓으로 돌리며, 삶의 여러 가지 책무에 지쳐서 서로 상대에 대한 애틋한 감정도 잃어버리고, 그 결과 어느 날 문득 상대를 잘못 만난 것이 아닌가 하는 의구심에 절망한다고 했다.

그렇게 되는 원인은 다양하다. 남자와 여자의 사회적 역할은 역사적인 변환의 시기를 맞고 있다. 여자들은 직업이나 경제적으로 그 어느 때보다 여유 있는 자유를 즐기고, 그와 동시에 전에는 존재하지 않았던 복잡한 어려움을 겪는다. 남자에 대한 여자들의 기대치는 직업이나 다른 사회적 관계를 포기하지 않은 채 거의 폭발 지경에 이르렀다. 또한 남자와 여자가 자기 자신에 대해 갖는 기대치도 엄청나게 높아졌다. 직업적으로도 성공해야 되고, 여가 시간도 많이 가져야 되고, 물질적으로도 풍요로워야 되고, 성욕도 충만해야 되고, 평

생 동안 변치 않는 사랑을 해야 하고, 슬하에 훌륭하게 잘 자라 주는 자식도 있어야 한다. 오늘날처럼 배우자와의 관계가 과도한 부담을 안고 있었던 적이 없었다. 전에는 대가족이 힘을 모아 힘겹게 해냈던 일을 이제는 핵가족이 예전보다 훨씬 더 완벽하게 해내야만 한다.

그러한 딜레마를 해결하기 위한 첫 번째 방법은 서로 진지하게 대화를 나누는 것이다. 직장이나 아이들 혹은 음식에 대해 말하라는 것이 아니라 자기 자신에 대해 말하자. 사랑하는 사람을 처음 만났을 때는 그런 것이 자동적으로 이뤄진다. 서로에 대해 궁금한 것이 많고, 모든 것을 다 알려고 하기 때문이다. 그러나 일단 서로에게 익숙해지면 상대에게 성적인 관심을 갖는다. 그리고 그 과정을 지나면 상대에 대해 이미 모든 것을 알고 있다고 생각한다. 사랑하는 사람과의 관계에서 일어나는 대부분의 문제는 그러한 착각에서 비롯된다.

사랑하는 사람과 이야기를 나눌 때 지켜야 할 원칙들

사랑하는 사람들 사이의 관계 개선을 위해 모엘러는 '두 사람만의 대화' 모델을 만들었다. 그것은 간단하지만 일정한 규칙이 있는 대화를 말한다. 양측이 그 규칙을 지켜야만 생산적인 대화를 할 수 있다.

정해진 시간 일주일 단위로 시간을 하나 정해놓고, 약속 시간을 지키지 못할 것에 대비하여 예비 시간도 정해놓는다. 두 사람은 서로 만나 어떠한 방해도 받지 않은 채 90분 간 이야기를 나눈다.

정해진 과정 중요한 것은 말로 표현되는 것이 아니라 눈으로 보이는 것이기 때문에 서로 마주 보고 앉는다. 전화, 컴퓨터, 배경 음악, 텔레비전과 같이 방해가 될 만한 요소들은 미리 차단한다. 대화 시간을 단축하지 말고, 너무 길게 늘이지도 말라.

정해진 순서 두 사람만의 대화 시간을 갖기 위해 시계가 필요하다. 한 사람이 15분 간 말하고, 다른 사람이 15분 간 이어서 말한다. 말을 듣는 사람은 아무리 사소한 것이라도 질문을 해서 말을 끊어서는 안 된다.

정해진 주제 각자 자기 마음속에 담아 둔 이야기를 꺼내놓는다. 모엘러는 그것을 '초상화 그리는 작업'이라고 불렀다. 각자 자기 자신을 주제로 삼는다. 다른 사람에 대해 말할 때는 평가를 내리지 말고, 상대를 보았을 때 자기가 가졌던 느낌만을 말한다. 그것은 두 사람간에 위기가 닥쳤을 때 서로에게 상대를 비난하는 설전과 다르다.

두 사람만의 대화가 좋은 점

모엘러는 배우자나 연인 관계를 맺고 있는 사람들이 자기 자신과 다른 사람이 만드는 두 개의 현실을 살아가고 있다고 보았다. 각자 상대가 처해 있는 현실을 알게 되면 두 사람의 관계는 더욱 풍요로워진다. 그렇지만 자기가 살아가는 방식이 더 낫다고 각자 주장한다면, 두 사람의 관계는 내면적으로 파국을 맞게 된다. 그렇기 때문에 두 사람만의 대화를 하기 위한 전제 조건이 필요하다. 서로 각자 살아가는 방식을 동등하게 인정해주어야 하는 것이다. 두 사람만의 대화를 함으로써 양측은 적어도 5가지의 진실을 배울 수 있다.

"난 당신이 아니에요" 사람들은 생각보다 훨씬 많이 상대방에 대해 모르고 있다. 그래도 사람들은 관계를 오래 지속하면 상대에 대해 속속들이 알고 있다고 주장한다. 모엘러는 그것을 '상대를 지배'하려는 의도나 '커플 차별주의'라고 부른다. 각자 내심으로 자기가 상대보다 더 잘났다고 생각하는 것이다. 하지만 두 사람만의 대화를 솔직하게 하면 더 이상 그렇게 되지 않는다.

"우리는 하나의 관계를 맺고 있으면서 서로 다른 두 개의 얼굴을 갖고 있는 사람들이에요" 두 사람만의 대화를 하다 보면 두 사람이 겉으로는 서로 별개지만 무의식 세계에서는 하나로 연결되어 있다는 것을 알게 된다. 그것은 두 사람의 영혼을 하나로 묶어주는 사랑 때문이다. 상대방의 안 좋은 특성조차도 두 사람의 소유가 된다. 만약 상대방이 수치심 때문에 당신에게 말하지 않는 비밀이 있다면, 그것은 그 사람 혼자만의 잘못이 아니라고 생각해야 한다. 다른 사람 앞에서라면 그렇게 부끄러워하지 않을 수 있기 때문이다.

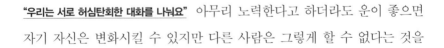

사랑하는 두 사람간에 존재하는 지극히 단순한 지혜를 깨닫게 되면, 더 이상 상대를 탓하지 않게 된다. 그렇게 되면 두 사람의 일상에 큰 변화가 일어난다. 상대방의 태도에는 두 사람 모두 상관이 있다는 것을 알기 때문에 상대에 대한 비난과 자기 비난을 할 이유가 없어지는 것이다.

"우리는 서로 허심탄회한 대화를 나눠요" 아무리 노력한다고 하더라도 운이 좋으면 자기 자신은 변화시킬 수 있지만 다른 사람은 그렇게 할 수 없다는 것을 알게 된다. 상대방과 허심탄회한 대화를 함으로써 상대방뿐만 아니라 자기 자신과의 관계를 새롭게 하는 방법을 배운다. 대부분의 인간 관계에서 가장 큰 결함은 두 사람의 결합에 뭔가 부족함이 있기 때문이 아니라 자기 자신에게 부족함이 있기 때문에 발생한다. 자신감, 만족, 미래에 대한 확신, 삶의 쾌락과 같이 오직 자기 자신만 줄 수 있는 것을 상대에게 요구하는 것이다.

"우리는 그림을 이야기해요" 분명하지 않은 감정을 말로 표현하기보다 구체적인 장면을 상기시키는 방법을 배워야 한다. "당신 참 멋져요!"라고 말하기보다 "오늘 아침에 당신이 옷자락을 휘날리며 자전거를 타고 골목을 돌아 나올 때 머리카락이 햇살을 받아 반짝였어요. 그때 당신이 참 멋져 보였어요"라고 말해보자. 그렇게 함으로써 당신의 내면적 체험도 더욱 풍요로워진다.

"내 감정은 내가 책임질게요" 당신은 자신의 감정이 어느 날 문득 운명처럼 다가오거나 외부의 조종에 의해 생겨난 것이 아니라 당신이 갖고 있는 무의식 세계의 표출이라는 것을 이해하게 된다. 당신은 자신의 감정을 더 분명하게 표현할 수 있게 되고, 감정에 따라 즉흥적으로 결정하지 않으면서 그것을 주도적으로 다룰 수 있게 된다.

두 사람만의 대화가 실패한다면

두 사람만의 대화가 처음에 잘 되지 않는다고 쉽게

포기하지는 말자. 적어도 대화 시간을 열 번은 갖기로 처음부터 약속하자. 대부분의 커플들은 너무 쉽게 포기하곤 한다. 직장 생활에서 하나의 목표를 달성하려고 할 때 얼마나 끈질기게 노력해야 하는지 한번 생각해보라. 그러한 인내심을 인생에서 가장 중요한 사람에게도 발휘하라. 두 사람만의 대화 시간이 좋은 결과를 맺는다는 확신을 가져라. 두 사람만의 대화가 최악의 상황까지 가지 않았다면 다음에는 좀더 나은 방향으로 진행될 수 있다. 두 사람만의 대화는 두 사람 모두에게 도움을 주어 다른 대화를 할 때도 더 개방적이고, 요점을 간파할 수 있게 해준다.

두 사람만의 대화가 어떤 영향을 미치는가

심리병리학적 분석에 따르면, 배우자와 맺고 있는 관계의 질을 통해 인간의 면역 체계가 결정된다고 한다. 두 사람만의 대화를 마치고 나면 혈액 검사의 수치가 개선되는 것이다. 그러므로 인간의 주관적 행복감은 사랑하는 사람과의 관계에 달려 있다. 배우자와의 관계가 좋으면 자식들에게도 그 영향이 미친다. 그것을 보고 자란 자식들은 나중에 자기 배우자와의 관계를 설정할 때도 부모를 따라한다.

두 사람만의 대화를 통해 커플간의 의사소통이 다양해진다. 성생활에도 역시 영향을 미친다. 낯선 사람을 봐야 성욕이 증진된다는 말은 외도하는 사람들이 흔히 하는 변명에 불과하며, 서로에 대한 신뢰는 만족스러운 성생활을 영위하는 데 필수 조건이다.

하루에 2분은 너무 부족하다 7만 6,000명을 대상으로 실시한 연구에 따르면, 독일 부부들은 자기 자신에 대한 말을 하루에 2분 정도밖에 하지 않는 것으로 나타났다. 그 결과를 언론에서는 부부간의 대화가 하루에 2분밖에 없는 것으로 종종 잘못 해석하곤 한다. 그것은 틀린 말이다. 여기에서 말하는 2분은 사랑하는 사람과의 관계에서 자기 자신의 생각을 솔직하게 털어놓는 시간을 말한다. 당신의 경우에는 그 시간이 더 길어지도록 노력하라!

단순하게 살기 위한 제26제안 | 대화에 극적인 요소를 제거하라

왜 그토록 많은 부부들이 헤어지는가? 왜 시간이 갈수록 남녀 관계가 더 어려워지는가? 미국의 심리학자 존 그레이는 남녀의 의사소통 태도가 근본적으로 다르다는 것을 인식하면 이혼율이 현격하게 줄어들 것이라고 했다. 이와 같은 주장은 그의《화성에서 온 남자, 금성에서 온 여자》에 잘 나타나 있다.

그레이는 재미있는 픽션을 이용해 자신의 철학을 설명했다. 그는 여자들이 원래 금성에서 살았다고 보았다. 금성은 공동체 의식과 조화를 중요하게 생각하는 곳이다. 그러므로 일이나 기술보다 인간 관계를 중요하게 생각한다. 금성의 여자들은 모든 것이 개선될 수 있다고 굳게 믿기 때문에, 충고와 근거가 확실한 비판을 가하는 것이 사랑의 방법이라고 믿는다.

반면 화성에 살고 있는 남자들은 뭔가 이룩하고, 달성하는 것을 더 중요하게 생각한다. 그들은 목표에 도달하고, 혼자서 무슨 일을 해냈다는 것에 대해 특히 자부심을 갖는다. 어느 날 화성에 사는 사람들과 금성에 사는 사람들이 우연히 만나 상대가 자기에게 부족한 것을 갖고 있다는 것을 알아챘다. 그래서 화성의 우주선이 금성으로 가 여자들을 태우고 지구로 날아와 자손을 낳았다는 것이다.

일꾼과 하숙집 아줌마

그레이의 철학은 간단하다. 남자와 여자는 문제를 해결하는 방식이 근본적으로 다르다는 것이다. 남자들에게 있어서 문제는 해결하기 위해 존재하고, 가능한 그것을 혼자서 해결하려고 한다. 충직한 일꾼처럼 말이다. 하지만 여자들은 문제가 있으면 대화를 나누어야 한다고 생각한다. 그러나 남자들은 쉽게 대화에 응해주지 않는다. 그런 차이점 때문에 부부간에 수많은 문제들이 발생해 때로는 파국을 맞게 되는 것이다.

다른 사람이 하는 말 이해하기

저녁때 아내가 내일이 원고 마감 날이기 때문에 할 일이 무척 많다며 걱정을 털어놓는다.

전형적이면서 잘못된 반응 남편이 문제를 인식하고 객관적인 입장에서 말한다. 기한을 넉넉하게 잡아 모레까지 해주기로 할 수 없었냐고 묻는다. 남편은 아내의 불평이 남편과 이야기를 하고 싶다는 신호라는 것을 알아채지 못한다. 그래서 아내는 늘 옳고그름만을 따지는 남편이 정작 자기에 대해서는 아무 생각도 하지 않는다며 서운해한다.

올바른 태도 아내의 말을 귀담아 들어주고, 함께 걱정해준다. 아내는 그것만으로도 충분해서 많은 일을 처리할 수 있을 것이다. 아내는 해결책을 원하는 것이 아니라 이해를 필요로 하기 때문이다.

남편이 저녁에 퇴근했는데 시한이 임박한 업무들 때문에 스트레스를 많이 받고 있다.

전형적이면서 잘못된 반응 아내는 잔소리를 한다. "애초부터 일을 그렇게 많이 떠맡지 말았어야죠. 그냥 못 한다고 해요." 그 말을 들은 남편은 아내가 자기의 능력을 믿지 못한다며 서운해할 것이다.

올바른 태도 능력이 있으니까 잘 처리할 수 있을 거라고 남편에게 말해준다. 그런 다음 집 안 분위기를 조용하게 해주어 남편이 일에 몰두할 수 있게 도와준다.

성경에 나오는 금성과 화성

그레이의 기본 인식은 사도 바울의 말에 이미 담겨 있었다.

"남편들이여, 아내를 사랑하라. 그리고 아내는 남편을 존경하라."

그 말을 통해 그레이는 남자와 여자가 서로 다르다는 것을 말했다. 남자들은 일상 생활에서 여자들이 한 일에 대해 존경심을 갖고 있다. 자기 아내에 대해 나쁘게 말하는 남자는 거의 없다. 그렇지만 남자들은 사랑이니, 감정이니, 애정 표현 같은 것은 잘하지 못한다. 그들이 선호하는 것은 밖으로 나가 돈을 벌어 오고, 뭔가를 달성하는 것이다. 그러나 여자들은 남편의 관심과 이해를 요로 한다. 그래서 남자들이 자꾸 밖으로만 나가려는 것 때문에 자기가 사랑을 충분히 받지 못한다고 생각한다.

여자들은 사랑을 표현하고, 감정을 드러내는 것을 자기들이 할 일이라고 생각하는 반면 일이나 돈은 그 다음 순서로 생각한다. 여자들은 자기들의 돈이나 일에 대한 노력을 인정받는 것에 대해 부담스러워 한다. 반면 남자들은 특히 아내로부터 인정받기를 원한다. "당신이 최고예요"라고 아내가 말해주기를 원하는 것이다. 그래서 아무리 좋은 뜻을 품고 있는 제안이라도 아내의 말에 비난이 담겨 있다고 생각한다.

화성과 금성의 모습을 활용하는 것은 이미 고착화된 관계에 다시 활기를 불어넣어 주는데도 유용하게 쓰인다. "진짜 금성에서 온 여자처럼 행동하는군!"이라는 말로 그런 인식을 사용하기보다는 "꼭 화성에서 온 남자처럼 말했네. 미안해"라고 말해보자. 두 사람만의 대화를 할 때도 금성에서 온 여자와 화성에서 온 남자를 이야기의 주제로 삼아 서로의 이야기를 들어보자. 부부간에 의사소통을 하는 데 많은 도움을 받게 될 것이다.

제대로 부탁하는 법을 배워라

많은 사람들이 부부나 연인 관계에서 자신들의 소망이나 욕구가 제대로 반영되지 않아 좌절감을 느낀다. 그런 일이 일어나는 가장 큰 이유는 부탁을 제대로 하지 않거나 상대가 배우자나 애인의 소망을 지속적으로 무시하는 것처럼 행동하기 때문이다.

그런 일은 부부, 가족, 친구, 혹은 직장에서의 인간 관계에 흔히 발생한다. 다행히 그런 문제를 해결할 수 있는 묘책이 있다. 영국의 상담 치료사 리나타 파리스는 20년 동안 부부 문제와 생활 상담을 해서 얻은 경험들을 요약해놓았다. 중요한 것은 속임수가 아니라 서로를 이해하라는 지극히 평범한 진리다.

당신은 부탁할 자격이 있다 이것은 가장 중요한 비법이다. 사람은 누구나 자기가 원하는 것을 말할 기본적인 권리를 갖고 있다. 음식이든, 돈이든, 조언이든,

애정이든 상관없이 당신이 도움을 받고 싶은 사람에게 원하는 바를 말하라. 언제든지.

"예스" 혹은 "노"라는 대답이 나오도록 부탁하라 당신의 부탁을 받은 사람이 당신이 소망하는 바를 들어주든지 혹은 들어주지 않든지 자유롭게 의사 결정을 할 수 있도록 부탁하라. 사람들은 자유를 좋아한다. "당신이 나를 정말로 사랑한다면…"과 같이 노골적으로 협박하거나 "당신이 안 된다고 할 줄 진작부터 알고 있었어…"와 같이 침울한 표정을 지으며 말하지 말고, 그가 자유롭게 자신의 의사를 밝힐 수 있는 부탁을 한다면 "예스"라는 대답을 더 자주 듣게 될 것이다.

"안 된다"라는 말을 받아들여라 대답이 부정적으로 나왔다고 해서 화를 내지는 말자. 당신이 평소처럼 여유 있는 태도를 보이지 않으면 당신의 부탁은 요구가 된다. 요구는 사람들에게 거부감을 느끼게 한다. "안 된다"는 말에 당신이 언짢아하면 계속 그런 말을 듣게 될 가능성이 있다. 그렇지만 현재에 "안 된다"는 말을 일단 받아들이면, 앞으로는 "된다"라는 말을 들을 수 있다는 것을 명심하라.

소망하는 것을 포기하지 마라 누군가에게 뭔가 부탁했는데 그 사람이 들어주지 않더라도 그대로 소원을 접지 말자. 당신이 원했던 것을 다른 사람이 들어주지 않는다고 그대로 포기해서는 안 된다.

다른 사람을 믿어보자 부탁을 했는데 '안 된다'는 말을 들었다 하더라도 그 말이 다시 '된다'는 말로 바뀔 수도 있다는 희망을 접지 말라. 부탁 받은 사람이 당신에게 나쁜 감정이 있어서 그런 것은 아니라고 생각하라. 혹시 그 사람이 당신이 왜 그것을 원하는지 그 이유를 정확히 알면 해주겠다고 할지도 모른다. 그러므로 부드러운 음성으로 인내심을 갖고 차근차근 이유를 설명하라.

당신의 반응을 애써 숨기려고 하지 마라 상대가 당신의 부탁을 듣고 "예스" 혹은 "노"라고 대답했을 때 당신에게 그 말이 어떤 영향을 미치는지 솔직하게 표현하라. 감격에 겨워하거나, 실망하는 태도를 보이기도 하고, 참담한 마음을 열어 보이거나 감사의 마음을 표현하라.

주는 것과 받는 것의 균형을 유지하라 많은 사람들이 배우자나 연인이 원하는 것을 상대의 눈만 보고도 읽어낼 수 있으면 그 사람도 자기가 원하는 것을 당연히 들어주어야 한다고 생각한다. 그러나 그것은 부탁이 원칙적으로 자유로워야 한다는 것과 모순이 된다. 바람직한 파트너 관계는 서로 마음속으로 기대하는 것이 아니라, 원하는 것을 겉으로 분명하게 표현한 것을 서로 충족시켜 주는 것이다.

잔소리는 절대로 하지 마라 잔소리는 상대방이 피곤에 지쳐 포기하게 만들기 위해 늘 똑같은 부탁을 되풀이하는 것이다. 잔소리를 해서 상대가 그것을 받아들이는 경우는 극히 드물다. 그렇지만 그 대가는 상당하다. 상대가 마지못해 당신이 원하는 대로 억지로 해주는 것이다. 부탁할 것이 있으면 상대의 신경을 지속적으로 괴롭힐 것이 아니라 위에서 조언한 방법을 사용하라.

감사, 감사, 감사 '예스'의 의미가 담긴 대답을 들으면 크게 기뻐하라. 감사의 마음을 표현하라. 당신이 원하는 것이 이루어졌을 때 당연하다는 반응을 보이면 안 된다. 당신이 기뻐하는 모습을 보이면 보일수록 상대는 다음에도 당신의 말을 긍정적으로 생각하게 될 것이다.

기적을 기대하지 마라 "왜 내가 꼭 부탁을 해야 되지요? 당신이 먼저 그런 생각을 할 수는 없었나요?" 당신이 무엇을 원하는지 상대가 알아채지 못했다고 해서 서운하게 생각하지 말자. 상대방은 당신이 아니다. 그 사람도 당신에게 그렇게 생각한다는 것을 잊지 말자. 누구나 상대가 원하는 것을 들어줄 수 있는 능력이 있다고 생각하지 말자. 차라리 제대로 부탁하고, 감사의 마음을 갖도록 스스로 노력하는 것이 더 좋은 방법이다.

단순하게 살기 위한 제27제안 │ 공과 사를 확실히 나누어라

행복한 부부 생활의 가장 큰 적을 많은 사람들이 직장 생활이라고 말한다.

"당신은 일 때문에 나와 함께 있을 시간이 너무 없어요."

이 말은 직업적으로 성공한 남편을 둔 아내나 성공한 아내를 둔 남편이 자주 하는 말이다. 사업 관련 상담을 주로 해온 귄터 F. 그로스는 직장 생활과 사생활의 관계에 대해 연구했는데, 그 결과 직업적으로 성공한 사람이 배우자와도 좋은 관계를 유지할 수 있게 만드는 비법을 터득한다고 말했다. 다시 말하면 직장 생활을 잘하는 사람이 부부 생활도 잘할 수 있다는 것이다.

직업적인 성공은 시간, 에너지, 열정, 결단력의 원천인

데, 그것은 좋은 배우자가 갖고 있어야 할 덕목이다. 배우자와의 관계를 원활하게 해주는 간단한 방법들을 소개한다.

시간 계획에 혁명을 일으켜라

직업적인 능력이 사생활에 도움이 될 수 있게 하려면 시간 개념의 전환이 필요하다. 연구 결과, 사람들이 하는 일의 20퍼센트가 성공의 80퍼센트를 차지한다고 한다. 물론 어떤 20퍼센트가 그런 효과를 발휘할지 미리 예측하기는 어렵다. 그러나 일을 하고 있으면서도 끝내 성공을 거두지 못하리라고 예상할 수 있는 일들은 많다. 그런 것은 당신보다는 당신과 함께 살아가는 배우자가 더 잘 판단할 수 있다.

그렇기 때문에 반드시 지켜야 할 중요한 원칙은 계획을 세울 때 배우자로부터 좀더 많은 도움을 받으라는 것이다. 그는 당신의 직장 동료들보다 더 객관적인 입장에서 말할 것이다. 당신의 개인적인 특성과 당신의 장점, 장기적인 목표를 알고 있기 때문이다. 그런 일에 대한 도움을 받고 싶을 때는 배우자에게 감정적인 말은 하지 말고 실질적으로 도움이 될 수 있는 질문만 해줄 것을 부탁하라.

- 그 일이 당신의 미래를 위해 좋은 일인가?
- 일을 하루에 여섯 시간밖에 할 수 없게 되더라도 그 일을 하겠는가?
- 그렇게 하는 것이 우리에게 이로운가?
- 새로운 일을 맡게 되면 지금 맡고 있는 일 가운데 어떤 것을 포기할 것인가?

배우자와 함께 그렇게 계획을 세우는 것은 당신 인생에 가장 중요한 시간이 될 것이다. 직장 생활을 하는 사람들은 직장에서 회의를 수없이 하면서도 집에서는 그런 절차를 거치지 않고도 모든 일이 척척 진행될 거라고 생각한다.

직장 생활에 시간을 투자하는 것도 돈을 투자하는 것과 마찬가지로 비판적으로 생각하라. 회사에서 무슨 일을 시작하려고 하는데 경영주에게 돈이 부족하다고 당신이 당신 돈을 대신 투자하겠다는 생각은 하지 않을 것이다. 시간도 그렇게 생각해야 한다. 세상에는 가족과의 시간을 힘든 직장을 벗어나 아무 생각 없이 허비해도 되는 시간이라고 생각하는 사람들이 너무 많다.

시간을 허비하지 말고, 에너지를 충전시켜라

함께 계획을 세울 때 일을 수행하는 데 드는 시간만 생각하지 말고, 각각의 일이 요구하는 정신적 에너지도 함께 생각해야 된다. 높은 사람들 앞에서 강연을 할 때 긴장감 때문에 정신적으로 많은 힘과 시간을 필요로 한다. 그러나 강연이 성공적으로 이뤄지면 당신은 강한 자신감과 에너지를 갖게 된다. 당신이 좋아하거나 다른 사람으로부터 인정받을 수 있는 일을 하면 당신의 에너지가 가득 채워지는 것이다. 그리고 제대로 성공했다면 당신의 배우자에게도 당신이 더 매력적으로 보일 거라는 사실을 잊지 마라.

하루에 열두 시간 이상 힘겹게 일하느라 지친 상태에서 가정 생활도 아무 무리 없이 할 수 있다고 생각하지 말자. 불가능해 보이겠지만 일을 할 때는 근무가 끝나고 나면 감사의 마음으로 여유를 갖고 유쾌하게 집으로 돌아갈 수 있을 만큼만 해야 한다. 하루 일과가 끝나고 나면 가족과 배우자를 위한 시간이 여전히 남아 있을 만큼 일해야 하는 것이다. 저녁때 편안한 마음으로 퇴근한 배우자를 보는 것이 일주일간 힘든 휴가를 보내는 것보다 훨씬 낫다.

수시로 '애정의 일기도'를 점검하자

회사는 오랜 기간 동안 존재하기 위해 많은 노력을 한다. 이윤을 창출하고 미래를 보장해주는 일에 돈을 투자한다. 당신이 다니는 회사가 경제적으로 난관을 뚫지 못하면 당신 자신에게도 심리적 불안이 따르게 마련이다.

부부 사이도 마찬가지다. 물론 여기에서의 주안점은 회사의 경우처럼 돈이나 이윤이 아니라 감상적인 면이다. 부부 사이의 자산은 애정이다. 회사를 다니면서 돈을 아껴 쓰듯이 부부 사이에는 애정을 소중하게 다뤄야 한다. 직장에서 돈과 에너지를 투자하듯이 부부 사이에는 애정의 시간을 투자해야 한다.

살다 보면 두 사람 사이를 돈독하게 해주고 애정을 충만케 하는 순간들이 자주 있지만, 그런 순간을 위해서는 면밀한 사전 준비가 있어야 한다. 배우자에게 놀라움을 선사하도록 하라. 사랑의 문자 메시지를 보내거나, 함께 산책을 나가 달을 구경하거나, 꽃을 선물하면서 때로는 낭만적인 시간을 가질 필요가 있다. 낭만적인 분위기를 만드는 데는 용기가 필요하다. 아내나 남편에게 멋진 사랑의 고백을 해보자. 이미 알고 있다고 하더라도 그런 말은 들을수록 좋은 말이다.

단순하게 살기 위한 제28제안 | 성욕의 속박에서 벗어나라

상대에 대한 애정은 서로에게 사랑스러운 말을 건네고, 관심 어린 태도를 보여주고, 작은 선물을 하는 낭만적 분위기 그리고 신체적인 사랑의 표현을 통해 생겨난다. 다음

은 직업적으로 성공한 사람들이 간단하게 할 수 있는 사랑의 표현과 선입견을
타파하기 위한 방법들이다.

설문 결과에 위축되지 마라

국제 여론 조사 기관은 미국인들이 부부 관계를 가장 자주 그리고 오래 갖는
것으로 발표했다. 한 달에 성관계를 20번 하고 매번 35분 동안 한다는 것이
다. 하지만 그것은 틀린 분석이다. 올바른 해석은 그것이 단순히 미국 사람들
이 성생활에 있어서도 다른 사람보다 월등하고 싶어서 설문지에 과장되게 답
변하는 미국의 사회적 압박감을 반영해줄 뿐이라는 사실이다. '남자로서' 혹
은 '여자로서' 몇 번의 성욕을 느껴야 하는지 따위에 관심을 가질 필요가 없
다. 자신과 배우자의 욕구에만 관심을 기울이면 된다.

　아주 간단한 것부터 시작하자. 평소에 입을 맞추지 않았던 시간에 사랑의
키스를 하라. 특별한 이유 없이 선물처럼 하는 것이다. 아침 일찍 혼자 집을
빠져나가야 할 때는 손으로 직접 쓴 사랑의 메모를 남겨두자.

자신의 건강 상태를 점검하라

성욕 감퇴의 원인을 정신적인 것으로만 보는 것은 잘못된 것이다. 성적인 문
제에 대해 의사와 솔직하게 상의하라. 성욕의 문제가 때로는
약물 복용의 후유증이나 성욕을 감퇴시키는 음식 섭취
에 의한 경우가 종종 있다. 성적인 문제는 여성
의 경우 분만 후 호르몬 변화나 갑상선에
의한 질병에 의해 발생될 수 있다. 또한 부

족한 활동이 성욕 감퇴의 주요 원인으로 꼽힌다. 체력의 한계를 느낄 정도로 운동에 몰두하면 성욕이 자동적으로 생겨난다. 물론 너무 지나치게 하지 않는다면 말이다.

애무하라

우리는 지그문트 프로이트를 통해 신체 어느 곳에 성감대가 있는지 알고 있다고 생각하지만 그것은 착각이다. 우리 몸 전체가 다 성감대가 되어 당신을 흥분시킬 수 있다. 그리고 사람은 저마다 다른 사람의 접촉에 대해 거부감을 갖고 있는 곳이 있다. 그것은 세월이 지나면서 변한다. 결혼 후 처음에 당신의 배우자가 무척 예민하게 반응했던 곳이 나중에는 전혀 무감각한 곳이 될 수 있다. 그러나 대부분의 사람들이 그것을 솔직하게 말하지 못한다. 배우자와 함께 5분 정도의 시간을 갖고 서로를 애무해주면서 무엇이 당신을 즐겁게 하고, 무엇에 거부감을 느끼는지 몸으로 표현해보라.

'서막'과 '실전'을 구분하지 않는 것이 좋다. 동양의 의사들은 애무를 하다가 자연스럽게 성교까지 하는 통합적인 섹스가 기분을 좋게 해줄 뿐만 아니라 건강에도 좋고 삶에 대한 긍정적인 사고도 갖게 도와준다고 본다.

오랫동안 성생활을 하지 않았다고 하더라도 애무를 하다가 마침내 '그것'을 하게 될 거라고 생각하며 몸에 긴장하는 일이 없도록 하자.

미리 계획하라

성관계는 즉흥적으로 해야 좋다는 생각은 잘못이다. 최고의 최음제는 바로 실제 성교를 하기 전에 느끼는 기쁨이다. 첫경험을 했을 때의 느낌을 기억해보자.

흥분, 온갖 상상, 약간의 두려움 등 그 모든 것들이 복합적으로 나타났었다. 아무런 쾌락도 없는 직장 생활이나 가정 생활에서 다른 중요한 일들처럼 성생활의 '달콤한 시간'도 사전에 계획해야 한다.

성적으로 이기적인 사람이 되어라

섹스가 서로간의 완벽한 이해에서 이루어진다는 것은 잘못된 생각이다. 사이 좋은 부부들이 자주 싸우는 부부들보다 성생활에 불만을 갖는 경우가 더 많다고 한 섹스 전문 치료사는 말했다. 그렇다고 일부러 싸움을 걸라는 말은 아니다. 다만 성교할 때 상대방의 기분만 맞추어주려고 하는 것보다는 두 사람이 자신의 쾌락을 위해 노력할 때 가장 높은 만족감의 성교를 할 수 있다는 사실을 인식해야 한다. 오랫동안 같이 살아왔기 때문에 자주 잊고 살지만 남자든 여자든 사람들은 누구나 성적으로 다른 사람에게 정복당하고 싶어한다.

단순하게 살기 위한 제29제안 　노년의 계획을 배우자와 함께 오늘 당장 세우라

많은 사람들이 인생을 계속 성장하는 것으로 생각한다. 늘 위로만 올라간다고 생각하는 것이다. 그렇게 생각하는 사람은 나이 드는 것을 정해진 궤도를 이탈하는 위기로 받아들이고 실망한다.

　그러나 실제로 우리의 삶은 비율적으로 균형을 이루며 뻗어나가는 곡선과 같다. 처음에는 자라나고, 배우고, 삶의 반경을 넓히고, 직장을 잡을 준비를 하고, 가족을 이루면서 가파르게 위로 상승한다. 그 시기에는 요구되는 것들도 많아진다. 충분한 공간이 확보된 집이 있어야 되고, 가재 도구들도 많이 구

입해야 하고, 취미나 직장 생활을 위해 여러 가
지를 필요로 한다. 그 시기의 삶은 다양하면서
도 복잡하다. 사랑하는 사람들과의 관계도 그
렇다. 헤어지고, 다시 새로운 사람을 만나기도 한다. 그러나 어느 날 문득 자
식들이 훌쩍 당신 곁을 떠난다. 그리고 당신의 능력은 점차 줄어들고 활동력
도 약해진다. 삶이 단조로워지고, 왜소해지는 것이다.

예순다섯 살이 되면 어떻게 살아야 할지를 마흔다섯에 알고 있어야 하는 이유 하노버 대학의
연구 결과, 65세를 넘은 전체 노인의 50퍼센트 이상이 너무 큰집에서 살고
있는 것으로 나타났다. 그러나 단 10퍼센트만이 그러한 과중한 부담을 인정
하고 있었다. 그 이유는 익숙해진 생활 태도가 노년에 들어서도 거의 변하
지 않기 때문이다. 노년을 의미 있게 보내려면 언제 삶의 부담을 줄여야 하
는지 미리 결정해야 한다. 단순하게 하지 않으면 많은 문제점이 야기되기
때문이다.

미국의 심리학자 미르나 루이스는 노년기를 어떻게 살아가야 할지에 대
한 결정은 49세 이전에 내리라고 권한다. 그 이후에는 생활에 변화를 주기
가 어렵기 때문이다. 그러므로 40대에 생활 환경을 언제, 어떻게 단순화시
킬 것인지에 대해 결정해야 한다. 그런 계획을 세우는 데 가장 중요한 사람
은 바로 당신의 배우자다. 중요한 인생 계획을 세워놓지 않으면 부부 사이
에 점점 자주 나타나는 노년의 위기가 퇴직의 쇼크로 현실화된다.

'단순하게 살기 위한 방법'이 점점 진지해지고 있다. 이제는 정리하지 못한
책상이나 돈 문제에만 관심을 갖는 것이 아니라 노년기에 닥치는 문제까지 생
각한다. '단순하게 살기 위한 방법'이 삶 전체에 대한 조언을 해주는 것이다.

이제 당신이 설레는 마음으로 마지막 단계로 올라가고 싶은 소망을 갖게 되었기를 바란다. 가장 높은 층, 그리고 삶의 피라미드에서 가장 깊은 내면의 세계에는 무엇이 숨어 있을까?

단순하게 살기 위한 제30제안
삶의 목표를 발견하라

단순하게 살기 위한 제31제안
자신의 장점을 발전시켜라

단순하게 살기 위한 제32제안
양심의 부담을 덜어주자

단순하게 살기 위한 제33제안
"나는 누구인가?"라는 의문에 대한 대답

삶의 피라미드 제7단계

자신을 단순화시켜라

자신을 더 잘 이해하고
삶의 목표에 가까이 다가가는 방법을 배워라

삶의 피라미드 정상에는 바로 당신 자신이 있다. 그것은 살아오면서 당신이 만들고, 변화시키고, 각인하고, 꾸몄던 당신의 개성이다. 다른 모든 사람들과 창조물에 독특한 방법으로 연결되어 있는 당신의 핵심적 요소다. 심리학에서는 그것을 '자아'라고 부른다. 자아는 삶에 에너지를 공급하고, 그러한 힘의 원천에서 개개인의 삶의 목표가 솟구친다.

단순하게 살기 위한 제30제안 삶의 목표를 발견하라

아무 목적 없이 그냥 살아가는 사람은 아무도 없다. 누구나 목표가 있고, 삶의 의미를 간직하고 있다. 하지만 일상 생활의 수많은 일들 때문에 당신은 목표가 아닌 다른 것에 관심을 갖게 된다. '단순하게 살아가기'라는 것은 목표를 향해 마침내 트인 시야를 확보하는 것을 의미한다. 아무리 시원찮고, 혼란스럽고, 구차한 삶을 살아가는 사람이라도 누구나 한 가지 목표는 갖고 있다. 그것은 다음에 말하는 네 개의 원천으로부터 비롯된다.

257

자기 자신의 삶

당신은 자신의 삶을 살기 위해 이 땅에 태어났다. 생물학적인 의미로 말하자면 자식을 낳고, 다른 사람의 삶을 나름대로 안전하게 해주면서 살아간다. 그러한 과정은 자연스럽게 이뤄진다. 오직 자신만을 위해 살아가는 사람은 없다. 극심한 이기주의자도 삶의 거대한 큰 틀 속에 나름대로 의미를 갖고 살아간다.

삶에 대한 근본적인 경외감은 누구나 느끼지만 가끔은 올바르게 해석되지 못한 채 동물에 대한 사랑, 음악에 대한 열정, 지구가 곧 멸망할 거라는 근거도 없는 확신과 같은 옆길로 빠진다. 그런 사람들은 자신이 다른 사람에게 생명을 계속 이어주기 위해 살아간다는 것을 발견하는 것이 중요하다.

부모의 소망

자식을 낳아야겠다는 생각을 할 때 사람들은 의식보다는 무의식의 세계와 그 소망을 연결시킨다. 당신 부모의 소망이 당신의 삶을 간접적으로 조종하는 것이다. 그것은 마치 몇십 년이 지난 다음 꺼내보라며 건네준 밀봉한 메시지와도 같다. 사람들은 자식이 태어나면 이렇게 될 거라고 자연스레 생각한다.

- 가문의 대를 잇는다.
- 사이가 안 좋은 어머니와 아버지의 가족이 서로 화해한다.
- 부모의 불편한 관계가 다시 좋아진다.
- 그 전에 죽은 아이에 대한 슬픔을 보상해준다.
- 아이의 존재가 부모를 기쁘게 해준다.

당신의 부모가 당신에게 무의식적으로 갖고 있는 소망은 당신의 이름이나 별명에 나타난다. 그러므로 이름의 뜻을 알고 있을 필요가 있다. 이름이 이레나('평화'라는 의미)인 어떤 사람은 친가와 외가의 반목을 불식시키기 위해 자기가 태어났다는 것을 알게 되었다. 어떤 남자의 이름은 자기 삼촌의 이름과 같다. 모든 사람들로부터 칭송받던 그의 삼촌이 전쟁터에서 목숨을 잃은 사연 때문이었다. 삼촌의 이름과 같은 이름을 물려받은 조카는 삼촌이 미처 해내지 못한 과제들을 직접 해야 한다는 부담을 안고 살아간다. 그런 그가 지난 과거의 압박으로부터 벗어나기까지는 많은 시간이 걸린다.

당신의 재주와 취약점

당신이 잘하고, 좋아하는 일이 당신이 살아가야 할 삶의 방향을 정해준다. 당신이 태어나기 전에 하늘 나라에서 기획팀이 모여 당신에게 어떤 특별한 과제를 안겨 땅으로 보낼 것인지에 대해 결정을 내렸을 거라고 한번 상상해보라. 물론 당신은 그 능력을 완벽한 상태가 아닌 발전 가능한 상태로 받았을 것이다.

예를 들어 신체가 허약하면 사람들에게 다른 모습을 보여주기 위해 어렸을 때부터 다른 능력을 개발한다. 그래서 유명한 작가가 되거나 훌륭한 음악가가 되기도 한다. 그런 식으로 자신의 장점과 약점을 파악해나가면서 자신에게 주어진 삶의 과제를 완수하려고 노력한다.

삶에 대한 당신의 꿈

누구에게나 꿈이 있다. 그것은 현실보다 더 확실해보이는 것에 대한 그리움이다. 직접 눈으로 보는 것보다 더 확실하게 보이는 환각이다.

대부분의 사람들은 살아가면서 꿈을 잃어버린다. 자기 자신을 믿지 못하기 때문이다. 그들은 꿈이 변명하게 방치하고, 그것을 포기해야 한다고 배워왔기 때문에 쉽게 놓아주는 것이다.

단순하게 살기 위한 노력의 마지막 단계에서는 그 꿈을 다시 찾고, 삶의 목표에 도달하는 방법을 주로 다루게 된다. 자신 삶의 목표는 어느 누구도 당신에게 줄 수 없다. 스스로 그것을 발견해야 한다. 그것이 당신의 부모나 배우자가 바라는 것과 일치할 가능성은 많다. 그렇지만 당신의 내면 세계에 열정과 희열을 불러 일으키지 못하는 다른 사람이 당신에게 부여하는 목표는 불신의 눈초리로 보아야 한다.

단순하게 살기 위한 제31제안 자신의 장점을 발전시켜라

"자신의 장점에 집중적으로 관심을 갖는 사람은 약점을 외면해도 된다."
삶의 전략가로 활동하고 있는 볼프강 뫼베스가 누누이 주장하는 말이지만 안타깝게도 자주 잊혀지는 말이다. 많은 사람들은 성공하기 위해 자신의 약점과 싸워야 한다고 생각한다. 하지만 그것은 2가지 이유에서 아무 의미도 없는 일이다. 첫째, 당신의 장점을 방치하면 당신은 그냥 평균적인 사람이 된다. 그리고 약점에만 몰두하다 보면 심한 좌절감을 느끼게 될 것이다.

사람들은 누구나 특별한 장점을 갖고 있다. 자신의 능력, 경험, 노하우의 결합은 사람의 지문처럼 사람마다 독특하다. 더구나 특별한 장점은 당신에게 삶의 목표, 포부, 이상과 전망을 준다. 그것을 통해 당신은 의식적이든, 무의식적이든 긍정적이거나 부정적인 방

향으로 자신의 발전을 조종해나간다. 장점을 깊이 인식한 사람일수록 그만큼 많은 약점을 안고 있다. 그동안 우리는 우리가 잘할 수 없거나 하고 싶지 않은 것을 노력해야 한다고 배워왔다. 그런 사람이 자신이 약하다고 생각한 부분에 능력을 발휘하지 못하는 것은 당연한 일이다.

내가 갖고 있는 10가지 장점들

자신과 다른 사람의 시각으로 판단할 때 직업적으로나 사생활 면에서 당신이 갖고 있는 최고의 능력이라고 생각되는 것들을 10가지 적어보자.

그 가운데 자신이 생각하기에 가장 중요한 장점이라고 생각되는 것들을 3가지만 골라보자. 그것들은 당신의 장점들 중에서 가장 중요한 의미를 지닌다. 당신이 갖고 있는 능력 가운데 특출한 것들에 집중함으로써 자신의 모습을 단순화시킬 수 있다.

3가지 특출한 장점을 선택하기 어렵다면 다른 식으로 해보자. 당신이 생각할 때 덜 중요하다고 생각하는 장점들을 제외시키는 것이다. 그렇게 하면 결국엔 실질적인 의미를 지닌 장점들만 남게 될 것이다.

직업과 사생활의 중요한 과제

스스로에게 아래의 질문을 해보자.

앞으로 직업이나 내 개인 생활에서 행복하고, 성공을 거두기 위해 하고 싶고, 또 해야만 하는 것들은 무엇인가? 당신이 생각할 때 꼭 해야 할 일이라고 생각되는 일들을 5가지만 적어보자.

_____

_____

_____

_____

_____

5가지 할 일들 가운데 현재 가장 중요하다고 생각되는 것을 골라보자. 무엇을 하면 가장 빨리 행복과 성공에 가깝게 근접할 수 있을지 생각해보자. 각각의 과제들 뒤에는 그것을 하는 데 걸리는 시간을 개월 수로 기록해둔다. 그리고 앞으로 6개월 간 무엇을 집중적으로 할지 생각해 본다.

반드시 해야 할 과제를 직장 생활과 사생활이 가능한 분리되지 않도록 구체적으로 기록하자. 양쪽을 다 포함시키고, 최대한 균형을 이루도록 해야 한다. 당신이 앞으로 반년 후면 당신이 예상했던 것보다 더 많은 일들을 해낼 수 있다는 것과 당신이 갖고 있는 장점에 대해 기뻐하라.

양심의 부담을 덜어주자

죄의식과 양심은 인간적 발전에 가장 중요한 요소다. 그것들은 평화로운 삶을 살아가는 데 절대로 포기할 수 없는 것들이다. 다른 사람을 배려하지 못하는 비양심적인 사람들은 좋지 않다. 그러나 그들과 반대로 사사건건 양심의 가책을 느끼고, 죄의식에 괴로워하는 사람들이 있다. 그들은 잠시 쾌락을 즐기기 위해 돈을 지출하거나, 일을 적게 하거나, 주변 사람들이 병이 들거나, 다른 사람의 부탁을 거절했을 경우에 그렇게 느낀다.

과장되고, 건강하지 못한 죄의식에 시달리는 사람들이 단순하게 살 수 방법들을 제시해 본다.

당신의 재판관이 누구인지 알아내라

지나친 죄의식에 시달리는 많은 사람들에게는 무엇이 옳고, 그른지 사사건건 참견하는 재판관들이 마음속에 있게 마련이다. 그들은 때로 부모의 목소리로, 때로는 친척이나 형제 혹은 당신이 어렸을 때 당신을 야단쳤던 사람의 목소리로 나타난다. 그 재판관이 누구인지, 누구의 목소리로 당신에게 말을 하는 건지 생각해보라. 그리고 그 재판관에게 이제는 당신도 성인이 되어 스스로 생각할 수 있게 되었다고 말하라.

많은 사람들이 내면의 재판관에게 많은 것을 허용하면서도 자신이 성인이라고 생각한다. 그러나 성인이 되었다는 것은 다른 사람의 말에 의존하지 않게 되었다는 것을 의미한다. 그것은 자율성이고, 자기 내면의 가치와 판단에 귀를 기울이는 것이다.

할머니?!

재판관이 당신의 어깨 위에 앉아 당신의 일에 참견하면 부드러운 손길로 그를 내려놓아라. 그것은 당신 자신의 판단과 다른 사람의 가르침에 의해 터득한 판단을 구분하는 데 도움이 된다.

당신의 재판관이 쉴 수 있게 하라

죄의식에 골몰하는 사람은 신체적으로나 정신적으로 지치고, 그러는 자신에 대해 죄책감을 더 많이 느낀다. 너무 지치기 전에 그만두고, 스스로 최선을 다했다고 말하자. 당신이 느끼는 죄책감을 아주 작은 재판관으로 생각하고 그것들을 침대에 뉘이며 이렇게 말해보자.

"내가 앞으로 세 시간 동안 열심히 일을 해도 너희들은 여전히 만족하지 않을 거야. 그래서 나는 차라리 지금 그만두고, 내일 아침 일찍 일어나 상쾌한 기분으로 다시 하기로 했어."

그런 다음 당신도 잠자리에 들어 푹 자자.

자기 자신을 동일시하라

죄책감에 시달리는 사람들은 서로 완전히 분리된 삶을 살아가는 경우가 많다. 부부 사이에 팽팽한 긴장감이 돌 때면 그런 사정을 직장에서 말하지 않고, 직장에서 과도한 업무에 시달리면 그것을 집에 가서 말하지 않는다. 그럴 때 집에 가면 직장 일을 상관하는 마음속의 재판관이 당신에게 이렇게 말한다.

"에너지를 쓸데없이 허비하지 말고, 회사를 위해 더 많이 노력할 생각이나 해!"

그리고 회사에서는 마음속의 당신 배우자의 목소리가 당신에게 일을 제때에 끝내라고 독촉하게 될 것이다. 그런 건강하지 못한 분리된 삶은 이제 그만 버리자. 자신의 어려움을 솔직히 인정하자. 집에 가서는 직장 생활의 어려움을 말하고, 직장에서는 가족 문제에 대해 말하라. 그렇게 하는 것이 관계된 모든 사람들을 위한 최선의 방법이 될 것이다.

어두운 그림자도 수용하라

죄책감에 시달리는 사람은 주변에 있는 악한 것들을 완전히 제거해야 된다고 생각한다. 그렇게 하다 보면 지나친 부담을 안게 되고 어쩔 수 없이 당신의 행동에 그림자가 생기게 된 당신에게는 그것을 막을 힘이 없다.

믿음이 가는 사람을 찾아라

무슨 말이든 다 털어놓을 수 있고, 그 사람이라면 당신의 말을 잘 들어주고, 금방 어떻게 하라는 조언을 하지 않을 사람을 찾아라. 친구나 심리 치료사 혹은 신부도 좋다. 다른 사람에게 당신이 마음속에 담아두고 있는 말을 하지 않으면 그것은 당신이 그런 것들에 대해 부끄러워하고 있다는 표시가 된다. 그러나 그럴 필요가 없다. 당신이 갖고 있는 것들은 모두 당신의 것이다. 신뢰할 수 있는 사람에게 자발적으로 접근하라. 그리고 그에게 자신의 생각들을 다 고백하자. 그러나 "나는 별로 중요한 사람이 아니다"라는 말은 하지 말라. 당신이 내면의 이야기를 더 많이 할수록 당신은 다른 사람에게 더 흥미로운 사람으로 보일 것이다.

다음 세대를 생각하라

당신의 손자를 생각해보라. 그리고 그들이 당신과 똑같이 죄책감에 시달리고, 실수할 거라는 상상을 해보라. 이것은 전혀 근거 없는 말이 아니라 이미 증명된 사실이다. 그러므로 위에 소개한 방법들을 직접 시도해보아야 한다. 자신을 위해 그렇게 하지 않는다면 당신 다음 세대를 위해서라도 그렇게 해야 한다.

단순하게 살기 위한 제33제안 | **"나는 누구인가?"라는 의문에 대한 대답**

우리는 늘 같은 문제를 안은 채 살아가고, 똑같은 실수를 되풀이하며, 똑같은 곳에서 실패를 경험한다. 전형적인 어려움을 안겨주는 곳에 도달하면 그런 일이 발생되지 않도록 신중하게 전략을 짜서 대처해야 된다. 바로 그것을 도와주는 것이 특별한 행동 표본을 갖고 있는 9가지의 성격 분석 이론이다. 그런 분류를 하려면 3가지 근본적인 인식을 갖고 있어야 한다.

누구나 삶의 주제를 갖고 있다 사람들은 누구나 성공적인 삶에 대한 특별한 구상을 갖고 있다. 우리는 그것을 이루기 위해 노력하고, 그것을 이룰 수 있게 하는 능력을 발전시킨다. 삶의 주제는 다양한 사람만큼이나 여러 가지다. 그러나 많은 삶의 목표들은 성격을 9가지로 분류해 분석한 에니어그램에 따라 9가지로 나누어질 수 있다.

완벽한 사람은 없다 이미 말했듯이 당신이 얼마만큼 약점에 짓눌리지 않고, 장점을 발전시켰느냐가 관건이다. 그렇게 하려면 에니어그램의 9가지 성격 분석 중에 당신이 어디에 속하는지를 아는 게 필요하다. 당신의 약점에 당신의 장점이 숨어 있는 것을 알면 당황하게 될 것이다.

삶의 목표는 동전의 양면과도 같다. 긍정적인 면과 부정적인 면을 동시에 갖고 있으며, 한 면이 없으면 다른 면은 존재할 수가 없다. 에니어그램은 긍정적인 면은 가능한 발전시키고, 부정적인 면은 최대한 통제하게 해준다. 아무도 다른 사람에게 완전히 다른 사람이 될 것을 요구하지 않는다. 어떤 실수나 흠도 없는 사람이 되라고 요구하지도 않는다. 그러한 실수나 흠은 오히려 당신을 인간적이고, 가치 있게 만들어준다.

9가지의 서로 다른 성격의 소유자들은 모두 귀한 존재들이다 자신과 다른 모습으로 살아가려고 할 때가 아니라 자신이 속해 있는 유형의 장점을 발전시킬 때 당신은 행복하고 만족한 삶을 살아갈 수 있다.

그것은 사랑하는 사람과의 관계에도 도움을 준다. 누구나 의식적이든 무의식적이든 자기가 사랑하는 사람이 조금이라도 자기와 같은 생각을 하고, 느끼고, 행동하기를 바란다. 에니어그램은 두 사람이 두 개의 서로 다른 현실에서 살아갈 수 있는 최적의 방법을 가르쳐 준다.

성격 테스트 설문지에 나와 있는 문항에 편한 마음으로 대답한다. 답안지는 직장에서의 당신이 아닌 사생활에서의 당신을 기준으로 작성한다. 현재 직장생활을 하고 있거나 과거에 했던 경우 설문지에 대한 대답을 다른 기준에서 다시 해본다면, 직장 생활에서의 당신의 성격을 파악할 수 있을 것이다.

- 점수는 0점, 1점 그리고 2점을 준다.
- 당신의 생각과 일치하는 부분이 있으면 알파벳으로 표시되어 있는 문항 뒤에 숫자 1을 쓴다.
- 당신의 뜻과 완전히 일치하면 숫자 2를 쓴다.
- 당신의 뜻과 전혀 맞지 않으면 숫자 0을 쓴다.

1. 내가 외모가 멋있고, 능력이 뛰어나다고 생각
   한다. **f**   ☐

2. 다른 사람들은 나를 차갑고, 감정 변화가 잦고,
   특이하다고 생각한다. **g**   ☐

3. 인간 관계가 중요하기 때문에 나는 그것을 위해
   사랑과 시간과 돈을 많이 투자한다. **e**   ☐

4. 자기의 할 일을 책임감 있게 하지 못하는 사람들을 보면 화가 난다. **d**   ☐

5. 다른 사람에게 부탁도 잘 못하고 남의 부탁도 잘 거절하지 못한다. **e**   ☐

6. 다른 사람과 경쟁을 벌이면 의욕이 더 생긴다. **f**   ☐

7. 다른 사람의 고통을 보면 가슴이 아프다. **e**   ☐

8. 다른 사람이 나를 무시하면 깊은 상처를 받는다. **g**   ☐

9. 나 자신을 변화시키기 위해 꾸준히 노력하고, 다른 사람도
   그렇게 하도록 도와주는 것을 좋아한다. **d**   ☐

10. 사소한 것에도 세심한 주의를 기울이고, 치밀하다. **d**   ☐

11. 참을성이 많고, 강인하다. **b**   ☐

12. 지도자가 되고, 권력을 휘두르고, 다른 사람에게 영향력을 행사할
    준비가 되어 있다. **b**   ☐

13. 직선적이고, 내 생각이 다른 사람의 마음에 들든, 들지 않든
    거침없이 말한다. **b**   ☐

14. 정열적이고 마음속에 열정을 품고 사는 사람이다. **b**   ☐

15. 중요한 사람들과의 교류를 좋아한다. **e**   ☐

16. 혼자 있는 것을 좋아하고, 모임을 자주 빠진다. **h**   ☐

17. 마음이 순하고, 착하고, 사교적이다. **c**   ☐

18. 혼자 있는 것보다 다른 사람과 함께 있는 것을 좋아한다. **e** ☐

19. 가끔 의욕을 잃고, 숙명론자가 되고, 체념한다. **c** ☐

20. 깨끗하고, 이성적이고, 검소하고, 시간을 잘 지킨다. **d** ☐

21. 빠르고, 융통성이 있고, 말을 잘하고, 멋있다. **f** ☐

22. 예민하고, 감성적이고, 가끔은 감정적으로 결정한다. **g** ☐

23. 재주가 많고, 여러 가지 일을 한꺼번에 수행한다. **a** ☐

24. 마음이 따뜻하고, 공동체 의식을 갖고 있다. **i** ☐

25. 앞으로 잘 나서지 않고, 내 사생활을 중요하게 생각한다. **h** ☐

26. 가끔 진실을 기만하고, 약간 왜곡시킨다. **f** ☐

27. 마음의 안정을 찾고, 긴장을 푸는 데 많은 시간을 필요로 한다. **c** ☐

28. 시간이 한참 걸려야 한 가지 일을 시작하고, 그것을 하기 전에
    중요하지 않은 일들을 많이 한다. **c** ☐

29. 결정을 내리고, 결심을 굳히는 데 많은 시간을 필요로 한다. **i** ☐

30. 허풍쟁이나 솔직하지 않은 사람들의 진짜 모습을 폭로하기 좋아한다. **b** ☐

31. 은유법을 써서 말하고, 예술적인 멋을 부리는 것을 좋아한다. **g** ☐

32. 새로운 아이디어를 개발하는 것을 무척 좋아한다. **a** ☐

33. 다른 사람의 문제를 내 것인 양 생각한다. **e** ☐

34. 자연이나 다른 사람과 긴밀한 관계를 맺고 있고, 하나가 되었다는
    느낌을 자주 느낀다. **c** ☐

35. 다른 사람을 위해 투자하는 시간, 돈, 애정에 인색하다. **h** ☐

36. 삶을 즐기지만 가끔은 쾌락을 즐기는 도가 지나치다. **a** ☐

37. 마음속에 있는 재판관의 통제를 받고 있다는 느낌을 받는다. **d** ☐

38. 건강한 자기 신뢰감을 갖고 있고, 다른 사람에게도
    그것을 전염시킨다. **f** ☐

39. 예민해서 다른 사람의 말이나 행동에 숨어 있는
    거부감을 잘 알아챈다. **i**   ☐

40. 다른 사람의 마음을 항상 간파하지는 못한다. **b**   ☐

41. 종종 다른 사람들이 부담스러워 하기 때문에 애써 감정을 억누르고
    뒤로 물러서야 한다고 생각한다. **b**   ☐

42. 감정을 숨기고, 그 느낌을 말로 잘 표현하지 못한다. **h**   ☐

43. 다른 사람을 위해 큰 희생도 감수할 수 있다. **a**   ☐

44. 간접적인 위험을 잘 감지하고, 그것에 맞서 싸울 용기가 있다. **i**   ☐

45. 원하는 것과 원하지 않는 것을 다른 사람보다 쉽게 말할 수 있다. **c**   ☐

46. 주변 여건을 잘 파악하고, 내 자신의 이미지를 그것에 맞게
    적응시킬 수 있다. **f**   ☐

47. 다양한 사람의 입장에서 생각할 수 있고, 여러 가지를
    이해할 수 있다. **c**   ☐

48. 쉽게 감동하고, 그 안에 있는 좋은 점을 잘 발견한다. **a**   ☐

49. 살다 보면 우울하고, 외로움을 많이 타는 시기가 있다는 것을 안다. **g**   ☐

50. 내가 사는 방이나 직장을 멋있게 꾸미고, 옷도 잘 입으려고 노력한다. **g**   ☐

51. 성공을 사랑하고, 실패한 기억을 되살리고 싶어하지 않는다. **f**   ☐

52. 깊은 사고를 통해 문제를 해결한다. **h**   ☐

53. 분명한 원칙을 좋아하고 내가 지켜야 할 것이 무엇인지 알고 싶어한다. **i**   ☐

54. 즉흥적이고 임기응변에 능하고 낙천적인 사람을 좋아한다. **a**   ☐

55. 독특하고, 아주 특별한 사람으로 인정받고 싶어한다. **g**   ☐

56. 사회적 신분이 높은 사람들과의 친분 관리를 잘한다. **f**   ☐

57. 내 감정보다는 나의 일에 대해 이야기하는 것을 좋아한다. **f**   ☐

58. 내가 갖고 있는 능력 이상으로 해내려고 힘겹게 노력하고,

팽팽한 긴장감을 느끼며 산다. **d** ☐

59. 혹시 잘못될 수 있는 것이 무엇인지 꾸준히 점검하면서 쉽게 성공하지
    못하리라고 나 자신에게 지속적으로 주지시킨다. **i** ☐

60. 편안한 미래를 위한 계획을 세우는 것을 좋아하지만 그것을
    실행할 때 나 자신의 한계를 느낀다. **a** ☐

61. 스트레스를 많이 받고, 위기에 닥쳤을 때 침착한 태도로
    나 자신을 격려한다. **h** ☐

62. 어느 것에도 얽매이지 않은 자유를 갈망한다. **a** ☐

63. 다른 사람이 갖고 있는 것을 부러워할 때가 많다. **g** ☐

64. 기준을 높게 잡고, 내게 의미 있는 것의 가치 평가에 따라 살아간다. **d** ☐

65. 약한 사람들에게 인정을 베풀고, 기꺼이 도와준다. **b** ☐

66. 갈등의 소지를 직접 대면하기보다는 사전에 제거한다. **c** ☐

67. 다른 사람에게 조언도 잘 해주고, 직접 도와주기도 한다. **e** ☐

68. 가족과 교회나 회사에 대해 성실하고, 믿음직스럽고, 경건하게
    살아가고 있다. **i** ☐

69. 다른 사람을 대할 때 그가 나에게 얼마나 위협적인 존재인가에 따라
    사람을 구분한다. **i** ☐

70. 삶에 특별하고, 의미심장한 순간을 찾으려고 노력한다. **g** ☐

71. 내가 속해 있는 분야에 대해 잘 알고 있는 사람들과 함께
    어울리기를 좋아한다. **h** ☐

72. 나보다는 다른 사람이 새로운 의견을 제안하게 한다. **h** ☐

73. 내가 이해할 수 없는 규칙은 무시하고, 그 한계를 뛰어넘는다. **b** ☐

74. 숨어 있는 연관성을 추측하려고 노력한다. **h** ☐

75. 무엇이 옳고 그른지 본능적으로 알아챈다. **d** ☐

76. 아는 것이 많고, 꾸준한 독서와 탐구로 지식을 넓힌다. **h** ☐

77. 정당한 대접을 받지 못하면 분개한다. **d** ☐

78. 종종 좌절감에 시달리고, 자신감을 잃을 때가 많다. **i** ☐

79. 다른 사람이 우리 집에 찾아왔을 때 편안히 지내기를 바란다. **e** ☐

80. 다른 사람들보다 위험을 일찍 감지한다. **i** ☐

81. 갈등과 다툼을 싫어하고, 가능하면 조용히 살고 싶어한다. **c** ☐

82. 다른 사람들이 잘 이해하지 못하는 아웃사이더가 될 때가 종종 있다. **g** ☐

83. 다른 사람들에게 감정이 휘둘림 당하고, 심지어 아픔도 느낀다. **e** ☐

84. 내가 완전히 신뢰하는 사람에게만 나약하고, 사랑스러운 면을
보여준다. **b** ☐

85. 책임 때문에 어쩔 수 없이 해야 하는 일과 반복되는 일을
지겨워 한다. **a** ☐

86. 부정적인 면은 의욕을 상실케 하고 기분을 가라앉히기 때문에 긍정적인
면을 강조하고, 다른 사람의 기분도 유쾌하게 만들려고 노력한다. **a** ☐

87. 다른 사람과 가까이 지내지 못하면 슬프고, 다른 사람에게
외면당하는 느낌이 들고, 왠지 스스로 왜소하다고 느낀다. **e** ☐

88. 일이 너무 많기 때문에 오락이나 유희를 즐기며 기뻐할 시간이
없다고 생각한다. **d** ☐

89. 한번 작정한 목표는 반드시 달성한다. **f** ☐

90. 다른 사람이 나를 채근하고 재촉한다고 생각하면 일부러 고집을 피우며
더 이상 하지 않는다. **c** ☐

당신이 획득한 점수   성격 유형

a _____   _____

b _____   _____

c _____   _____

d _____   _____

e _____   _____

f _____   _____

g _____   _____

h _____   _____

i _____   _____

성격 유형에는 이렇게 적어 놓는다.

a=7번, b=8번, c=9번, d=1번, e=2번, f=3번, g=4번, h=5번, i=6번

평가

설문지의 각 문항에 써놓은 점수를 합해본다. 성격 유형 가운데 한 가지에 가장 많은 점수를 받았다면 당신의 성격은 그 유형에 속한다. 예를 들어 9번 유형(알파벳 c)과 1번 유형(알파벳 d)에서 20점 이상의 점수가 나왔는데 다른 유형에서는 총점이 10점 이하로 나왔다면, 9번 유형과 1번 유형의 성격 분석을 관심 있게 읽어보아야 한다.

당신이 긍정적인 대답을 가장 많이 한 유형이 당신의 성격적 특성을 말해주고, 당신의 본래 모습을 보여준다. 점수를 확인하다 보면 다음과 같은 상관

관계가 있다는 것을 알게 된다.

1. 원의 양쪽 즉 가장 많은 점수가 나온 유형의 오른쪽과 왼쪽에 있는 유형에도 점수가 많게 나온다(예를 들면 점수가 제일 높은 9번의 경우에는 8번과 1번에도 점수가 높게 나온다).

2. 가장 점수가 높은 유형과 선으로 연결되어 있는 다른 2가지 유형에도 총점이 높게 나온다(예를 들어 최고 점수가 5번에 나왔다면 7번과 8번에도 맞는 것들이 몇 개 있다).

3. 당신을 잘 알고 있는 다른 사람에게 설문지를 주고, '당신이 이렇게 대답했으리라는 관점'으로 점수를 주라고 부탁해보라. 다른 사람의 평가는 당신의 성격에 대한 소중한 정보를 제공하고, 그 사람과 재미있는 대화를 나눌 수 있는 계기를 마련해 줄 것이다.

9가지 성격 분석에 의한 성격 이해

이 장에서는 9가지의 서로 다른 성격들을 소개하고자 한다. 분류된 성격에 자신의 성격이 잘 맞지 는다고 너무 실망할 필요는 없다. 시간을 두고 전체적인 조망을 한다면 며칠 후 그것을 읽어 보았을 때 좀더 많은 것을 이해할 수 있을 것이다.

1번 유형

여기에 속한 사람은 바른 생활자다. 모든 것을 완전하게 하려고 하고, 자기 자신이나 주변 환경(집, 인간 관계, 직장)도 완벽하기를 바란다. 이 유형의 사람은 가치 기준이 매우 높고, 세상을 개선하고 싶어한다. 또한 일을 진지하게 하고, 쾌락을 별로 좋아하지 않는다. 그리고 어떤 일이 너무 쉽게 풀리면 의심부터 한다. 모든 일이 다 그만한 값을 치러야 한다는 것을 알고 있기 때문이다. 실수와 무질서는 그들에게 부담을 주고, 그들을 화나게 만든다.

그들의 약점은 '화'다. 다른 사람들이 고집스럽고, 심술궂다고 생각하는 분노를 품고 있다.

그들의 장점은 인내심과 끈기와 여유다.

1번 유형의 사람들은 삶의 목표에 대해서도 진지하게 생각한다. 삶이 지고한 목표를 갖고 있다는 생각이 그들 머릿속에 깊이 각인되어 있다. 그들은 정치, 사회, 종교적 이념에 개방적이고, 일반적으로 그들의 목표는 이렇게 표현될 수 있다. "나는 뭔가 새롭게 변화시키고 싶어."

9가지 성격 유형의 각 유형별로 그러한 특성을 갖고 있는 나라가 정해진다. 1번 유형에 맞는 나라는 스위스다. 물론 그렇다고 스위스에 1번 유형의 사람들이 많이 살고 있다는 의미는 아니다. 그러나 국민성의 근간에는 완벽주의와 융통성의 부족 그리고 농담을 잘 이해하지 못하는 진지함이 숨어 있다. 그들은 체면을 중시하면서 동시에 실속을 차린다. 그들은 출처가 불분명한 돈도 먼 외국에서 일어난 일이라 자기들은 모른다며 그냥 받아들인다.

고전에서 찾아볼 수 있는 대표적인 1번 유형은 미키 마우스, 아스테릭스와 돈 카밀로 등이다.

1번 유형의 특징은 까다로운 비평가에게서 찾아볼 수 있다. 그들은 글을 직접 쓰지는 못하면서 다른 사람의 잘못에 대해 가차없이 지적하는 냉혹함을 지니고 있다.

2번 유형

2번 유형의 사람들은 남을 진심으로 도와준다. 다른 사람을 잘 이해하고, 기꺼이 도움이 되려고 한다. 달콤한 칭찬과 애정으로 그들은 사람들로부터 신뢰와 인정을 받는다.

그들의 약점은 자부심이다. 다른 사람을 위해 온전히 봉사할 수 있다는 태도 뒤에는 고맙다는 인사를 듣고 싶어하는 생각이 있고, 그런 일은 반드시 자기가 해야 된다는 이기주의적인 성격을 갖고 있다. 2번 유형은 돈 관리도 잘한다. 그들은 다른 사람을 자기에게 의존하도록 만들기 위해 돈을 쓴다.

그들의 장점은 남의 마음을 잘 헤아릴 줄 아는 마음과 겸손함이다. 복지원이나 교회 봉사 단체는 2번 유형의 사람이 없었다면 잘 운영되지 못했을 것이다.

2번 유형의 인생 목표는 끈끈한 선으로 사람들을 서로 묶어놓는 것이다. "나는 사랑을 주고 싶고, 또 받고 싶어."

2번 유형을 상징하는 나라는 맛있는 음식과 손님 초대하기를 좋아하는 이탈리아다. 이탈리아식 삶의 중심은 가족이고, 그중에 거의 절대적인 의미를 갖고 있는 사람이 엄마다.

기억에 남는 2번 유형은 영화 〈대부〉에 나오는 주인공이다. 그는 2번 유형이 지니고 있는 잔인함과 넘치는 에너지를 보여주었다. 내가 너를 위해 모든 것을 다 해줄 테니 너는 나를 고맙게 생각하고 내가 시키는 것을 철저히 따라야 한다고 요구하는 것이다.

2번 유형의 특징은 대부분 모성애가 강한 어머니에게서 찾아볼 수 있다. 전통적이고도 이상적인 어머니 상은 자기를 돌보지 않는 전형적인 2번 유형이다. 그들은 몸이 뚱뚱한 편이고, 식구들을 위해 하루 종일 음식을 만들고, 몸이 병들고 정신적으로 지칠 때까지 애써 마음이 담긴 편지를 정성스레 쓰고, 선물을 준비하면서 다른 사람들의 생일을 꼭 챙겨준다.

3번 유형

그들의 주된 관심사는 능력과 성공이다. 3번 유형은 남과 경쟁을 잘하고, 이득도 챙긴다. 그들은 항상 '내가 어땠었는가?'를 자문하며 행동한다. 외모에 신경을 쓰고, 성공이 자기 자신만의 것이 아니라 사회적인 영향력도 행사할 수 있는 것이 되기를 바란다. 3번 유형은 성공도 하고 재산도 모아서 다른 사람으로부터 인정받고, 사람들도 많이 사귀고 싶어한다.

그들의 약점은 거짓말이다. 다른 사람에게만 거짓말을 하는 것이 아니라 자기 자신까지도 속인다. 제법 그럴듯해 보이는 성공담을 지어내서 자기도 그 말을 믿을 때까지 수없이 반복한다. 대인 관계는 별로 좋지 못하다. 소유욕 때문에 어느 누구와도 진정한 친구가 되기 어렵다.

장점은 실력 있고, 낙천적이고, 집요하고, 공상을 구체적으로 실현시킬 수 있는 능력을 갖고 있다는 점이다. 3번 유형이 속해 있는 팀은 난관에 봉착해도 문제를 해결하고, 다른 사람도 함께 헤쳐나가게 도와준다. 그래서 3번 유형은 타고난 사업가인 것이다.

3번 유형의 인생 목표는 상상을 현실로 만들고, 내면적으로 충실하게 만드는 것이다. "나는 뭔가 이룩하고야 말겠어."

3번 유형을 상징하는 나라는 미국이다. 성공, 능력, 낙천주의, 고층 건물, 달러, 할리우드 등 진짜든 쇼든 중요한 것은 '잘 된다'는 것이다. 성공적이고, 유쾌한 미국 낙천주의의 이면에는 모든 것에서 1등이 되고 싶어하는 욕구가 숨어 있다. 패배자에게는 설 땅이 없다.

긍정적인 3번 유형은 로빈 후드다. 착한 일을 하기 위해 물건을 훔치고, 사람을 속였던 그는 결국 특별한 여자를 아내로 맞이하는 데도 성공했다.

3번 유형의 특징은 다른 사람이 물어보지도 않았는데 자기 아내에 대해, 집에 대해, 별장에 대해, 자기의 수입이나 재정 상태에 대해 떠벌리며 고급 자동차를 타고 다니는 허풍쟁이에게서 찾아볼 수 있다.

4번 유형

4번 유형은 자기 마음에 따라 움직인다. 그들의 인생 목표는 뭔가 특별하고 다른 사람과는 다른 개성이다. 그들에게는 아름다움과 태초의 자연스러움과 특별한 것을 알아보는 눈이 있지만, 많은 것을 쟁취할 수 없다는 사실에 대해 고통스러워 한다. 그들은 예민하게 반응하고, 우울증에 시달리며 감정의 기복이 잦다.

그들의 단점은 다른 사람의 아름다움을 인정하고 싶어하지는 질투심이다. 다른 사람과 다르게 보이고 싶은 마음 때문에 늘 다른 사람과 자신을 비교해야 한다.

4번 유형의 장점은 창의력과 특별한 것을 알아내는 예술적인 측면이다. 그래서 남들과 다르다는 것과 '다르게 생각하기'에 두려움이 없는 4번 유형의 사람들이 과학과 문화의 발전에 많은 공을 세웠다.

그들의 인생 목표는 원조가 되고 싶어하는 욕구다. "나는 뭔가 독보적인 것을 만들고 싶어."

4번 유형을 상징하는 국가는 프랑스다. 그곳 사람들은 문화의 미국화에 대해 강한 반대의 목소리를 내고, 진정한 유럽연합은 각 나라의 개성을 있는 그대로 인정해 줌으로써 가능하다고 주장한다. 예를 들어 음식은 프랑스 음식이 다른 나라 것의 비교 우위에 있다고 보는 것이다.

4번 유형의 특징을 나타내는 사람은 프랑스적인 분위기를 내는 예술가로, 검은색 옷에 보라색 실크 스카프를 두른다. 그들이 사는 방은 어두컴컴하고, 시든 장미, 펼쳐져 있는 책과 일기장 등으로 멋스럽게 꾸며져 있다.

5번 유형

5번 유형은 사생활을 중시하고 외부의 압력이나 강요에 강하게 반발한다. 그들은 학문을 연구하고, 분석하고, 체계화시키지만 그런 태도는 상황이나 사람에 따라 다르게 나타난다.

그들의 단점은 인색함이다. 재정적인 면만 그런 것이 아니라 학문과 자기 자신에 대해서도 그런 태도를 취한다. 5번 유형의 사람은 시간을 내서 다른 사람을 만나는 것도 별로 좋아하지 않고, 감정을 잘 드러내지도 않는다.

5번 유형의 장점은 지혜로움, 명료함, 객관성과 친절함이다.

그들의 인생 목표는 이제까지 아무도 탐색하지 않았던 부분을 다루는 것이다. "나는 문제의 근원을 캐고 싶어."

5번 유형의 상징적인 나라는 영국이다. 대영제국에는 탐험가와 인류학자들이 바깥 세상의 귀중한 보물들을 잔뜩 모아놓았다. 영국은 한편으로는 엄청나게 부유하면서도, 다른 한편으로는 아주 인색하다. 국가의 인색함은 과거에 정복한 북아일랜드를 다시 돌려주지 않는 것에서도 잘 드러난다.

문학작품에서 찾아볼 수 있는 대표적인 5번 유형은 영국인으로 찰스 디킨스의 〈크리스마스 이야기〉에 나오는 스크루지다.

전형적인 5번 유형의 모습은 안경을 쓰고(남성인 경우에는 수염을 기르고), 책과 컴퓨터로 가득 찬 연구실에서 학문을 연구한다. 5번 유형은 수줍음이 많아 주로 인터넷을 통해 외부와 접촉한다. 그들은 여행을 떠나 다양한 볼거리를 카메라에 담아 오려고 할 때만 연구실을 빠져 나온다.

6번 유형

6번 유형은 성실하고, 집단 의식이 강하고, 충직하고, 신뢰성이 있고, 인자하지만 조심성도 많다. 위협이 느껴지면 평소에는 비판적으로 생각해 왔던 힘있는 사람의 도움을 받아 몸을 숨긴다. 그들은 불안해 하거나 억눌려 있는 사람들과 연대감을 느끼며 권력의 서열에 대해 민감하고, 자기 밑에 누가 있고, 위에는 누가 있는지 계속 궁금해 한다.

그들의 단점은 두려움이다. 그들은 대화를 하다가 "그렇게 하면 위험하지 않을까?"라고 종종 묻는다. 늘 안정을 추구하고, 잘못된 행동을 하지 않으려고 노력한다. 그들이 느끼는 두려움은 머리를 통한 이성적인 것이 아니라 가슴을 통한 감성적인 것이다. 그들의 불안은 아주 드물게 나타나는 위험을 미리 예상함으로써 생겨난다.

6번 유형의 장점은 성실함, 신뢰감과 용기다. 6번 유형의 사람들은 두려움을 잘 극복하고 나면 그 누구보다 용감한 사람이 된다. 큰 전쟁이나 위기 상황에 자기 희생을 하며 나라를 구했던 영웅들이 대부분 6번 유형이다.

그들의 인생 목표는 전체를 위해 뭔가 할 수 있도록 늘 깨어 있고, 신중해지는 것이다. "내가 다시 안정을 되찾게 해야지."

6번 유형의 상징 국가는 독일이다. 부지런하고, 착실하고, 용기가 있고, 행동에 절도가 있다. 독일 사람들은 국가나 기관에 맡기지 않고 자기 스스로 책임을 지면서 새로운 길을 개척하는 것을 좋아한다.

6번 유형의 전형을 보여준 인물로는 영화 〈보디가드〉의 케빈 코스트 를 들수 있다. "절대 안심하지 말자!"는 것이 그의 확고한 신조였다. 그는 그러한 생각으로 일체의 위험을 감지하려고 했고, 자기가 보호해 주어야 할 사람을 위해 목숨도 기꺼이 내놓았다. 우디 알렌은 그가 만드는 영화에서 거의 언제나 6번 유형의 인물을 연기한다.

6번 유형의 특징은 긴장감을 늦추지 않은 채 주변을 예의 주시하고, 어두운 색의 옷을 즐겨 입고, 상대를 오랫동안 주시하지 않는다는 점이다. 그들은 일단 말을 시작하면 끝낼 줄 모른다. 그리고 사람들이 생각하는 것과 전혀 다른 모습으로 살아가는 이중 생활을 즐긴다.

7번 유형

7번 유형은 낙천적이고, 미래지향적이고, 열정적이고, 민첩하다. 그들의 인생 목표는 행복이다. 그들은 현실의 어두운 면을 피해 가고, 그 대신 심금을 울리는 긍정적인 면에 더 집중한다. 7번 유형은 모든 것이 필요 이상으로 넘쳐나는 것을 좋아한다. 자기 주변 사람들이 모두 행복하기를 바라고, 싫다는 말을 잘하지 못하며 다른 사람에게 분명한 한계를 지어주지 못한다.

그들의 단점은 과도함이다. "무엇이든 남는 것이 모자란 것보다 더 낫다"

는 것이 신조다. 그들은 자기가 좋아하는 것을 지나치게 많이 하려는 경향이 있어, 음식도 많이 먹고, 일도 많이 하고, 모든 것이 더 이상 편안하지 않을 때까지 지나치게 과도한 욕심을 낸다.

7번 유형의 장점은 명랑함과 생각하는 바를 어떻게 현실화시키고, 경비는 어떻게 조달할지도 미리 생각해두면서 전체적이고, 혁신적인 사고를 한다는 점이다.

7번 유형의 인생 목표는 행복하게 살아가고, 인간으로 살아가는 삶의 아름다움을 다른 사람에게도 나누어주는 것이다. "나는 더 많은 사람이 행복을 느끼게 하고 싶어."

대표적인 7번 유형은 어른이 되지 않으려고 하면서 네버랜드라는 꿈속의 나라에서 살아가는 피터 팬이다. 그는 날아다닐 수 있고, 쉬운 해결책을 찾아다니는 전형적인 7번 유형이다.

7번 유형의 상징이 되는 나라는 아일랜드다. 경쾌한 음악, 높은 알코올 소비지수, '더 나빠질 수도 있었는데 다행이다'라는 식의 언어 습관, 상황이 더 안 좋아질 수 있었을 텐데 다행이라고 생각하는 낙천주의적 사고, 그들의 이러한 까다롭지 않은 낙천주의는 나라의 궁핍함을 견뎌내고 유럽의 경제적 기적을 이루는 데 일조했다.

7번 유형은 장난기가 있고, 즐겁게 지내면서 책임지는 일은 가능한 맡지 않으려고 하는 타입이다. 그들은 삶을 모든 음식을 다 올려놓을 수 있고, 한 가지로 정해져 있지 않은 풍성한 뷔페라고 생각한다. 직업적으로도 그들은 꾸준한 변화와 새로운 자극을 필요로 하고, 한곳에 푹 눌러 앉으려고 하지 않는다. 그렇게 하기에는 새로 발견해야 할 것이 세상에 너무나 많이 있다고 생각하는 것이다.

8번 유형

8번 유형의 인생 목표는 강인함이다. 힘이 장사고, 도전적인 그들은 남을 겁먹게 하는 당당한 태도로 다른 사람의 존경을 받는다. 그러나 그들의 강인함 뒤에는 마음의 상처를 쉽게 받는 나약함이 숨어 있다.

8번 유형의 단점은 둔감한 저돌적 성격이다. 그들은 자기들이 다른 사람의 마음에 상처를 주었다는 것을 잘 느끼지 못한다.

그들의 장점은 책임감과 힘을 적절하게 잘 사용할 수 있는 능력이다. 8번 유형은 자기가 보호해주어야 할 사람은 끝까지 철저하게 보호해주고, 그 어떤 어려움도 꿋꿋하게 이겨 내며, 불의를 보면 가만히 있지 못한다.

그들의 인생 목표는 나약함, 억압받음, 아무 일도 하지 않고 허송세월 하는 짓을 그만두는 것이다. "나는 올바른 사회를 위해 싸우겠어."

8번 유형을 상징하는 나라는 스페인이다. 그들은 투우 시합처럼 피를 보는 것을 좋아한다. 내적으로는 불안감을 숨기면서 겉으로는 강인함을 보여 주려고 한다.

8번 유형의 성격은 영화 속의 존 웨인이 잘 표현해주고 있다. 도저히 불가능할 것 같은 위기 상황을 잘 헤쳐나가 사람들을 구해내는 영웅 같은 성격을 지닌다.

8번 유형의 특징은 체격이 건장하다는 점이다. 그들은 적에게 자기 몸을 과시하는 것처럼 날씨에도 꿋꿋한 모습을 보이고 싶어서 추운 겨울에도 짧은 반팔 셔츠를 입는다. 또한 처음 보는 사람에게 안색이 나빠 보인다고 큰 소리로 말하면서 상대에게 심리적 부담을 안겨준다. 다음 번에 그 사람을 만났을 때

"오래간만입니다!"라고 큰 소리로 말하며 반가운 표시를 하는 것은 에니어그램을 통한 성격 분석을 이해한 사람만이 그 속내를 잘 이해할 수 있을 것이다.

9번 유형

9번 유형의 관심사는 평화와 만족이다. 그들은 조화와 편안함을 추구하고, 그들에게는 고착화된 버릇이 있고, 게으름을 피우려는 경향이 있다. 9번 유형은 마음이 느긋하고, 이해심이 깊어서 어떤 책임을 맡는다던가 결정을 내리기가 무척 어렵다.

그들은 나태하다는 약점을 이용해 자기 변명을 하기도 한다. "난 아무 짓도 하지 않았단 말이에요!" 이것은 9번 유형의 사람들이 흔히 하는 주장이다.

그들의 장점은 쉽게 용서하고, 평화롭게 지내고, 만족하는 것이다. 9번 유형이 편안한 환경을 벗어나면 엄청난 에너지를 발산할 수 있다. 대부분의 9번 유형 사람들은 취미가 많고, 지루함을 달래기 위해 뭔가 새로운 것을 찾으려고 한다.

그들의 인생 목표는 조용하고, 편안한 마음으로 느긋하게 있을 수 있는 주변 환경을 확보하는 것이다.

《정글북》에 나오는 곰돌이가 9번 유형의 인생 철학을 갖고 있다. "너도 한번 나처럼 이렇게 편하게 살아봐."

9번 유형을 상징하는 나라는 오스트리아다. 행복한 오스트리아 인은 피비린내 나는 전쟁을 치르지 않고 결혼 정책을 펼쳐 쉽게 영토를 확장해나갔다. 비엔나 커피를 한잔 시켜놓고 하루 종일 앉아 있을 수 있는 빈의 찻집이 9번 유형에게 적합한 장소다. 조금 더 먼 곳에서 상

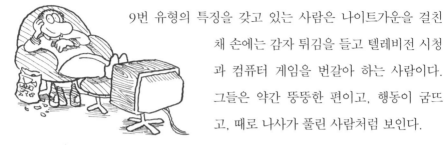

징적인 나라를 찾자면 아프리카다.

9번 유형의 특징을 갖고 있는 사람은 나이트가운을 걸친 채 손에는 감자 튀김을 들고 텔레비전 시청과 컴퓨터 게임을 번갈아 하는 사람이다. 그들은 약간 뚱뚱한 편이고, 행동이 굼뜨고, 때로 나사가 풀린 사람처럼 보인다.

성격 분류에 대한 항변

각각의 성격 분석은 단지 참고 자료일 뿐이다. 각각의 분석에 맞지 않는 부분이 있을 수 있다. 9가지 성격 분석에 대해 맞지 않다고 하는 주장들과 그에 대한 답변을 소개한다.

"나는 조금씩 다 갖고 있는 것 같다" 많은 사람들이 성격 분석을 읽고 나서 하는 말이다. 사실 누구나 9가지의 성격을 조금씩 갖고 있다. 자신에 대해 집중적으로 생각해 본 사람은 그 자료를 보고 자신을 더 잘 알게 되었다고 깨닫게 될 것이다. 그러나 당신 삶의 주된 관심사를 9가지의 성격 유형에서 골라낸다면 당신은 자신의 잠재성을 더 활짝 펼칠 수 있을 것이다.

"혼합형은 없을까?" 9가지의 성격 분석은 양쪽에 날개를 달고 있다. 예를 들어 7번 유형의 사람은 양옆에 있는 6번과 7번 유형의 특성을 다른 유형의 특성보다 더 많이 갖고 있다. 그러나 자신의 성격에 대해 정확한 분석을 하려면 자기가 받은 점수를 기준으로 자기 성격의 유형을 한 가지로 정하는 것이 좋다.

"나는 10번 유형이다" 누구나 자신에 대해 오랫동안 관찰하고 충분히 심사숙고
하면 아홉 개의 성격 가운데 하나로 자신의 성격을 규정할 수 있다. 에니어
그램을 통한 9가지의 성격 분석은 많은 사람들에게 도움을 주었다. 20년 전
부터 에니어그램은 여러 대학교에서 학문적으로 연구, 분석
되고 있다. 그 결과 의사와 심리학자들은 9가지의 성격
분석이 올바르다는 것을 매번 확인시켜 주었다. 그러
므로 검증된 도구라는 것을 믿고, 당신의 인생 목표를
찾는 데 중요한 도구로 사용하기 바란다. 그동안 여러
가지 방법을 사용해보았지만 우리는 이것이 자아 분
석을 위한 최고의 도구라는 것을 확인할 수 있었다.

"나는 내 성격을 하나로 규정짓고 싶지 않다" 9가지 성격의 분류를 경계선이라고 보지
말고 미로에 있는 이정표로 생각하자. 당신의 성격은 복합적이고 여러 층으
로 이루어져 있기 때문에 당신의 장점과 단점은 일정한 기준 없이 확인하기
어렵다.

단순하게 살기 위해 시작해야 할 일

성격 분석가들은 사람들이 직접 글로 적어 놓는 것만 실현시킬 수 있다는 데
뜻을 같이 한다. 이 책에는 단순하게 살기 위한 33가지
제안을 소개했다. 앞으로 사흘 안에 그것을 실행에
옮기면서 단순하게 살기 위한 제안에 따라 행동과
생각과 느낌에 어떠한 변화를 주었는지 꼼꼼히 기
록해두자.

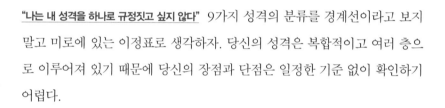

단순하게 살기 위한 일기장

적극적으로 삶을 살아가면서 자신감을 기르기 위해 일기장을 쓰는 것보다 더 좋은 방법은 없다. 유명한 사람들 가운데 일기를 쓰지 않은 사람은 거의 없다. 기록을 할 때 아래의 규칙들을 염두에 두고 하자.

호감 예쁘고, 장정이 잘 되어 있는 일기장과 당신이 좋아하는 기구를 준비하자.

사생활 일기장은 당신만을 위한 기록이지, 후손이나 세상에 내놓기 위해 쓰는 글이 아니다.

검열하지 마라 그냥 물 흐르듯이 써라. 주저할 필요도 없다. 맞춤법도 고치지 말자. 일기장은 논술 시험용 답안이 아니다. 당신 이외의 어느 누구도 그것을 읽으면 안 된다.

솔직하자 내용도 검열하지 말자. 반드시 솔직하게 쓰도록 해야 한다.

참을성을 기르자 무슨 일이 있어도 어느 일정 기간 동안에는 일기를 쓰기로 결심하자. 무슨 일이든지 3개월이 지나야 진정하게 깨달을 수 있는 경우가 많다.

오전 가능하면 이른 아침에 기록하자. 새로운 날이 시작되면 조용한 곳에서 차를 한잔 들면서 일기를 씀으로써 회상이 아니라 하루의 시작을 위한 도구로 이용해보자.

자유롭게 쓰자 일기 쓰는 것의 가장 긍정적인 효과는 일기를 쓰기 시작하고 며칠 후에 바로 나타난다. 아침에 일어나면 하루를 의무나 캄캄한 미로로 생각하지 않고 당신이 채워나갈 텅 빈 백지라고 생각하게 된다.

연습 처음에는 휴가를 간 곳에 대한 기록을 해두는 것부터 시작하면 좋다. 여행지에서 산 예쁜 공책이나 볼펜으로 써보자. 공책의 오른쪽에만 기록하자. 그리고 왼쪽에는 사진이나 엽서, 그 밖에 입장권이나 기념이 될 만한 것들을 붙여보는 것도 좋은 방법이다.

이제 당신의 삶은 탄탄한 피라미드로 되어 있다

단순하게 살기 위한 길을 다 걸어 나와도 당신의 인생은 완벽하지 않을 것이다. 당신은 여전히 돈 때문에 시달리고, 시간 때문에 스트레스를 받는다. 그리고 자꾸 병에 걸리기도 하고, 직장에서 만나는 동료·친척이나 배우자와의 관계도 매끄럽게 이어지지 않을 것이다. 그러나 당신의 인생은 더 이상 우연히 혼란이 생기는 불투명한 것이 아니라 당신을 더 이상 헤매지 않게 만드는 투명한 구조를 갖고 있다. 간혹 혼란스러운 일이 생겨도 당신은 하늘이 무너지는 것 같은 충격을 받거나 아예 일을 포기하려고 하지 않게 될 것이다. 당신에게는 예기치 않은 사고를 정리하고, 길을 가로막고 있는 것들을 치우고, 긴장된 순간에도 내면의 여유를 되찾을 수 있게 하는 도구들이 많이 있다. 당신의 삶이 온전히 당신 자신의 것이고, 돌덩이가 마구 쌓여 이뤄진 것이 아니라 탄탄한 피라미드로 만들어져 있다는 것을 알기 때문이다.

단순하게 살아라

부록

'단순하게 살기 위한 방법'은 애벌레가 나비가 되어 가는 과정이라고 할 수 있다. 모든 것을 받아들여야 하는 힘겨운 애벌레의 시기를 지나면 고통스러운 고치로 살아가야 되는 시기가 이어지고 그 다음에는 나비처럼 자유롭게 날아다니는 시기가 된다. 하지만 모든 애벌레가 고치가 되고 아름다운 날개를 펼치는 나비로 태어나는 것은 아니다. '단순하게 살기 위한 방법'은 당신이 애벌레로 생을 마감하지 않게 도와주며, 당신에게 나비의 날개를 달 수 있는 가능성이 있음을 알게 해줄 것이다.

고치에서 깨어나라

고치에서 깨어나라 | 인생에서 나비가 되어 가는 과정 |

단순하게 살기 위한 방법을 애벌레가 나비가 되어 가는 과정으로 생각하면 좋다. 모든 것을 받아들여야 하는 힘겨운 애벌레의 시기(교육 과정)를 지나면 고통스러운 고치로 살아가야 되는 시기(위기)가 이어지고 그 다음에는 나비처럼 훨훨 자유롭게 날아다니는 시기(직업적으로 높은 지위에 오름)가 된다. 그렇게 나비가 되어 가는 과정을 당신은 여러 번 반복한다. 물론 삶의 피라미드 각층에서 그렇게 되는 것은 아니지만 당신의 입장에서 보면 아주 복잡한 상황에서 그렇게 하게 된다.

많은 사람들은 먹이만 먹으면 되는 애벌레의 시간보다 나비의 일생이 더 짧다고 생각한다. 그렇지만 많은 나비의 경우는 그와 반대다. 짧지만 집중적으로 많은 변화가 일어나는 애벌레의 시기에서 고치가 되는 시기가 지나면 새로운 삶이 활짝 날개를 펼치는 것이다. 나비들은 새처럼 수천 킬로미터를 훨훨 날아다닌다.

모든 애벌레가 고치가 되고, 아름다운 날개를 펼치는 나비로 태어나는 것은 아니다. 애벌레의 삶은 그것 나름대로 편안하고 만족스러우며, 독자적인 역동성을 갖고 있다. 당신 곁에는 분명히 너무 높이 올라가려고 하지 말라고 경고하는 사람이 있을 것이다. 그런 사람들은 나비가 될 수는 있지만 그렇게 자유롭게 훨훨 날아다닐 수 있는 나비가 되는 것은 특별히 선택받은 것만 그렇게 된다는 사실을 당신에게 말해주려고 한다.

단순하게 살기 위한 방법은 당신이 애벌레로 생을 마감하지 않도록 도와준다. 그래서 당신이 나비의 날개를 달 수 있는 가능성이 있다는 것을 알게 하는 것이 중요한 것이다. 그 과정을 차례로 살펴보자.

작은 애벌레에서 통통한 애벌레 되기

"많으면 많을수록 좋다."

이 말은 단순하게 살기 위한 방법의 제1단계에서 처음으로 듣게 되는 말이다. 이때는 우리가 많은 것을 배우고, 수용하고, 키우면서 애벌레로 자라는 복잡한 시기다. 단순하게 살기 위한 길은 절대로 단순하게 시작되지 않는다.

통통한 애벌레

단순하게 살기 위한 방법의 제2단계는 한계를 아는 것이다. "지금처럼 계속 살아가면 나는 과연 무엇이 될까? 내가 알고 있는 것이 전부일까?" 이러한 질문을 하면서 기존의 사고에 의문을 제기한다.

애벌레로 생을 마감한 사람은 인생의 목표를 달성하지 못한다. 이 시기에 단순함에 대한 갈망이 시작된다. 조금 적게 먹는 것이 좋을 것 같기는 한데 어디에서부터 시작해야 하나?

고치 되기

제3단계는 당신이 어떤 결정을 내리느냐에 따라 정해진다. 많은 사람들은 변화를 두려워하기 때문에 애벌레로 그냥 남는다. 그들은 안락함을 벗어나지 못한다. 애벌레는 죽음과도 같은 큰 위기를 겪어내야만 나비가 될 수 있다. 인생의 목표는 캄캄한 어둠 속으로 발을 내딛는 사람만이 도달할 수 있다. 자기가 몸을 담고 있는 기존의 환경을 버리고 고치가 되어야 하는 것이다.

날개를 펼치는 나비

'단순함'은 나비의 가벼운 삶을 잘 표현해준다. 더 적은 것이 결국 더 많은 것이 된다. 나비는 가냘픈 몸으로 수분을 빨아들이며 자유를 즐긴다. 만약 영화라면 이 장면에서 끝나버렸을 것이다. 나비가 황혼이 물든 하늘을 날아가며 스크린이 서서히 어두워지는 것이다. 그러나 단순하게 살기 위한 방법은 거기에서 끝나지 않는다.

나비와 나비의 알

나비들은 알을 낳기 위해 세상에 태어난다. 애벌레는 알을 낳지 못한다. 그러나 위기를 잘 넘기고, 나는 법을 터득하고, 성장이 완료된 나비는 알을 낳는다. 그것은 우리 삶을 더욱 재미있고, 예측하기 어렵게 만드는 큰 비밀이다.

새로운 프로젝트를 시작하고, 꿈을 실현시키고, 당신의 인생
을 어떤 식으로든 변화시키고 싶다면
다음의 규칙을 머리에 새기자.

수동적이지 않은 긍정적인 태도

반응을 보이지 말고, 먼저 행동하라. 목표를 정할 때도 능동적으로 하라. "나
를 부서장으로 승진시켜 주면 좋겠어"라고 하지 말고 "나는 이 부서의 책임을
맡아 내 생각에 따라 새롭게 움직일 거야"라고 목표를 세워라.

삶을 직접 연출하라

당신 삶의 연기자나 단역 배우가 되지 말고 시나리오 작가요 감독이 되라. 즉
목표를 설정할 때 "이집트로 여행 가는 사람을 따라가고 싶다"라고 하지 말고
"이집트에 가서 배를 타고 여행해야겠다"라고 하라.

당신의 날개를 느껴라

자신 안에 능력이 내재되어 있다고 굳게 믿어라. 중요한 것은 외부에서 당신
에게 주어지는 것이 아니라 당신의 마음속에서 언젠가 당신을 일깨워준다. 목
표를 세울 때 이미 갖고 있는 재주를 발전시켜야겠다는 생각으로 하라. "누군
가 내게 스페인어를 가르쳐주면 좋겠다"라고 하지 말고 "스페인어 공부를 열
심히 해서 언젠가 스페인어를 유창하게 해야지"라고 하라.

배우자와 함께 하라

삶에 변화가 생길 때 가장 큰 문제는 배우자가 따라오려고 하지 않을 때 생겨난다. 아이들을 키운 다음 다시 직장에 나가고 싶어하는 아내는 남편의 몰이해에 부딪친다. 자기 사업을 시작하려고 하는 남편은 아내의 도움을 받지 못한다. 여기에서 나비의 기술에 대해 이야기를 하면 많은 도움이 될 것 같다.

배우자에게 힘겹게 애벌레의 시기를 보내야 나비가 될 수 있다고 잘 설득시켜라. 그래야만 더 만족스럽고, 삶을 의미 있게 보내고, 수입도 더 늘어날 수 있을 거라고 말하는 것이다. 언제 애벌레의 시기를 마감하게 될지 일정 기간을 정해두면 배우자의 이해를 받기가 더욱 쉬울 것이다.

3개월 내 :

그 시간이 약속한 기간보다 더 길어지면 이미 세워둔 계획을 배우자가 변경해도 좋다고 말해두자.

값을 지불하라

행복에 대해 비생산적인 꿈을 꾸는 사람이 너무 많다. 복권에 당첨되기를 꿈꾸거나 상속을 받아 힘들이지 않고 부를 챙기기 원하는 것이다. 나비가 되어가는 과정을 보면 힘든 수고를 하지 않고는 그 어떤 발전도 있을 수 없다는 것을 알 수 있다. 당신이 살아온 평생을 힘든 애벌레의 시기로 생각한다면 뭔가 잘못 살아왔다고 할 수 있다. 힘들게 뭔가를 했다면 마지막에는 그에 대한 보상을 해주어야 한다.

날개를 달고 훨훨 날아가기 위한 5가지 방법

삶의 주인으로 살아갈 수 있는 5가지의 방법이 있다. 당신에게 가장 적합한 방법을 골라보자.

진화

당신이 하는 일이나 버릇이나 직장 생활에서 당신이 살짝 변화시킬 수 있는 것들이 있다. 불평불만을 늘어놓고 화를 내는 태도는 새롭고, 긍정적인 습관을 들이지 못하게 만드는 부정적인 요소다.

혁명

자아를 찾기 위해 무엇을 해야 하는지를 자문해보라. 내 개성대로 살아가는 데 방해가 되는 것은 무엇인가? 새로운 일을 시작하려고 할 때 어떤 에너지가 당신 안에서 아직 잠자고 있는지 알아내라.

단축

원래는 긍정적이고, 행복한 특성을 지니고 있는 많은 사람들이 자신의 삶을 지나친 활동과 의무로 가득 채운다. 그럴 때는 고치가 되기 전의 상황을 생각해보아야 한다. 필요 없이 많은 것들을 제거해야 더 가벼운 몸으로 나비처럼 훨훨 날아다닐 수 있게 되는 것이다.

추가

일상적으로 해야 할 일을 꼬박꼬박 잘하면서 변화를 두려워하는 사람은 자기에게 익숙한 것들을 포기하지 않으면서 새로운 삶을 시작함으로써 풍요롭게 살 수 있다.

변신

애벌레가 나비로 변신하는 것처럼 당신도 약간 상상만 하면 당신 인생의 많은
것들에 마술을 걸 수 있다.

예를 들어 당신이 다니고 있는 회사에 화분을 갖다 놓는다든가 색채의 변화
를 주어 쉴 공간을 마련해보자. 당신은 다른 사람에게 신경 쓰지 않고 편안히
쉴 수 있는 곳을 자주 찾게 될 것이다. 지금 당신이 몸담고 있는 직장을 다른
시각으로 보면서 만족하게 될 것이다. 혹은 당신 삶을 새로운 시각으로 보게
된 것을 기뻐하면서, 독특하게 아름다운 피라미드를 보며 즐거워하게 되리라.

SIMPLIFY YOUR LIFE